MANUEL D'ARCHÉOLOGIE ÉTRUSQUE ET ROMAINE

PAR

JULES MARTHA

PARIS
A. QUANTIN ÉDITEUR

Marius Michel del.

BIBLIOTHÈQUE DE L'ENSEIGNEMENT DES BEAUX-ARTS

PUBLIÉE SOUS LA DIRECTION DE M. JULES COMTE

MANUEL

D'ARCHÉOLOGIE

ÉTRUSQUE ET ROMAINE

PAR

JULES MARTHA

ANCIEN MEMBRE DES ÉCOLES FRANÇAISES D'ATHÈNES ET DE ROME
MAÎTRE DE CONFÉRENCES A LA FACULTÉ DES LETTRES DE LYON

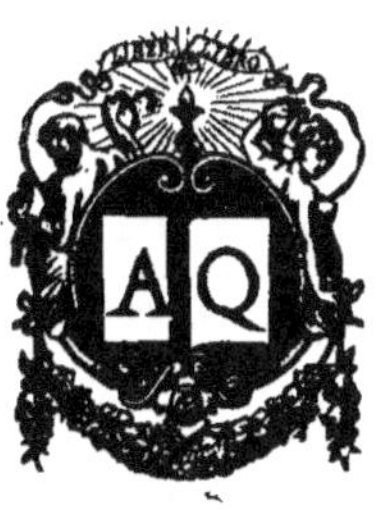

PARIS

A. QUANTIN, IMPRIMEUR-ÉDITEUR

7, RUE SAINT-BENOÎT

Si l'archéologie est encore peu cultivée dans notre pays, ce n'est pas la faute du public. Il ne manque ni de professeurs, ni de lettrés, ni de voyageurs, ni d'élèves, curieux d'avoir quelques notions sur l'histoire de l'art antique et sur le détail de la vie grecque ou romaine. Mais rien ne vient en aide à ces bonnes dispositions. Les dissertations spéciales et les ouvrages savants exigent une initiation préalable qu'on ne sait où chercher. Les catalogues des musées sont plutôt des inventaires d'une précision sèche et rebutante que des commentaires propres à faire comprendre les objets. On a donc pensé que quelques manuels élémentaires pourraient n'être pas sans opportunité. C'est un de ces manuels que je publie aujourd'hui. Ce petit volume s'adresse non pas aux archéologues de profession, mais aux personnes qui voudraient avoir quelque idée de l'archéologie étrusque et romaine, quand le hasard de leurs lectures, de leurs études, d'une promenade au Louvre ou d'un voyage en Italie éveille leur curiosité. Elles y trouveront des cadres généraux et quelques exemples. Je n'ai pas la prétention d'être complet ni d'apporter des vues nouvelles. Toute mon ambition a été d'être exact, court et clair.

MANUEL D'ARCHÉOLOGIE

ÉTRUSQUE ET ROMAINE

CHAPITRE PREMIER

LES PLUS ANCIENS MONUMENTS DE LA CIVILISATION EN ITALIE.

MICALI : *l'Italie avant la domination des Romains*, traduit de l'italien par RAOUL ROCHETTE, 4 vol. Paris, 1824. — ABEKEN : *Mittel-Italien vor den Zeiten römischer Herrschaft*, Stuttgart, 1843. — MOMMSEN : *Histoire romaine*, t. Ier. — VANNUCCI : *Storia dell' Italia antica*, 2 vol. Milan, 1873.

L'Italie a vu passer sur son territoire un grand nombre de populations diverses, dont la plupart n'ont laissé dans l'histoire qu'un vague souvenir. Les traditions de l'antiquité nous ont conservé beaucoup de noms. On nous parle des Aborigènes, des Ligures, des Ausoniens, des Japyges, des Sicules, des Œnotriens, des Ombriens, des Italiotes, des Pélasges, des Étrusques, etc. Mais à quelles peuplades ces noms s'appliquaient-ils ? En quoi ces peuplades se distinguaient-elles les unes des autres ? A quelles races appartenaient-elles ? D'où venaient-elles ? Dans quel ordre se sont-elles succédé ? Dans quelle mesure se sont-elles mélangées ? Autant de questions auxquelles la science n'a pas encore répondu.

Les théories pourtant n'ont pas manqué, et toutes plus ingénieuses les unes que les autres. Mais cette dépense de sagacité et d'imagination n'a abouti qu'à des solutions à peine vraisemblables, souvent fantastiques.

C'est ainsi que les Étrusques dont l'origine est encore inconnue, ont été successivement rattachés à toutes les races et à tous les pays. On en a fait des Italiens indigènes, des Slaves, des Basques, des Celtes, des Chananéens, des Arméniens, des Égyptiens, des Tartares, etc. Tel a soutenu avec Hérodote que c'étaient des Pélasges-Tyrrhéniens partis des côtes de la Lydie et arrivés par mer en Italie. Tel autre, avec Denys d'Halicarnasse, a prétendu reconnaître en eux une tribu issue des Alpes Rhétiques. Cependant nul n'a réussi à percer les brouillards où se perd le passé de ce peuple énigmatique. On n'en sait guère davantage sur les autres populations qui se sont partagé avec eux le sol de l'Italie.

On ne peut qu'indiquer les grandes voies qu'elles ont suivies pour y arriver. Ces grandes voies ne sont pas arbitrairement choisies : elles sont déterminées par les conditions géographiques de la Péninsule.

L'une d'elles s'ouvre au Nord. Les vallées qui dé-
bouchent des Alpes dans les plaines lombardes ont jeté
de tout temps sur l'Italie des bandes d'envahisseurs, et
l'histoire, aussi bien des siècles modernes et du
moyen âge que de l'antiquité, nous répond de ce qui
dut se passer à l'époque préhistorique. Quand se pro-
duisit la grande diffusion des races aryennes à travers
l'Europe, le flot de cette inondation humaine, en se
répandant du Caucase à l'Océan, déborda sur l'Italie en
même temps que sur la Grèce: on sait la parenté des
Italiotes et des Hellènes. Les immigrants, aussitôt
descendus des montagnes, se propageaient dans la
région du Pô; puis, sous l'effort d'une poussée lente
et continue, chassés par des migrations nouvelles qui
avaient suivi la même route, ils s'avançaient de proche
en proche vers l'Apennin, le franchissaient, pour s'é-
tendre ensuite jusqu'à la mer Tyrrhénienne. Dans ses
lignes générales, cette marche fut celle de toutes les
invasions du Nord.

Une autre voie était ouverte aux migrations, celle
de la mer. Les terres de l'Italie se prolongent si avant
dans la Méditerranée qu'elles ne pouvaient pas ne
pas être rencontrées par les premiers vaisseaux qui s'é-
garèrent dans la mer Ionienne. De bonne heure les
marins de la Phénicie et de l'Archipel connurent le
chemin de ces côtes où le vent les avait d'abord poussés,
où les attirait ensuite l'appât du gain. Ils allaient au
fond de l'Adriatique, aux bouches du Pô, chercher
l'ambre de la Baltique et l'étain des Iles Britanniques que
les caravanes y apportaient. Ils allaient de baie en baie,
colportant les marchandises de leur pays et faisant

toutes sortes d'échanges. Il faut se les représenter comme ces Phéniciens dont parle Hérodote au début de son histoire: ils arrivaient, débarquaient leur cargaison et l'étalaient sur le sable pour l'offrir comme en un bazar aux convoitises des indigènes. Puis, les affaires terminées, on remontait dans les navires. Mais comme en ces temps-là il était rare qu'on ne fût pas quelque peu pirate, nos honnêtes marchands embarquaient souvent avec le reste de leur bagage quelque femme attardée, qui devenait une marchandise et se vendait plus loin comme esclave.

Parmi ces marins beaucoup ne faisaient que passer. Mais quelques-uns restaient, fondaient des espèces de comptoirs, qui, à force d'attirer des nouveaux venus, finissaient par devenir de petites colonies. La vieille légende d'Énée abordant à l'embouchure du Tibre, les récits fabuleux d'Hérodote sur le passage des Lydiens en Italie, le mythe de Circé retenant les Grecs par ses charmes et leur versant l'oubli de la patrie [1], les traditions sûr la fondation de Cumes au xi⁰ siècle, la fondation de Carthage au ix⁰ et plus tard le développement prodigieux des colonies grecques en Sicile et dans ce qui fut appelé la Grande Grèce, tout cela atteste assez la persistance séculaire d'un courant de migrations maritimes vers l'Occident et les rivages italiques.

Ainsi, durant de longs siècles qui n'ont pas d'histoire, l'Italie ne cessa de s'enrichir de populations venues de toutes parts, par terre et par mer. Qu'advint-il de la ren-

---

1 La légende plaçait le séjour de Circé dans une île voisine des côtes italiques.

contre de tant d'éléments divers, étrangers et indigènes ?
Tantôt les premiers occupants firent place aux immigrants ; tantôt, grâce à des circonstances favorables, la
fusion s'opéra entre les races juxtaposées, et du contact
des mœurs, des usages, des industries naquit un peuple
nouveau.

S'il ne subsiste de toutes ces populations qu'un
souvenir lointain et confus, le sol italien porte encore quelques marques de leur passage ou de leur séjour.

Les villages qu'elles habitaient n'ont pas toujours
disparu sans laisser de traces. En maint endroit, leurs
morts sont encore là, à la place où on les avait ensevelis
et avec eux une partie des objets qu'un pieux usage
enfermait dans la tombe. Tout cela est aujourd'hui
recherché avec soin, recueilli, conservé. Les découvertes se multiplient tous les jours. Malheureusement
il reste toujours difficile de déterminer à qui, entre tant
de peuplades diverses, doivent être attribués les débris
retrouvés. Est-ce aux Ligures ou aux Ombriens ? aux
Pélasges ou aux Étrusques ? Une répartition de ce genre
est encore trop incertaine pour que nous songions à
l'entreprendre ici. Bornons-nous à nous orienter un peu
au milieu des monuments qui représentent pour nous
les plus anciennes étapes de la civilisation italique.
Pour cela nous aurons à distinguer quelques groupes
d'un caractère bien défini.

§ I. — LES TERRAMARES.

G. DE MORTILLET : *les Terramares du Reggianais* dans la *Revue archéologique*, 1865, t. XI, p. 3o2 et suiv.; *le Signe de la croix avant le christianisme.* Paris, 1866. — W. HELBIG : *Die Italiker in der Poebene.* Leipzig, 1879. (Voir dans cet ouvrage, p. 7-9, la bibliographie des terramares.)

Le mot *terramare* est un terme populaire en Italie, pour désigner certains amas de terre grasse mêlée d'ossements, de tessons, de charbons, de détritus organiques, qu'on rencontre souvent dans le bassin du Pô, surtout dans le territoire des anciens duchés de Parme et de Modène. Ces dépôts furent longtemps exploités par les paysans, comme des marnières, d'où ils tiraient un excellent engrais, jusqu'au jour où l'on y reconnut des restes d'habitations humaines et l'emplacement de stations préhistoriques. Des fouilles ont permis depuis de reconstituer en partie l'aspect de ces villages primitifs.

La plupart étaient situés dans le voisinage des cours d'eau, sur un sol sinon marécageux, du moins sujet à de fréquentes inondations, comme le sont encore les plaines de la basse Lombardie. Aussi étaient-ils établis sur pilotis. Un remblai, muni de palissades, les entourait de tous côtés, servant à la fois de digue et de rempart. A l'intérieur de cette enceinte, des pieux verticaux, dont les restes se voient encore, étaient plantés en files parallèles. Des traverses horizontales les reliaient entre eux et portaient un plancher recouvert d'un sol en terre battue. Sur cet échafaudage s'élevaient les huttes, lesquelles étaient de forme conique et faites d'argile et de menues branches clayonnées. Les habitants vivaient ainsi sur des terrasses, avec un fossé toujours ouvert sous leurs pieds, dans lequel ils jetaient pêle-mêle leurs instruments brisés, les restes de leurs repas, tous les rebuts de leur ménage. Quand l'accumulation des détritus avait rempli le fossé, on exhaussait le remblai et l'on plantait de nouveaux pieux pour surélever le niveau des terrasses : à certains endroits l'opération paraît avoir été pratiquée au moins trois fois.

Les ossements d'animaux domestiques et sauvages, les fragments d'ustensiles, les armes, les poteries, les débris de toute espèce qu'on ramasse dans les terramares nous laissent entrevoir le caractère des populations qui occupaient ces villages. Malgré leurs mœurs en apparence lacustres, elles ne pêchaient pas : quel poisson eût pu vivre dans leurs fossés bourbeux? C'étaient des chasseurs et des bergers. Dans les forêts qui couvraient alors la haute Italie et d'où ils tiraient leurs bois de pilotis, ils trouvaient un gibier abondant, surtout des cerfs et des sangliers. Les prairies, au bord des rivières, leur offraient des pâturages pour l'élève du bétail. Ils avaient des bœufs, des moutons, des chèvres et beaucoup de porcs; le porc était déjà ce qu'il est aujourd'hui dans les fermes italiennes, l'animal domestique par excellence. Ils cultivaient en outre quelques champs de blé, d'orge et de lin.

Leur capital industriel était pauvre. Il comportait d'abord des armes et instruments de pierre, mais c'était le reste d'une civilisation antérieure qui commençait à disparaître devant les progrès de la métallurgie. Il comportait ensuite des armes et des instruments de bronze : c'étaient les plus nombreux. Le bronze était le seul métal que connussent encore les populations des terramares et elles le travaillaient fort mal. Elles ne savaient que le couler dans des moules de pierre, dont plusieurs ont été retrouvés et qui sont tous plus ou moins informes. Elles fabriquaient ainsi des faux, des poignards, des marteaux, des pointes de lance, des poinçons et des couteaux-haches.

La poterie des terramares est encore assez grossière. La plupart des vases sont d'une argile brunâtre, mal-pétrie, façonnée à la main, qui n'a jamais été mise au four, dont la surface extérieure seule a été exposée à la flamme d'un foyer, et qui, par conséquent, est très inégalement cuite et très peu résistante. Quelques vases sont d'un grain un peu plus fin, mais d'une fabrication encore élémentaire. Beaucoup n'ont pas d'anses et se portaient à l'aide d'une corde enroulée autour du vase et que quelques petites saillies en forme de bouton empêchaient de glisser. Parfois l'anse est un simple trou pour passer la corde. Le type le plus curieux et dont il reste le plus d'exemples est celui de l'anse en demi-lune : on le retrouve partout où les hommes des terramares ont séjourné. Quant à l'ornementation de toutes ces poteries, elle se borne à quelques dessins géométriques tracés avec un instrument plus ou moins pointu sur la pâte encore fraîche : ce sont surtout des croix formées par un ensemble de lignes et de points.

Les stations sur pilotis ne se rencontrent que dans une zone déterminée de la région du Pô. Mais la civilisation que leurs débris nous font connaître était beaucoup plus étendue. On en a retrouvé les traces dans d'autres parties de l'Italie, et bien loin du Pô, notamment dans le Latium. A quelques lieues de Rome, sur les territoires d'Albano, de Marino et de Grotta Ferrata, dans le massif montagneux qui constituait autrefois le volcan du Latium, on a découvert et fouillé la nécropole d'Albe la Longue, dont les plus vieilles sépultures contenaient des poteries en tout semblables à celles des terramares et surtout remarquables par les anses en croissant. Dans le nombre se trouvent plusieurs urnes cinéraires en forme de cabane conique, imitant le clayonnage des huttes qui servaient alors d'habitations

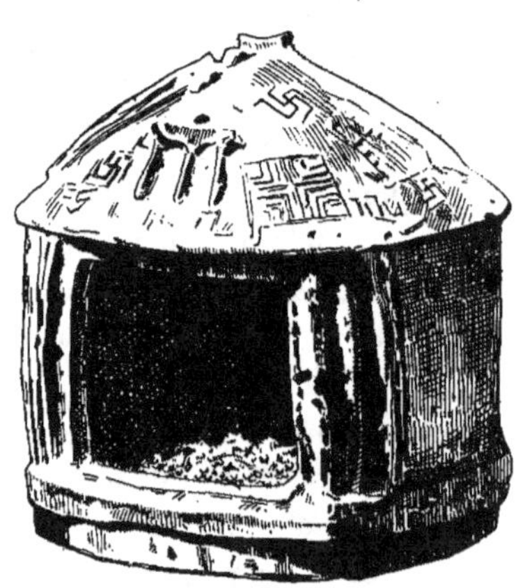

FIG. 1. — URNE CINÉRAIRE EN FORME DE CABANE.

(Cimetière d'Albe.)

(fig. 1) : c'est la première et la plus naïve expression d'une croyance très ancienne et qui persistera pendant toute la durée du monde antique, à savoir que tout ne finit pas pour l'homme avec la mort, que le corps, même réduit en cendres, continue sous la terre une ombre d'existence, que la tombe est une demeure, et qu'il faut lui donner l'aspect d'une maison.

§ II. — LA CIVILISATION DITE DE VILLANOVA.

Gozzadini : *Di un sepolcreto etrusco scoperto presso Bologna.*
Bologne, 1855. — Zannoni : *Gli scavi della Certosa di Bologna,*
1876. — Brizio : *Gli Umbri nella regione circumpadana, 1877.*
— G. Ghirardini : *la Necropoli antichissima di Corneto-Tar-*
quinia, 1882.

Le second groupe d'antiquités préhistoriques que
nous avons à considérer après celui des terramares est
le groupe dit de Villanova. Ce nom lui vient d'une lo-
calité située à quelques kilomètres de Bologne, où ses
principaux caractères ont été pour la première fois dé-
terminés, grâce à la découverte d'un cimetière d'environ
deux cents tombes intactes. Depuis, d'autres trouvailles
ont été faites. Les plus importantes sont celles de
M. Zannoni, aux portes mêmes de Bologne, dans les
propriétés Benacci et de Lucca et dans le chemin qui
conduit au cimetière actuel de la Chartreuse. Les
fouilles, poursuivies pendant plusieurs années avec
autant de méthode que de persévérance, ont fourni au
musée municipal de Bologne une collection unique
pour l'histoire des origines italiques.

La civilisation villanovienne a surtout fleuri dans le
bassin du Pô. Elle y occupait une zone limitée à
l'ouest par le Panaro, affluent du Pô, à l'est par l'Adriatique, et qui s'étend sur une partie de la Vénétie.
C'est là qu'ont été trouvées les nécropoles les plus considérables et les plus riches, celles d'Este et de Bologne.
Mais la même civilisation se rencontre au delà de

l'Apennin, dans l'Étrurie centrale, à Poggio Renzo, près
de Chiusi (Clusium), dans l'Étrurie maritime à Cervétri
(Cæré) et surtout à Cornéto (Tarquinies), enfin dans le
Latium, sur le territoire d'Albe et à Rome sur l'Esquilin[1].

L'objet le plus caractéristique de l'âge de Villanova,
c'est l'urne cinéraire.
Sa forme ne peut mieux
se comparer qu'à celle
d'une écuelle profonde
sur laquelle on aurait
placé un seau renversé
(fig. 2). L'anse est or-
dinairement unique et
se trouve à l'endroit
où la panse de l'urne
est le plus large. Le
col est fermé par un
couvercle qui lui-
même n'est pas autre
chose qu'une coupe
ou plutôt une petite
écuelle retournée.
L'argile de ces poteries
diffère peu de celle des tessons recueillis dans les terramares. Elle est cependant d'un grain plus compact et
d'une façon plus soignée. La surface n'est pas vernie,
mais polie et lustrée. Quant à l'ornementation, elle est

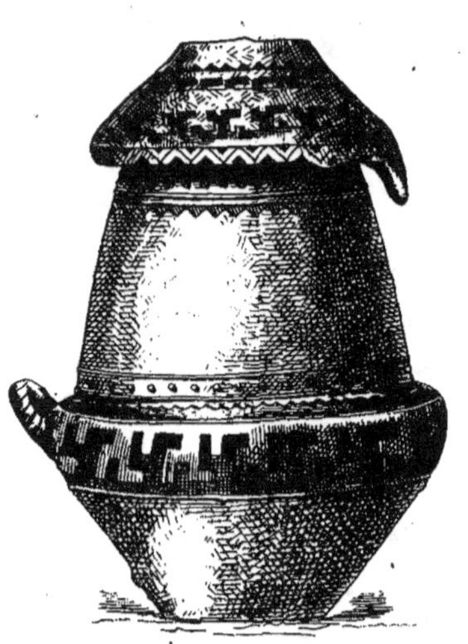

FIG. 2.

URNE CINÉRAIRE VILLANOVIENNE.

(Musée de Bologne.)

1. On en trouve aussi les traces en Hongrie. (Undset, *das
erste Auftreten des Eisen in nord-Europa*, p. 37.)

toujours géométrique. Elle consiste en rubans horizon-
taux formés chacun de deux ou trois raies parallèles,
entre lesquels se développe soit une rangée de points ou
d'étoiles ou de petites croix, soit une suite de triangles,
soit un méandre d'un dessin plus ou moins compliqué.
Le tout est tracé en creux à la pointe. Ces ornements
ne couvrent jamais tout le vase : ils se divisent en deux
zones distinctes, l'une au sommet du vase, près du col,
l'autre au milieu de la panse. Il y a là sans doute un
souvenir figuré des morceaux d'étoffe, des tresses de
ficelle ou des cordons de laines multicolores dont on
garnissait les vases à l'origine pour les suspendre ou
seulement pour les orner.

Cette urne, ainsi décorée et surmontée de son couvercle, servait à enfermer les cendres d'un mort. On la
plaçait dans une fosse carrée ou hexagonale dont le
fond et les parois étaient revêtus de dalles ou de gros
galets posés à plat et formant un mur en pierres sèches.
Tout alentour étaient déposés d'autres vases de dimensions réduites et quelques-uns des objets qui avaient
appartenu au défunt.

Ces objets sont très variés. On y remarque d'abord
beaucoup de petits cylindres en terre cuite, semblables
à nos bobines et destinés sans doute au même usage :
telle tombe en contenait jusqu'à trente. Avec eux
se trouvent parfois de petits cônes en terre cuite qu'on
croit avoir servi de poids pour tendre les fils pendant
le tissage. Les populations de Villanova se livraient
donc à la culture et à l'industrie du lin et du chanvre.
Or il est à noter que le Bolonais, qui est la région où
elles se sont surtout développées, est encore aujour-

d'hui renommé pour son chanvre et ses ouvrages de corderie.

Les armes sont rares : l'usage n'était pas de les ensevelir avec le mort, peut-être parce que les dimensions restreintes de la tombe ne s'y prêtaient pas. Les armes qu'on y recueille sont des armes en miniature, de petites haches, par exemple, réductions fabriquées sans doute en vue d'une destination funéraire. C'est ainsi qu'en Grèce on faisait pour les tombeaux des bijoux légers, sans consistance, qui n'avaient des vrais bijoux que l'apparence.

Les populations de Villanova aimaient les chevaux. Il n'y a guère de sépulture un peu riche qui ne contienne au moins un mors, presque toujours deux, et, avec ces mors, des boucles, des boules en pendeloque, quelquefois des grelots et différentes pièces métalliques jadis fixées au cuir du harnachement, ainsi que l'aiguillon qui servait à piquer l'attelage : c'est une douille terminée en pointe qu'on emmanchait au bout d'un bâton.

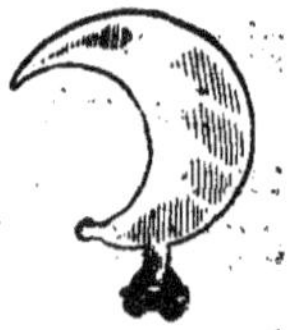

Ce qui domine dans les sépultures villanoviennes, ce sont les objets relatifs au costume et à la toilette des hommes et des femmes, bracelets, colliers, chaînettes, épingles, rasoirs et fibules. Les rasoirs et les fibules méritent une attention spéciale. Les rasoirs sont des lames minces en forme de demi-lune et décorées d'ornements géométriques au trait; le manche est très court et ne pouvait se tenir qu'avec deux doigts (fig. 3). Quant aux fibules, ce sont des épingles dont la pointe est pro-

FIG. 3.
RASOIR.
(Musée de Bologne)

tégée par un crochet, quelque chose d'analogue à ce que nous appelons les épingles anglaises. Le nombre en est infini : on en trouve quelquefois trente dans une seule tombe, ce qui permet de croire que l'ajustement ordinaire du costume en comportait plusieurs. Les types sont très divers (fig. 4) : l'arc auquel l'épingle est ajustée est tantôt un simple fil de bronze, tantôt une torsade, tantôt une feuille gonflée et façonnée en forme de gondole avec une ornementation

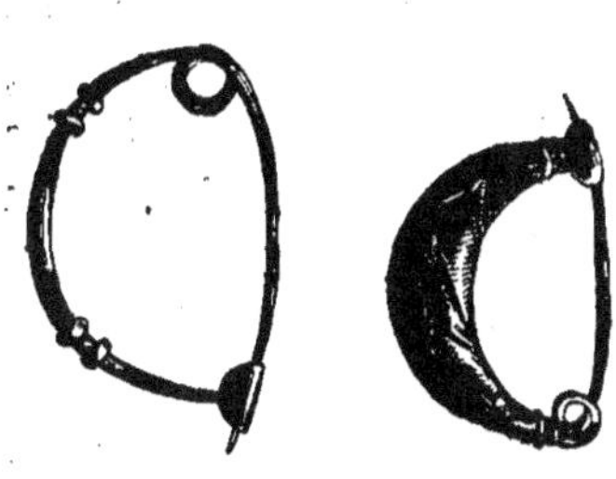

FIG. 4. — FIBULES.

(Musée de Bologne.)

géométrique au trait. Quand l'arc est un simple fil de bronze, on y a souvent enfilé des boules de verre coloré, des rondelles d'os, de dent de castor, ou d'ambre, ou même un morceau d'ambre gros comme un œuf de pigeon.

La métallurgie de Villanova, comparée à celle des terramares, marque un progrès considérable. On connaît déjà le fer; il est vrai qu'on en a peu et qu'il est encore assez rare pour qu'on en fasse des bracelets. L'industrie du bronze est très avancée. On n'en est plus à couler le métal dans de grossières formes en pierre. On sait le marteler, l'aplatir en lames minces, le découper en rondelles ou en rubans, y repousser des ornements, le ployer, le tordre, l'étirer, le réduire en fils flexibles. Les objets que nous avons mentionnés plus haut ont déjà pu donner quelque idée de l'habileté avec laquelle

on le maniait. On en pourrait citer beaucoup d'autres
encore, les couteaux, les alènes, les scies à main, les
têtes de lance, les pointes de flèche, les boucles de
ceinturon, et surtout les seaux formés de feuilles de
bronze rapprochées et rivées avec un fond doublé, pour
mieux résister au poids de l'eau, et deux anses mobiles
ajustées sur des points d'attache différents de telle sorte
que lorsqu'on portait le vase les oscillations fussent
toujours contrariées. Tout le détail de cette métallurgie est aujourd'hui bien connu grâce à la découverte faite à Bologne, en 1877, d'une grande jarre
pleine de bronzes cassés, d'ustensiles inachevés ou
manqués, de déchets d'atelier, et de pains de métal
sortant du creuset. C'était évidemment le dépôt d'un
fondeur. Ce dépôt pesait près de 1,500 kilogrammes
et se composait d'environ 14,000 pièces, parmi lesquelles se retrouvent tous les types déjà fournis par
la nécropole de Villanova. Le nombre total des fibules s'élevait à 2,397.

La civilisation de Villanova, à laquelle il est d'ailleurs impossible d'assigner une date, a été pendant longtemps florissante en Italie. Il va de soi qu'elle n'est pas
restée stationnaire. Les sépultures trouvées aux portes
de Bologne étaient placées de telle sorte, les objets
exposés au musée sont classés de telle façon qu'on a pu
sur le terrain et qu'on peut aujourd'hui devant les vi-
trines se rendre compte de la marche qu'elle a suivie[1].

1. Les visiteurs du musée y trouvent un excellent petit volume (*Guida del museo civico di Bologna*), rédigé pour la partie antique par M. Brizio et qui fait connaître en quelques
pages d'une lecture facile les différents groupes d'objets expo-

On distingue plusieurs périodes caractérisées chacune par des types particuliers de terre cuite et de bronze. A l'antique urne cinéraire surmontée de son écuelle retournée se substituent peu à peu des vases de formes plus variées et plus élégantes. Les dessins, au lieu d'être quelques bandes d'ornements géométriques au trait, sont

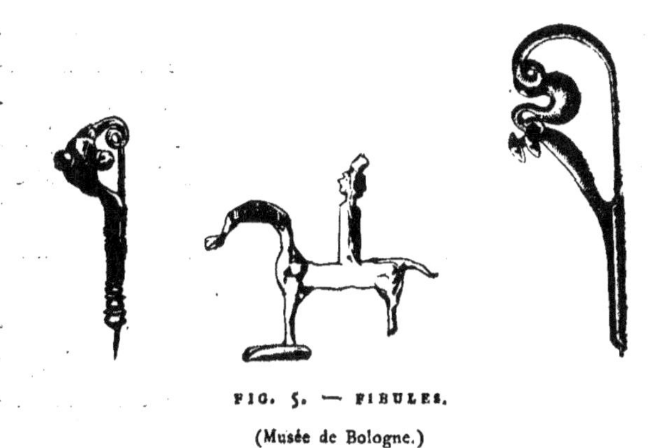

FIG. 5. — FIBULES.

(Musée de Bologne.)

tantôt de larges rubans en couleur, tantôt des combinai-sons de cercles, de croix, d'étoiles, de chevrons, serrés les uns contre les autres, creusés profondément dans la pâte et avec une régularité mécanique qui suppose l'emploi d'estampilles. Sur les vases les plus récents on voit des canards, des oiseaux, des cerfs, des chiens, des serpents et même des hommes ou plutôt des *bonshommes.*

sés et la place qu'ils occupent dans l'histoire de la civilisation italique.

Les objets de bronze se transforment aussi. Les fibules
deviennent plus grandes, plus riches, plus compliquées.
L'arc s'épaissit, s'entoure d'ornements, se contourne en
replis bizarres (fig. 5). Le rasoir en croissant est remplacé
par un rasoir à lame allongée. Les bracelets se multiplient, bracelets à spirale et bracelets avec enchâssements
de verre ou d'os. Il en est de même des grands vases de
bronze, parmi lesquels on remarque surtout les seaux

à double anse, et certaines
boîtes cylindriques entourées
et comme cerclées d'anneaux
en relief, mais d'anneaux repoussés — ce sont les *cistes à
cordons* ou *à côtes* (fig. 6). En
même temps l'ambre et le fer
sont de plus en plus abondants.
L'or et l'argent apparaissent.
Enfin on voit poindre des motifs d'ornementation tout nouveaux : sur un seau découvert

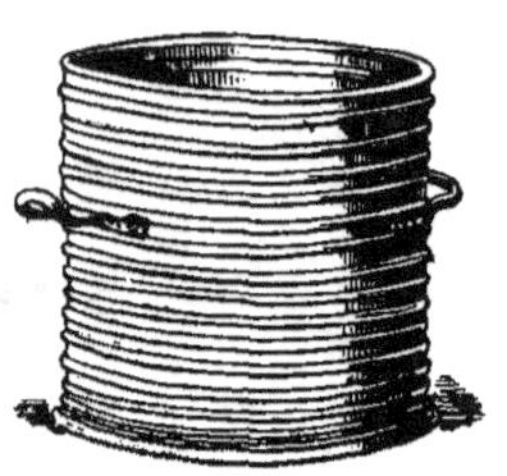

FIG. 6.

CISTE A CORDONS.

(Musée de Bologne.)

à la Chartreuse de Bologne se montrent les zones de
figures et les animaux féroces ou fantastiques de l'art
asiatique (fig. 7). Nous sommes au seuil de l'époque
historique.

Tel a été dans ses grandes lignes le développement
de la civilisation villanovienne. Mais ce que nous en
avons dit ne s'applique guère qu'au pays bolonais où
cette civilisation a persisté jusqu'au ve et même au
ive siècle, jusqu'au moment où l'Attique eut inondé de
ses produits les côtes de l'Adriatique. Sur le versant
occidental de l'Apennin, où nous savons que la civi-

lisation villanovienne avait pénétré, elle fut bien plus
tôt transformée et arrêtée par le progrès d'influences

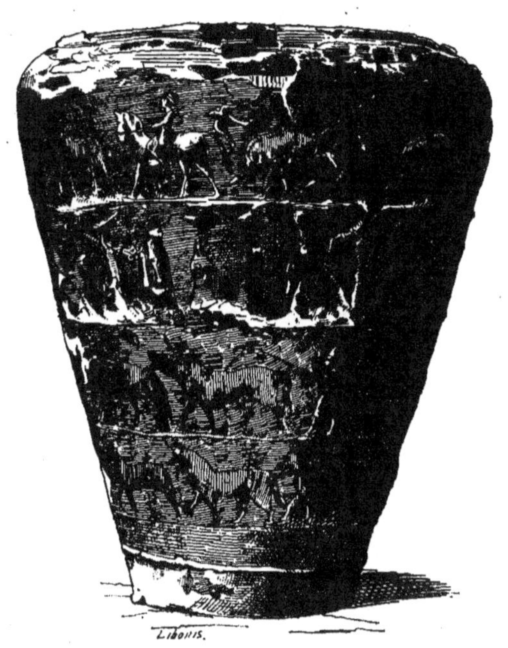

FIG. 7. — SEAU EN BRONZE REPOUSSÉ.
(Musée de Bologne.)

étrangères portées de bonne heure sur les côtes de la
mer Tyrrhénienne par des vaisseaux venus de l'Orient et
de la Grèce.

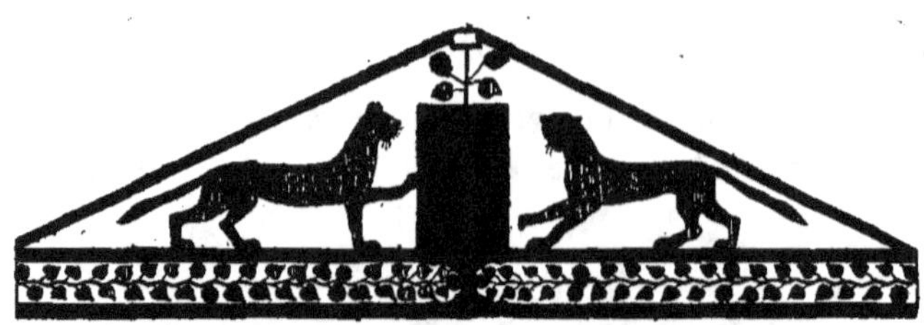

CHAPITRE II

LES ORIGINES DE LA CIVILISATION ET DE L'ART
EN ÉTRURIE.

O. Müller ; *Die Etrusker*, nouvelle édition, revue par Deecke, 2 vol. Stuttgart, 1877. — Noël des Vergers : *l'Étrurie et les Étrusques*, 2 vol., avec un atlas de planches, 1862-64. — Dennis : *The cities and cemeteries of Etruria*, nouvelle édition, 2 vol. Londres, 1878.

La civilisation à laquelle on a donné le nom d'étrusque est née entre le Tibre et l'Arno. Dans cette région accidentée, que traversent de part en part les contreforts des Apennins, sur un sol riche en métaux, au milieu de vallées nombreuses et fertiles qui s'abaissent doucement vers les plaines des Maremmes, aujourd'hui dépeuplées par la fièvre, mais alors cultivées, florissantes et ouvertes au commerce maritime, vivait le peuple industrieux des Tyrrhéniens ou Étrusques. Ce peuple, qui avait ses traditions et ses annales, racontait qu'il s'était établi en Italie plusieurs siècles avant la fondation de Rome, à une date qui correspond au xie siècle avant notre ère. Nous n'avons pas ici à discuter ses prétentions ni à rechercher de quelle manière il prit possession du pays toscan. Il est probable qu'il se fit là, par suite de circonstances qui nous échappent, un de ces mélanges de races semblables à ceux d'où sont sortis tous les grands peuples de l'histoire. Quoi qu'il en soit, il est constant qu'à une époque très ancienne, peut-être dès le xe siècle, les Étrusques formaient un corps de nation organisé en une sorte de confédération, laquelle comprenait douze cités. Cette confédération eut une vie politique qui se prolongea pendant sept siècles environ. Toute-puissante au centre de la Péninsule, elle étendit de proche en proche sa domination, vers le nord, où elle poussa ses conquêtes jusqu'au delà du Pô; vers le sud, où, passant le Tibre, elle occupa la Campanie; vers l'ouest enfin, où sa flotte s'empara de la Corse. Elle régna sur Rome naissante. Puis un jour vint où sa fortune déclina. Les riches cités de l'Étrurie méridionale, Tarquinies, Cære, Veies, perdirent peu à peu de leur importance au profit de Rome, devenue, grâce à sa situation géographique, grâce aussi à sa politique, le vrai centre commercial, la capitale de la région. Bientôt la confédération dut reculer sur toutes ses frontières. Les Grecs la chassèrent de la Campanie; les Gaulois, du bassin du Pô. Resserrée dans l'Italie centrale, elle y subit les assauts de Rome et finit par succomber. Au iiie siècle, après la guerre du Samnium, son rôle politique est terminé.

On comprend de quel intérêt peut être la civilisation d'un peuple qui a tenu dans l'histoire de l'Italie une place aussi considérable. Or cette civilisation, nous l'avons sous les yeux : elle a laissé un grand nombre de débris. Les vallées où elle a jadis fleuri, inhabitées depuis le jour où la paix romaine y a fait la solitude, ont conservé presque intactes les traces du passé. Chaque jour amène de nouvelles découvertes dans les nécropoles de Vulci, de Chiusi, de Cornéto, de Cervétri, et je ne cite que les principales.

Quels sont donc les caractères de la civilisation étrusque? Quelles causes, quelles influences ont contribué à la former? Une chose frappe tout d'abord, c'est que cette civilisation n'a rien de commun avec celle de Villanova. En passant de l'une à l'autre on se trouve en présence d'autres mœurs, d'une autre industrie. Disposition de la sépulture, mobilier funéraire, forme des objets, motifs d'ornementation, tout est différent. Deux influences en particulier se découvrent, dont les antiquités villanoviennes ne portent aucune marque, l'influence asiatique et l'influence hellénique. L'art étrusque n'est qu'une combinaison plus ou moins originale d'éléments pris les uns à l'Orient et les autres à la Grèce, jusqu'au jour où ceux-ci l'emportant éliminent presque complètement les autres.

§ I. — L'INFLUENCE ORIENTALE EN ÉTRURIE.

W. Helbig : *Cenni sopra l'arte fenicia,* dans les *Annali dell' Istituto di corr. archeologica,* 1876, p. 197 et suiv. — Clermont-Ganneau : *la Coupe phénicienne de Palestrina.* Paris, 1880.

Qu'il y ait eu à une époque très ancienne une action puissante de l'Orient sur les habitants de la Toscane, c'est là un fait depuis longtemps reconnu et que personne ne songe plus à contester. Mais cette action, comment s'est-elle exercée? Qui a servi d'intermédiaire entre l'Italie centrale et l'Orient?

S'il faut en croire les témoignages de l'antiquité qui tous, sauf un, sont d'accord, l'intermédiaire aurait été une peuplade d'émigrants partis d'Asie Mineure et débarqués à l'embouchure du Tibre. C'est la tradition qu'a reprise Virgile en l'embellissant de fictions poétiques. Hérodote raconte que sous le règne d'Atys, c'est-à-dire vers le xvᵉ siècle avant notre ère, la Lydie, qui comprenait alors la plus grande partie de l'Asie Mineure, fut en proie à une épouvantable disette. Il fallut rationner la population. On n'eut plus à manger que de deux jours l'un, et pour tromper la faim dans les intervalles de jeûne on se livra à toutes sortes de divertissements et de jeux. Dix-huit ans se passèrent ainsi jusqu'à ce que le roi, jugeant le mal sans remède, se résignât à faire émigrer la moitié de ses sujets sous la conduite de son fils Tyrrhénos. Ils s'embarquèrent et, après de longues pérégrinations, abordèrent en Italie.

Ce récit est plein de détails légendaires, mais tout n'y est pas conte. Si nous le dépouillons de ce qu'a pu y ajouter la tradition populaire des Lydiens recueillie et amplifiée par l'imagination complaisante d'Hérodote, il reste le fait d'une émigration qui pendant de longues années aurait emporté loin de l'Asie Mineure l'excès de la population lydienne. Il est d'ailleurs certain que vers le XIVe siècle il y eut au sud-est de l'Europe et au sud-ouest de l'Asie un mouvement de peuples extraordinaire. De nombreuses tribus, chassées de leur pays sans doute par la même poussée humaine qui jeta les Doriens sur la Grèce, errèrent à travers le monde méditerranéen à la recherche d'une patrie nouvelle. Les hiéroglyphes égyptiens parlent d'envahisseurs débarqués aux bouches du Nil avec femmes et enfants, qui occupèrent tout le Delta, s'y installèrent et dont on ne put débarrasser l'Égypte qu'au prix des plus grands efforts et après de terribles batailles. Il est possible que les débris d'une de ces migrations, après s'être ainsi heurtés à divers rivages, aient fini par échouer sur les côtes de l'Italie.

Jusqu'à ce que la science dispose de preuves nouvelles et décisives, le passage d'une peuplade orientale en Toscane restera une hypothèse. Mais il faut reconnaître que cette hypothèse explique bien des choses. Elle nous aide à comprendre, par exemple, pourquoi nous trouvons en Étrurie le même genre de sépultures qu'en Asie Mineure, des tumuli reposant sur d'énormes substructions en forme de tours, et des façades de tombes taillées aux flancs des montagnes dans le roc vif; pourquoi le système de la voûte, qui est oriental, ne se rencontre dans tout le bassin de la Méditerranée que chez les Étrusques et les Romains qui l'ont reçu des Étrusques; pourquoi les Étrusques, seuls de tous les peuples méditerranéens, cultivaient l'art oriental de la divination; pourquoi ils portaient un costume oriental, de longues robes à fleurs avec des bordures éclatantes, des sandales lydiennes et des capuchons qui rappellent le bonnet phrygien; pourquoi les insignes royaux que la famille étrusque des Tarquins emprunta à l'Étrurie étaient les insignes des rois de Lydie; pourquoi enfin les jeux et les spectacles de l'Étrurie étaient de provenance lydienne. Il y a là un ensemble de coutumes asiatiques qui paraissent se rattacher aux traditions les plus intimes, aux traditions originelles de la nation étrusque.

Si le fait d'une migration d'Asie en Étrurie n'est pas démontré, en revanche il est hors de doute que l'Italie centrale a reçu par le commerce méditerranéen des importations orientales. Une tombe de Vulci, connue sous le nom de grotte d'Isis, contenait des objets évidemment apportés d'Égypte, tels que des coquilles d'œufs d'autruche ornés de dessins, et des fioles en terre cuite émaillée de bleu, en tout semblables à celles qu'on recueille par milliers sur les bords du Nil. Ailleurs on a trouvé, à côté de ces petites fioles, quelques-unes des figurines que les Égyptiens mettaient dans les tombeaux, suivant les prescriptions du rituel funéraire : les hiéroglyphes qu'elles portent attestent leur origine. Ce ne sont là que de menus objets. Mais voici un exemple d'importation bien autrement remarquable. Il s'agit d'un trésor d'objets phéniciens découvert en 1876 à

Palestrina (Préneste). Dans le nombre des vases précieux, dont il est en grande partie composé, on voit des coupes en argent doré et ciselé, semblables aux coupes historiées qu'on a recueillies dans l'île

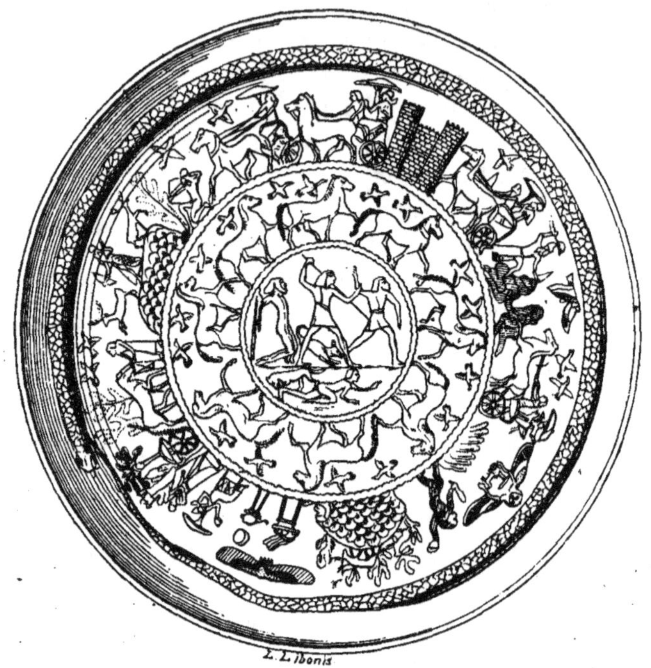

FIG. 9. — COUPE PHÉNICIENNE DE PALESTRINA.

de Chypre, à Citium, à Larnaca, à Amathonte, fabriquées de la même manière et présentant comme elles ce caractère composite, moitié assyrien, moitié égyptien, auquel on peut reconnaître les produits de l'industrie phénicienne. Celle que reproduit la figure 9

est considérée comme un des spécimens les plus curieux
de l'imagerie phénicienne. On la cite souvent pour
montrer les procédés de cette imagerie qui, lorsqu'elle
veut développer un sujet, une journée de chasse par
exemple, avec ses plaisirs et ses périls, compose, comme
ici, autant de tableaux qu'il y a d'épisodes, la pour-
suite, le guet, la halte avec le sacrifice, la rencontre
d'un singe dangereux, et le retour, mais sans encadrer
aucun de ces tableaux, sans indiquer d'aucune façon le
passage de l'un à l'autre. A côté de cette coupe s'en
trouvait une autre qui porte une inscription phénicienne, laquelle est pour le trésor tout entier une dernière marque et une marque authentique de provenance.

Ces faits et beaucoup d'autres analogues établissent
l'existence de relations commerciales entre l'Orient et
l'Italie. Ces relations commencèrent à une époque
reculée, le jour où les marins de Tyr et de Sidon,
repoussés de l'Archipel par l'expansion croissante de
la race gréco-pélasgique, se portèrent du côté de l'Occident, c'est-à-dire vers les xie et xe siècles avant notre
ère. Mais elles se développèrent surtout après la fondation de Carthage (milieu du ixe siècle). A partir de
cette époque on peut dire que la mer tyrrhénienne, en
général toute la partie de la Méditerranée comprise
entre la Sicile et l'Espagne, devint un lac phénicien.
On n'y pénétrait que par surprise, tant les passages
étaient bien gardés, tant les Phéniciens étaient jaloux de
leurs possessions au nord-ouest de l'Afrique. Lorsqu'à
la fin du viie siècle, Néko II, roi d'Égypte, voulut
atteindre ces régions enviées, il dut chercher un autre

chemin que la voie ordinaire et faire partir du golfe
Arabique une expédition qui tourna autour de l'Afrique,
et, après un voyage de trois ans dont Hérodote recueillit
la tradition, revint en Égypte par le détroit de Gibraltar.

L'Italie était donc entourée d'établissements phéni-

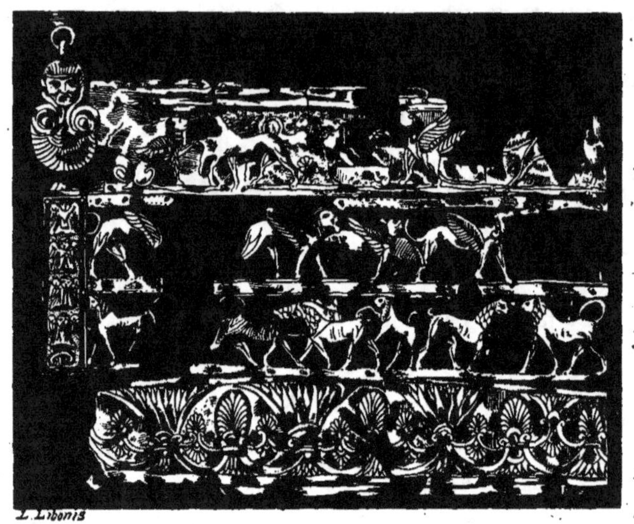

FIG. 10. — GARNITURE DE COFFRET EN ARGENT DÉCOUPÉ
ET REPOUSSÉ.
(Trouvée à Palestrina.)

ciens. Elle vit alors affluer sur ses marchés les produits
de l'Orient, l'or, l'argent, l'ivoire, les pierres rares, la
pourpre, les bijoux, les coffrets à reliefs, la vaisselle
historiée, toutes les productions de l'Asie et de l'Afrique,
sans compter les innombrables contrefaçons de l'industrie assyrienne et égyptienne que colportaient à travers

la Méditerranée les navires phéniciens. Les marchés les mieux fournis furent naturellement ceux de l'Etrurie. Outre que le Tibre avec ses affluents facilement navigables offrait au commerce des voies toutes tracées jusqu'au cœur du pays étrusque, les Phéniciens de Carthage, poussés par leur instinct de marchands, se portèrent de préférence vers le peuple puissant et riche qui occupait l'Italie centrale. Les relations commerciales entre les Carthaginois et les Étrusques devinrent à la longue assez étroites pour aboutir à des traités. Nous savons par Aristote qu'il y eut entre eux des conventions « sur les alliances et les droits réciproques ». Également menacés, les uns dans leur trafic, les autres dans leur domination, par les progrès des Grecs au sud de l'Italie, ils s'unirent contre l'ennemi commun et le repoussèrent de Lilybée et de la Corse. Au v⁰ siècle, Hiéron de Syracuse rencontra encore devant Cumes leurs escadres combinées.

Le mouvement des importations phénico-carthaginoises en Étrurie dura près de trois siècles. Ce contact prolongé avec le monde oriental ne fut pas sans conséquence pour le développement de l'art étrusque. Les objets de style asiatique, répandus à profusion dans le pays, servirent de modèles aux ouvriers indigènes pour la fabrication des ustensiles de bronze, des bijoux et des bagues. Ils leur fournirent surtout des motifs d'ornementation. Les œuvres les plus anciennes de l'industrie étrusque ne nous présentent guère que des dessins empruntés à la flore et à la faune de l'Orient, des rosaces, des palmettes, des fleurs de lotus fermées ou épanouies; des bêtes féroces, lions, tigres ou panthères, tantôt marchant à la file, tantôt se combattant, tantôt dévorant leur proie; enfin des animaux fantastiques ou monstrueux, des sphinx, des griffons, des taureaux ailés. Tous ces détails sont mêlés et combinés, comme sur les œuvres de l'art asiatique, sans autre dessein apparent que l'effet décoratif et se développent, suivant l'usage oriental, sur plusieurs zones horizontales indépendantes les unes des autres et superposées (fig. 10).

Le style oriental fut plus ou moins tenace suivant les industries. Certaines industries ne le perdirent presque jamais : telle fut, par exemple, celle des poteries noires à reliefs dont nous aurons à parler plus loin; telle fut aussi celle des pierres gravées qui conservèrent indéfiniment la forme du scarabée égyptien.

Suivant les régions aussi, la durée du style oriental fut inégale. Dans les Maremmes, à Tarquinies, à Cæré, il disparut de bonne heure devant l'influence toute-puissante de l'hellénisme. Au contraire à Vulci, à Clusium, dans les villes de l'intérieur, moins exposées aux souffles nouveaux de l'étranger, il persista longtemps. Mais partout, aussi bien dans les Maremmes que dans la haute Étrurie, il laissa une trace. A l'époque romaine, l'art toscan emploie encore les motifs d'ornementation qu'il tient de l'Orient. On voit des palmettes, des rosaces, des fleurs de lotus sur les miroirs et les urnes cinéraires du IIIe siècle avant notre ère. Des sphinx, des griffons, des lions veillent, suivant l'usage oriental, sur la paix du tombeau, tantôt dressés devant le seuil, tantôt peints sur les parois du caveau funéraire, tantôt sculptés aux flancs des sarcophages. Les encadrements des peintures, les reliefs des meubles, les pieds des vases, les anses, les appliques, les manches, tous les appendices de la vaisselle et des ustensiles ont une ornementation plus ou moins empruntée au même ordre de sujets. Ces motifs sont tellement entrés dans l'usage qu'ils passent dans l'art romain et de là, à l'époque de la Renaissance, dans l'art moderne.

§ II. — L'INFLUENCE HELLÉNIQUE EN ÉTRURIE.

Raoul-Rochette : *Histoire critique de l'établissement des colonies grecques*, 4 vol. Paris, 1815. — F. Lenormant : *la Grande Grèce, paysages et histoire*, 2 vol. Paris, 1881. — Saalfeld : *Der Hellenismus in Latium.* Wolfenbüttel, 1883.

Si forte qu'ait pu être l'action de l'Orient sur la civilisation de la Toscane, l'influence décisive, celle qui donna l'essor à l'art étrusque, qui en régla le développement, qui en détermina le caractère, fut l'influence hellénique.

Les relations entre l'Italie et la Grèce remontent à une haute antiquité. Les deux pays sont si voisins qu'il est difficile de croire que les marins des îles ioniennes et du golfe de Corinthe n'aient pas de bonne heure touché les côtes italiques. D'ailleurs, les mythes si connus de Circé, des Sirènes, de Charybde et Scylla, mythes qui appartiennent aux plus vieilles traditions de la Grèce, témoignent d'expéditions aventureuses poussées dans les parages encore inexplorés de l'Occident. Ces expéditions se multiplièrent certainement à l'époque où les Gréco-Pélasges de l'Archipel commencèrent à disputer aux Phéniciens la possession de la Méditerranée, c'est-à-dire vers le xiiie siècle avant notre ère, quand se fut constitué dans les Cyclades ce grand empire maritime dont le souvenir s'est conservé dans la légende de Minos, que Thucydide signale dans son histoire, et dont la force d'expansion est attestée par les hiéroglyphes égyptiens. Les anciens attribuaient aux Gréco-Pélasges la fondation de plusieurs villes en Italie, d'Adria, de Spina, de Ravenne sur l'Adriatique, d'Agylla ou Cæré sur la mer tyrrhénienne, non loin de l'embouchure du Tibre. Cumes passait aussi pour avoir été fondée dès le xie siècle par des marins venus de l'Eubée.

En admettant que toutes ces traditions ne soient pas incontestables, il n'en reste pas moins certain que l'émigration hellénique en Italie a commencé bien avant la période historique. Mais le mouvement ne s'accentue réellement qu'à partir du viiie siècle. On voit alors s'élever Rhégion, Sybaris, Crotone, Tarente, et en Sicile Naxos, Syracuse, Leontium, Hybla; puis aux viie et vie siècles se fondent Géla, Himéra, Sélinonte, Agrigente, Pæstum, Locres, Métaponte. L'Italie méridionale tout entière s'entoure d'un réseau presque continu de villes grecques : elle devient la Grande Grèce. Dès lors, la voie est ouverte à l'hellénisme qui peu à peu, sans invasion, sans secousse, par une infiltration lente, par la séduction toute-puissante de son génie, va conquérir les peuples italiques jusque-là livrés à la seule influence phénicienne. La transition sera d'autant plus aisée qu'à cette époque la civilisation grecque est elle-même tout imprégnée de l'Orient [1].

Pour ce qui est de l'Étrurie en particulier, nous sa-

1. Voir, sur la période orientale en Grèce, Collignon, *Man. d'arch. grecque*, p. 33 et suiv.

vons que dès le milieu du viie siècle avant notre ère elle
fut en relations directes avec la Grèce. On connaît l'histoire de Démarate, personnage royal de la dynastie des
Bacchiades, chassé de Corinthe par la famille usurpa-
trice des Cypsélides et réfugié à Tarquinies, ville de
l'Étrurie méridionale, où il se maria, devint un person·
nage important et fit souche de descendants qui, sous
le nom de Tarquins, régnèrent sur Rome. Il est permis
de penser qu'un exilé royal comme Démarate, en prenant le chemin de la Toscane, n'allait pas au hasard,
comme un pauvre émigrant qui part sans savoir où il
va et aborde où il peut. Il allait s'établir où d'autres
Corinthiens l'avaient précédé. L'Étrurie, alors phénicienne, devait être connue des Corinthiens, qui plus
que tous les autres Grecs entretenaient des rapports
avec les Phéniciens : leur ville avait été longtemps une
station phénicienne dans les eaux de la Grèce, et à
l'époque qui nous occupe ils avaient encore avec la
Phénicie un commerce suivi. Il est probable que Tarquinies était alors en grande partie habitée par des colons corinthiens et que comme Cæré, sa voisine, qui
avait un trésor à Delphes, elle était considérée commé
une cité grecque. En tout cas au vi[e] siècle ces deux
villes, ainsi que toute la contrée environnante, étaient
acquises à l'hellénisme.

La civilisation grecque fut donc de bonne heure apportée en Étrurie par des colons. Mais ce fut surtout
par des importations commerciales qu'elle s'y propagea
et finit par devenir prépondérante. Les colonies grecques d'Italie, reliées par un commerce incessant à leurs
métropoles, étaient des entrepôts d'où les produits de

l'industrie hellénique se répandaient, par un cabotage
actif, le long des côtes toscanes.

Parmi ces produits importés, il faut signaler au
premier rang les vases peints, communément appelés
étrusques, mais qui en réalité ne sont pas étrusques.
On en a fabriqué quelques-uns en Étrurie, mais ou bien
ce sont des œuvres soignées dues à la main d'artistes grecs
établis dans le pays, et alors il y a lieu de les considérer comme des vases purement grecs, ou bien ce sont
des imitations maladroites, des contrefaçons sans valeur. On peut affirmer que la plupart des vases peints
trouvés en Étrurie proviennent de la Grèce. C'est là
qu'étaient les ateliers principaux, et c'est de là que partaient toutes ces belles poteries, quelquefois signées d'un
même artiste, qu'on a retrouvées aux deux extrémités du
monde méditerranéen, en Crimée et en Toscane.

Les importations céramiques en Étrurie ont duré
longtemps. Dans les cimetières étrusques, tous les styles
sont représentés : le style corinthien ou asiatique qui
fleurit en Grèce aux VIIe et VIe siècles; les vases à fond
rouge et figures noires (fin du VIe et début du Ve siècles);
les vases à fond noir et figures rouges (V[e] et IVe siècles).
Les Étrusques paraissent avoir eu pour ce genre d'objets
une vive prédilection. La belle collection des poteries de
style corinthien qui est au Louvre provient presque tout
entière de Cæré et de Tarquinies. La nécropole de Vulci,
découverte en 1828, contenait environ vingt mille vases.

Comme les Phéniciens, les Grecs étaient d'infati-
gables marchands, et s'ils ont jeté sur les marchés de
l'Étrurie tant de poteries peintes et de si belles, c'est
que dans ce pays ils trouvaient une clientèle riche et

assurée. Aussi peut-on dire à coup sûr qu'ils ne s'en
sont pas tenus à cette catégorie d'objets et qu'ils ont
apporté bien d'autres produits de leur industrie, déjà
florissante au vi^e siècle. Il est vrai que pour ceux-ci la
provenance hellénique est plus difficile à établir que
pour les vases. Mais le style en est quelquefois si pur
qu'il trahit la fabrique grecque. Voyez par exemple les
bijoux dits étrusques. Plusieurs sont d'une facture si
élégante, d'une composition si riche et si libre à la fois;
les lignes sont si belles, les ornements si légers qu'on
devine une main d'artiste. Or les Grecs, seuls dans
l'antiquité, ont su concilier ainsi les caprices de la fantaisie décorative avec les exigences du goût le plus délicat et ne jamais dérober l'unité d'un ensemble sous
la profusion des détails. On a récemment remarqué
que certains types de bronze historiés, découverts à
Vulci, étaient identiques à ceux que répandaient les fabriques grecques parmi les populations campaniennes.
Plus on avancera dans la connaissance de l'archéologie
étrusque, plus on se convaincra qu'il faut faire aux importations grecques une large part. La Grèce a inondé
l'Étrurie de ses œuvres. Elle lui a donné non seulement
son industrie, mais encore son alphabet, ses images
mythologiques, ses légendes, ses monnaies, et enfin ses
artistes. Déjà au viie siècle la tradition signale parmi
les compagnons de Démarate deux artistes, sans doute
deux céramistes, *Eucheir* (= qui a une belle main) et
Eugrammos (= qui dessine bien). Plus tard, au ve siècle,
nous rencontrerons les noms de Gorgasos et Damophi-
los, deux Grecs encore, qui travaillèrent à Rome et qui
probablement y furent appelés d'Étrurie.

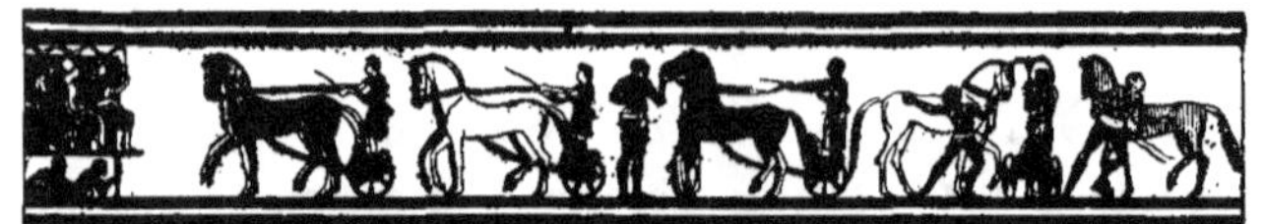

CHAPITRE III

LES ARTS EN ÉTRURIE.

ARCHITECTURE, SCULPTURE, PEINTURE.

Il serait trop long de donner ici une bibliographie, même sommaire, de l'art étrusque. On trouvera cités dans O. Müller, Noël des Vergers et Dennis tous les ouvrages qui méritent quelque crédit. Je me borne à signaler quelques publications à planches :

DEMPSTER : *De Etruria regali*, 2 vol., 1723. — GORI : *Museum Etruscum*, 3 vol., 1737-43. — INGHIRAMI : *Monumenti etruschi o di etrusco nome*, 7 vol., 1821-1826. — MICALI : *Monumenti inediti*, atlas qui se rapporte à l'*Histoire de l'Italie avant les Romains*, 2 vol., 1844. — *Musée Grégorien du Vatican*, 2 vol., 1842. — CONESTABILE : *Monumenti di Perugia etrusca e romana*, 4 vol. avec atlas. Pérouse, 1870. — *Monumenti inediti dell' Instituto di corrispondenza archeologica di Roma.*

§ I. — L'ARCHITECTURE.

CANINA : *l'Antica Etruria maritima*, 4 vol. in-f°. Rome, 1851.

Les murailles des villes et les travaux d'utilité publique. — Les plus anciennes constructions qu'on rencontre en Étrurie sont des travaux de défense. Sur les hauteurs où s'élevaient la plupart des villes, on voit encore en maint endroit les restes d'enceintes puissantes qui rappellent les murailles pélasgiques de la Grèce[1].

Ces remparts se rapportent en général aux derniers âges de la construction pélasgique. Aucun d'eux ne présente quelque chose d'analogue aux fortifications de Tirynthe, où les quartiers de roche aux formes les plus irrégulières sont empilés tels quels les uns sur les autres, les vides étant bouchés par des matériaux plus petits. Les blocs de pierre ne sont plus à l'état brut, ils ont été plus ou moins

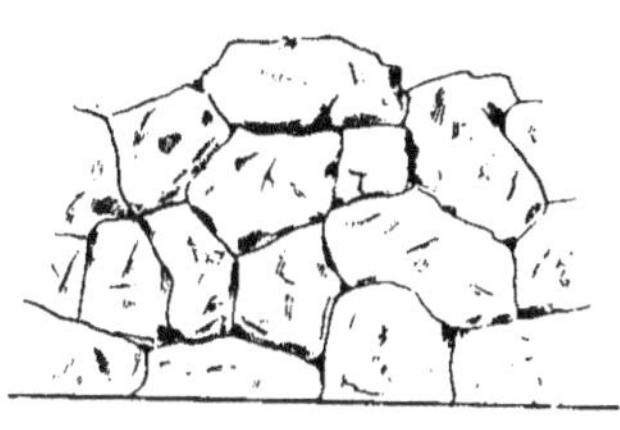

FIG. 12.

APPAREIL POLYGONAL.

équarris, de manière à figurer des polygones de quatre, cinq ou six côtés. Ainsi préparés, ils s'emboîtent les uns dans les autres et le front du mur est à peu près aligné. Tel est l'agencement des remparts de Pyrgos, de Cossa, de Norba et d'Alatri. C'est ce qu'on désigne sous le nom de système polygonal (fig. 12).

A ce système en succède un autre où déjà se marque la transition vers un appareil plus régulier. Considérez, par exemple, certaines parties des murailles de Fiesole ou de Volterra. L'apparence est celle des murailles polygonales. Les éléments sont en effet de dimensions

1. Voir Collignon, *Arch. grecque,* p. 39.

et de formes différentes et ne forment pas de rangées continues. Mais en y regardant de près, vous remarquerez que toutes les pierres sont des quadrilatères et qu'elles sont toutes posées sur un champ à peu près horizontal (fig. 13). Que l'idée vienne de donner à tous ces quadrilatères la même hauteur et de les tailler tous à angles droits et l'appareil sera parfaitement régulier.

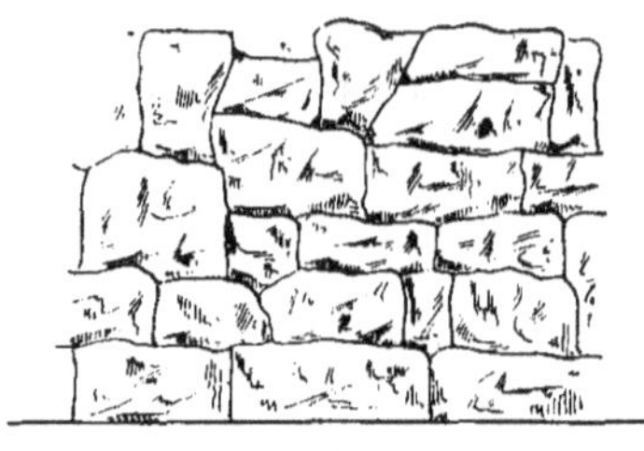

FIG. 13.

APPAREIL POLYGONAL PLUS RÉGULIER.

Cet appareil régulier, l'*opus quadratum* des Romains, on le rencontre dans l'Étrurie méridionale, à Sutri, à Faléries, à Ardée, à Tarquinies, enfin à Rome, où les plus anciens murs de l'époque royale sont construits suivant ce système. C'est l'appareil des beaux temps de la Grèce, mais moins

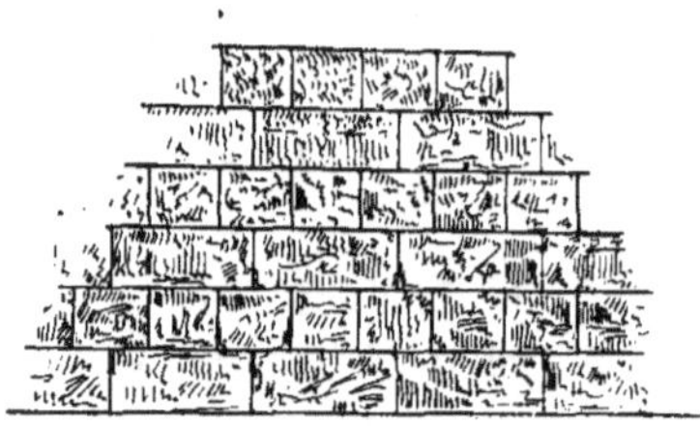

FIG. 14. — APPAREIL RECTILIGNE.

soigné. Tandis qu'en Grèce les parallélipipèdes qui constituent le mur se présentent toujours dans le sens de leur longueur, en Étrurie, ils sont mis bout à bout, tantôt dans le sens de leur longueur, tantôt dans le sens de leur largeur. La disposition varie de deux en deux assises. Ainsi le front du mur offre aux regards alternativement une rangée horizontale de rectangles et une rangée horizontale de carrés (fig. 14).

Les Étrusques n'étaient pas seulement des constructeurs de murailles. Ils savaient aussi faire œuvre d'ingénieurs. Le pays qu'ils occupaient n'est habitable qu'à la condition d'être sans cesse assaini. Les cours d'eau, qui dans une région aussi montagneuse sont nombreux et souvent gros, ne trouvent pas dans les plaines une pente suffisante, s'y répandent, s'y perdent et finissent par former des marécages pestilentiels. Il importait donc avant tout de régler le régime des eaux. Les Étrusques le comprirent, et, de bonne heure, ils pratiquèrent en maîtres l'art d'endiguer les rivières et les ruisseaux, de creuser des canaux de dérivation, des fossés de drainage, des émissaires, perçant, s'il le fallait, des montagnes pour ouvrir aux eaux l'issue qui leur manquait. Sous les ruines de leurs villes, on voit encore tout un réseau d'égouts qui montrent jusqu'où ils poussaient le souci de la salubrité publique. Ces travaux étaient considérables, et l'on peut en juger par ceux qu'il a fallu exécuter et que l'on poursuit encore pour rendre et conserver à la culture l'une des régions jadis les plus florissantes de l'Étrurie, la vallée de la Chiana, entre Chiusi et Arezzo.

La voûte. — En général, la constitution géologique du sol se prêtait à ces travaux, surtout aux travaux souterrains. Presque partout en Étrurie, la roche est un tuf calcaire très tendre, que l'ongle entame aisément et qui cependant est d'un grain assez serré pour ne pas tomber en poussière. Il était facile d'y percer des galeries. Mais lorsqu'on rencontrait une roche inégale, sans consistance, sujette aux éboulements, sous peine de voir les galeries s'écrouler aussitôt faites, il fallait les soutenir en opposant à la pression des terres la résistance d'une paroi artificielle. Le plus simple eût été de placer sur deux montants verticaux une grosse poutre de pierre analogue à celles dont se servaient les Égyptiens et les Grecs. Mais les Étrusques n'avaient ni le granit de l'Égypte, ni le marbre de la Grèce, ni aucune de ces roches compactes qui peuvent fournir, comme on le voit à Karnak et à Mycènes, des linteaux de six et même huit mètres. Ne pouvant faire d'un seul bloc le plafond de leurs souterrains, ils y employèrent plusieurs pierres, taillées de telle sorte que, placées les unes à côté des autres, elles devaient se servir mutuellement de point d'appui et demeurer suspendues en arc de cercle au-dessus du vide par le seul effet de la pesanteur. En d'autres termes, ils construisirent ce qu'on appelle des voûtes appareillées, appliquant pour la première fois en Europe un procédé qui depuis est entré dans la pratique courante de l'architecture, mais qu'ils n'avaient pas inventé et dont la conception première appartient à l'Orient : on a la preuve qu'à une très haute antiquité les architectes de l'Égypte et de la Chaldée en connaissaient l'usage.

Parmi les souterrains voûtés dus à l'art des ingénieurs étrusques, le plus intéressant est le grand égout de Rome (*Cloaca maxima*), magnifique ouvrage entrepris par les Tarquins, qui faisait l'admiration des Romains eux-mêmes et qui, bien que réparé plusieurs fois dans l'antiquité, a conservé jusqu'à nos jours son aspect primitif (fig. 15). La voûte en est formée de pierres jointes à sec, comme le sont les éléments de tous les murs étrusques, c'est-à-dire sans le secours d'aucun ciment. Elle se compose de trois assises superposées qui se renforcent l'une l'autre, et telle est son ouverture que, selon l'assertion de Pline, on pouvait faire passer dessous un chariot chargé de foin.

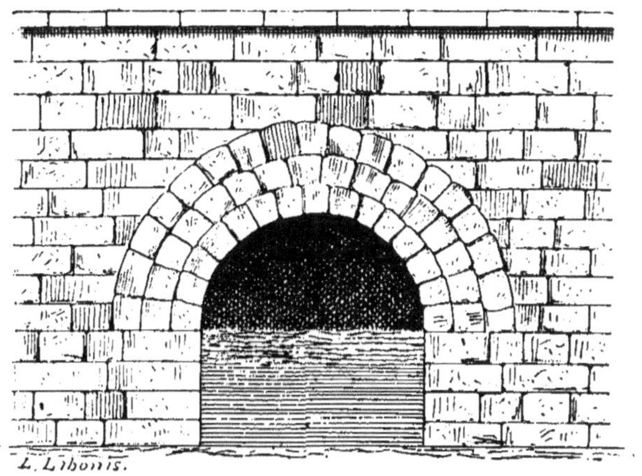

FIG. 15. — LA CLOACA MAXIMA DE ROME.

Les ingénieurs étrusques n'employaient pas seulement la voûte à doubler les parois de leurs souterrains. Ils s'en servaient aussi pour jeter des ponts au-dessus des rivières et surtout pour ouvrir aux flancs des remparts des portes monumentales. Plusieurs de ces portes subsistent encore aujourd'hui, notamment à Volterra, à Faléries, à Sutri et à Tarquinies. L'arcade qui les couronne se détache en relief sur le front du mur et présente ordinairement une ornementation curieuse de têtes humaines ou de masques de Gorgone qui semble rappeler l'usage barbare de couper les têtes des vaincus et de les exposer comme trophées (fig. 16). Toutes les fois que sur les bas-reliefs funéraires on représente une

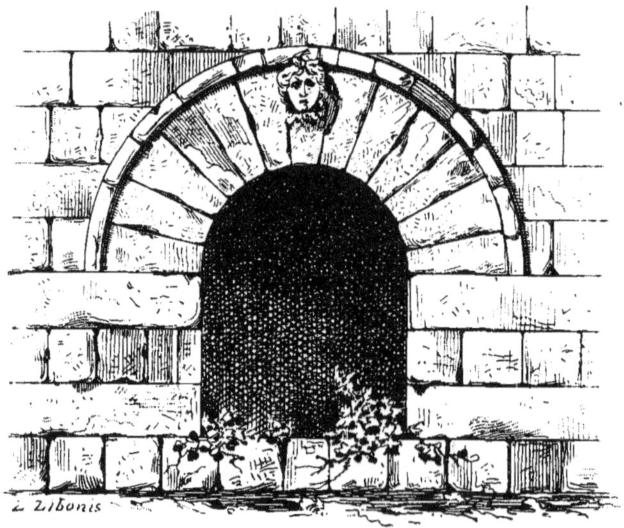

FIG. 16. — PORTE DE FALÉRIES.

porte de ville fortifiée, elle est toujours conforme à ce modèle.

Il ne faut pas confondre avec les voûtes appareillées dont nous venons de parler certaines couvertures en forme de dôme qu'on observe à Cervétri, à Orviéto, à Cortone et à Frascati. Celles-ci ne sont que de fausses voûtes. Toutes les pierres qui les composent sont posées à plat, mais de telle sorte que les différentes assises fassent successivement saillie les unes sur les autres et qu'ainsi les parois opposées se rapprochent jusqu'à se toucher. Le dôme est alors fermé et l'on n'a plus pour en achever le contour qu'à écorner, suivant une courbe circulaire ou ogivale, tous les angles saillants (fig. 17). Le type de ces pseudo-voûtes dites *à encorbellement* est celui des *Trésors* gréco-pélasgiques de Mycènes.

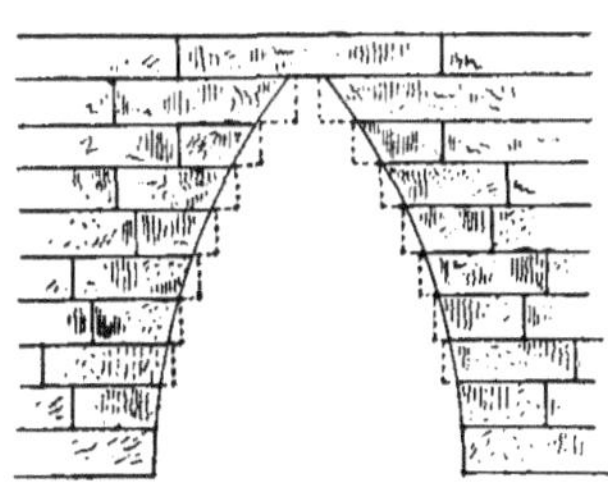

FIG. 17.

VOUTE A ENCORBELLEMENT.

Les tombeaux[1]. — Ce que nous connaissons le mieux de l'architecture des Étrusques, c'est l'architecture funéraire. L'extérieur des tombeaux n'est pas uniforme. Dans les plaines ce sont des monticules (*tumuli*), d'une hauteur plus ou moins considérable, tels qu'on en élevait en Grèce et surtout en Asie Mineure, monticules qui pour la plupart reposent sur un énorme socle cylindrique en maçonnerie. Quelques-uns de ces tumuli, celui de la Cucumella, par exemple, à Vulci, ressemblent à de véritables forteresses. Sur les hauteurs, au lieu de faire des tertres, les Étrusques, suivant une coutume qu'on retrouve en Égypte et en Asie Mineure, tiraient parti des reliefs du sol et façonnaient les masses de rochers qui se dressaient aux flancs des collines. Ici une saillie de pierre était taillée en forme de cône ou de tour. Là, une falaise à pic était aplanie et le ciseau y

1. Voir Bindseil : *Die Graeber der Etrusker*. Berlin, 1881.

dessinait une série de petites façades composées d'un encadrement, d'une corniche et d'une porte (fig. 18). Ailleurs le tuf de la colline était entamé de manière à figurer une ou plusieurs arcades. Quand les modèles de l'architecture grecque se furent popularisés en Étrurie, on alla même jusqu'à découper ainsi dans le roc des façades de templos avec leur colonnade, leur

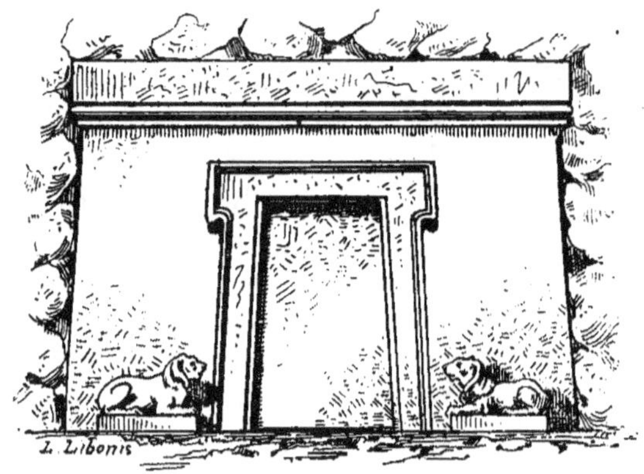

FIG. 18. — FAÇADE DE TOMBEAU TAILLÉE DANS LE ROC.

fronton chargé de figures et tous leurs accessoires décoratifs : tels sont les tombeaux de Norchia.

La partie importante de la sépulture étrusque, c'est la galerie souterraine creusée dans le roc vif ou solidement maçonnée, parfois dissimulée avec un art jaloux au bout de longs et profonds corridors. Tantôt cette galerie se réduit à une seule et unique chambre circulaire ou carrée et de dimensions très variables. Tantôt elle comporte plusieurs salles qui communiquent entre

elles et constituent une sorte d'appartement (fig. 19).
Quelques-unes de ces chambres sont très simples et
n'ont que les quatre murs avec un ou deux piliers qui
soutiennent un plafond simulant les poutres d'une
charpente, et tout alentour un large banc était destiné à recevoir les corps. Mais souvent les chambres sont très ornées. Il y en a qui sont décorées d'élégants pilastres, de frises, de corniches, de caissons et dans lesquelles les lits funéraires sont taillés au fond d'alcôves; il y en a d'autres dont les parois sont toutes couvertes de

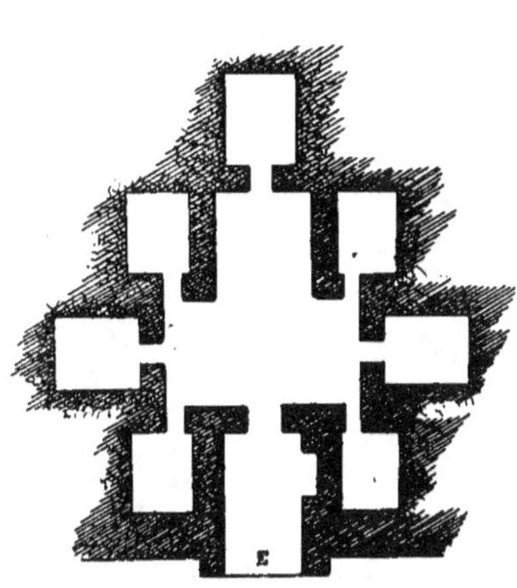

FIG. 19. — PLAN D'UN TOMBEAU
A PLUSIEURS CHAMBRES.

(Vulci.)

peintures offrant toutes sortes d'images gaies ou tristes
que nous aurons à étudier plus loin; il y en a d'autres
enfin qui présentent en bas-reliefs coloriés tous les
détails d'un mobilier domestique. Dans une tombe de
Cervetri on voit reproduits au naturel, et comme
s'ils étaient en réalité accrochés le long des murs,
tous les objets qui composaient le ménage d'un riche
Étrusque, des marmites, des vases de toutes formes et
de toutes grandeurs, des sacs, des escarcelles, des
coffrets, des tenailles et autres outils, des courroies, des

harnais, sans compter une multitude d'armes, haches, épées, cuirasses, casques, jambières, boucliers et javelots (fig. 20 et 21). Le mort était ainsi entouré de tout ce qui lui avait appartenu sur la terre. Sa tombe était l'image de sa demeure. Il y retrouvait non seulement ses meubles et ses armes, mais aussi ses parents, sa

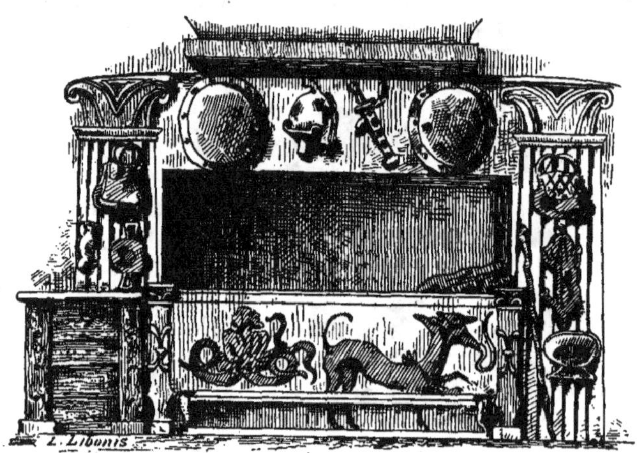

FIG. 20. — INTÉRIEUR D'UNE CHAMBRE FUNÉRAIRE.
(Cervetri-Cæré.)

femme, ses enfants, ses serviteurs qui, après leur mort, venaient occuper près de lui un lit funéraire, quelquefois même son cheval préféré et son chien qu'on ensevelissait avec lui. C'est que, suivant une croyance qui n'était d'ailleurs pas propre aux Étrusques et que toute l'antiquité a partagée, il restait quelque chose de l'homme après la vie, et quelque chose de matériel, l'*ombre,* sorte de reflet du corps, qui avait de ce corps les traits, les appétits et les habitudes, et à qui il fallait assurer, avec un semblant de nourriture, un semblant de maison, de ménage et de famille.

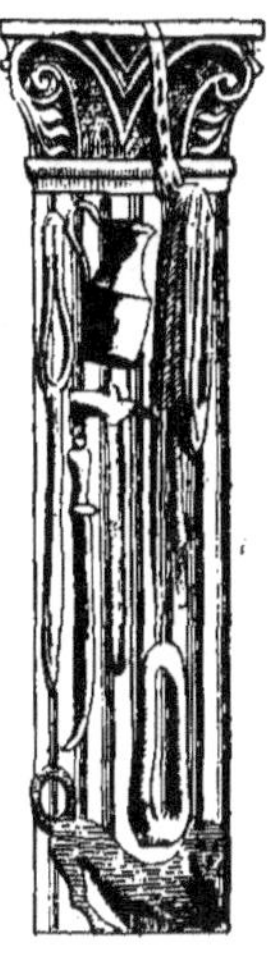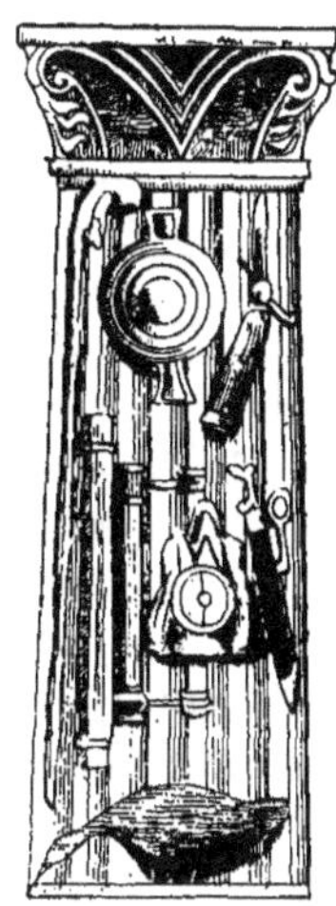

FIG. 21. — PILIERS DE LA MÊME CHAMBRE.

Les temples. — Aucun temple étrusque n'a été conservé. Les rares débris qui en subsistent sont pour la plupart insignifiants. Nous n'aurions aucune idée de cette architecture religieuse si Vitruve, un architecte romain contemporain d'Auguste, ne nous en avait donné la description.

Un temple étrusque n'était pas autre chose qu'un temple grec plus ou moins défiguré. Comme lui, il comportait une enceinte sacrée et close (ναός ou *cella*), un portique en colonnade et une façade surmontée d'un

fronton avec des statues, le tout couvert d'une décoration polychrome. Mais si de part et d'autre les éléments
étaient les mêmes, la disposition était différente. Le plan
du temple grec était un rectangle plus ou moins allongé
avec un naos au centre, et une ou deux rangées de colonnes soit devant l'entrée seulement, soit sur tout le
pourtour. Le temple étrusque, au contraire, était bâti sur un plan presque carré et n'avait de colonnes que sur le devant. Sa forme et ses diverses parties étaient déterminées, indépendamment de toute considération artistique, par certaines règles religieuses d'une rigueur inflexible et d'après des observations astronomiques.

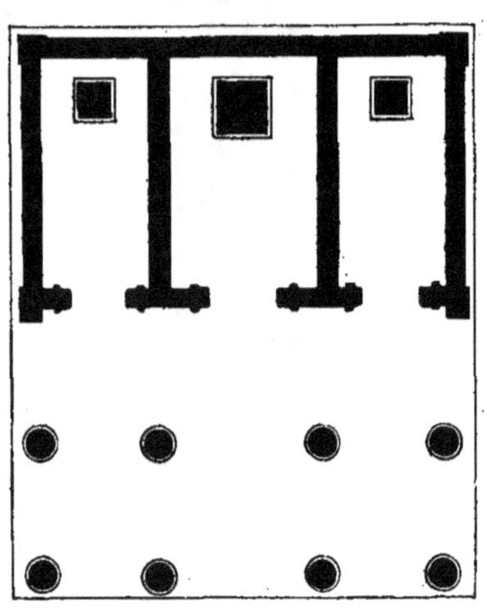

C'est ainsi qu'il devait toujours se composer de deux
moitiés distinctes. L'une, qui était située tout à fait en
arrière et formait comme le fond du temple (*postica*),
comprenait la cella presque toujours triple, fermée de
trois côtés par un mur plein et abritant les statues des
divinités. L'autre, située en avant (*antica*), était un portique à plusieurs rangées de colonnes sur lequel s'ouvraient les trois chambres de la cella (fig. 22).

Du haut en bas le temple grec était en pierre. Le temple étrusque, au contraire, était presque tout entier en bois : seules les colonnes étaient quelquefois en pierre. De là plusieurs conséquences : d'abord les colonnes étaient plus espacées, la portée d'une poutre de bois étant toujours supérieure à celle d'une architrave de marbre. Puis les têtes des poutres faisant saillie vers l'extérieur, les bords du toit, les corniches, le fronton, tout le couronnement de l'édifice se trouvaient portés beaucoup plus en avant du mur et de la ligne des colonnes qu'ils ne l'étaient dans les temples grecs. Enfin, la charpente n'étant pas de force à porter le poids énorme des statues de marbre massif qui décoraient les frontons grecs, ces statues étaient remplacées par des figures creuses en terre cuite. Ces différents détails, qui nous sont donnés par Vitruve, sont confirmés par la vue des rochers sculptés de Norchia qui représentent des façades gréco-toscanes, et aussi par plusieurs urnes funéraires en forme de temples.

En observant ces mêmes urnes funéraires, on voit que pour leurs colonnes les architectes étrusques empruntaient leurs modèles à la Grèce, aux ordres dorique, ionique et corinthien : il y a des colonnes sans volutes, d'autres avec volutes, d'autres avec un feuillage qui rappelle l'acanthe. On a longtemps parlé et l'on parle encore quelquefois d'un ordre toscan, distinct des trois ordres grecs et tout à fait original, qui se serait constitué spontanément en Italie par le développement naturel de certains principes de construction communs à la race grecque et à la race italique. Mais en réalité il n'y a pas d'ordre toscan. La colonne dite toscane n'est

pas autre chose qu'une imitation maladroite de la colonne dorique (fig. 23).

En somme, pour construire
leurs temples, les architectes étrusques ont pris les éléments de l'architecture grecque. Ils les ont mis
en œuvre, mais à leur façon, en
les défigurant, en les disposant
suivant certaines vues religieuses,
en les combinant avec les principes de la charpente locale, si bien
qu'entre leurs mains les ordres
grecs ont perdu leurs formes particulières et caractéristiques, leurs
proportions, leur harmonie, c'est-
à-dire précisément tout ce qui
faisait leur beauté.

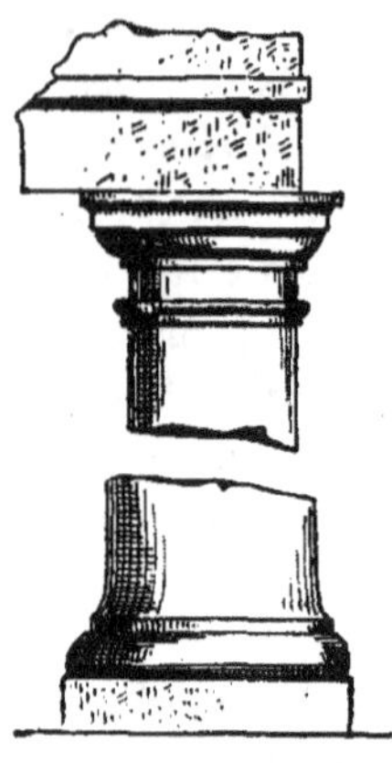

FIG. 23.

COLONNE TOSCANE.

La maison. — C'est encore avec les renseignements
de Vitruve, mais surtout avec les données fournies
par les tombeaux, que l'on
peut reconstituer l'habitation privée des Étrusques.
Cette habitation ne res-
semble pas à la cabane
ronde et couverte de
chaume des populations
primitives de l'Italie. C'est
une maison rectangulaire.
Le toit, qui est en bois, se

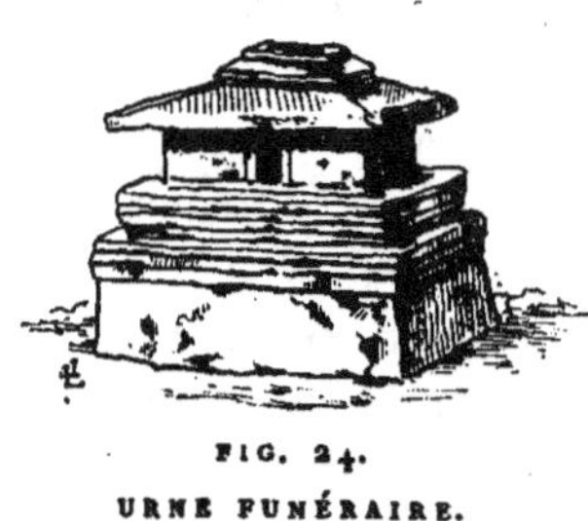

FIG. 24.

URNE FUNÉRAIRE.

(Chiusi.)

compose de quatre auvents inclinés vers l'extérieur,
et qui laissent entre eux, au sommet, une ouverture

carrée, destinée à livrer passage à la fumée. Cette disposition se remarque dans une chambre funéraire de Cornéto. Une urne de Chiusi nous montre le même type de maison, vu du dehors (fig. 24).

Mais voici d'autres sépultures, ou plutôt, ce qui revient au même, d'autres habitations plus vastes et plus somptueuses. Ce n'est plus une chambre que nous trouvons, mais deux, trois chambres et davantage. C'est

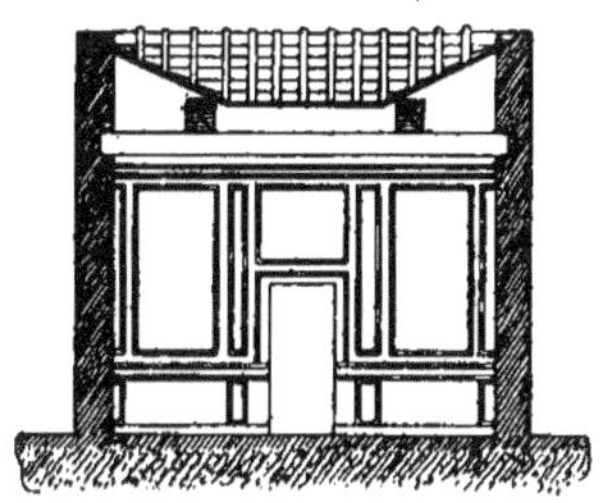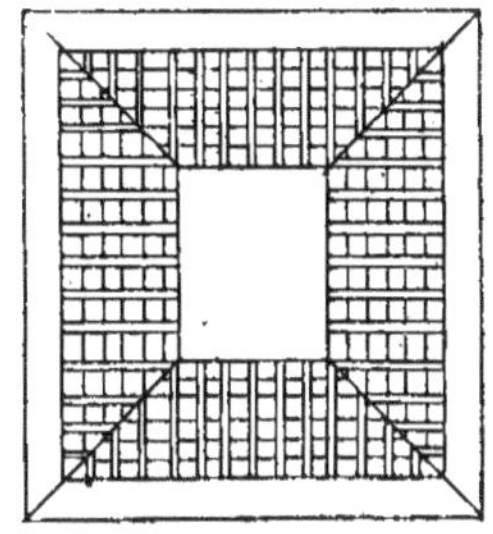

FIG. 25. — COUPE ET PLAN D'UN CAVÆDIUM TOSCAN.

la maison du riche Toscan et plus tard du Romain, avec son *atrium* au centre, sorte de petite cour commune sur laquelle s'ouvrent toutes les pièces de l'appartement.

L'*atrium* était toujours découvert au milieu : quatre auvents inclinés vers l'intérieur déversaient dans un petit bassin les eaux pluviales et garantissaient les chambres contre le grand jour et la chaleur. Ces auvents pouvaient être diversement ajustés; on le verra plus tard à l'époque romaine. En Étrurie, les chevrons qui les composaient s'appuyaient ordinairement sur deux maîtresses poutres placées parallèlement et formant comme un pont horizontal d'un mur à l'autre. C'est ce que les anciens appelaient le *cavædium tuscanicum* (fig. 25.)

Quant à l'extérieur de la maison étrusque, il est difficile de se le figurer. Plusieurs urnes funéraires donneraient à penser qu'il y avait peu d'ouvertures sur le dehors, et que sous le toit régnait quelquefois un balcon

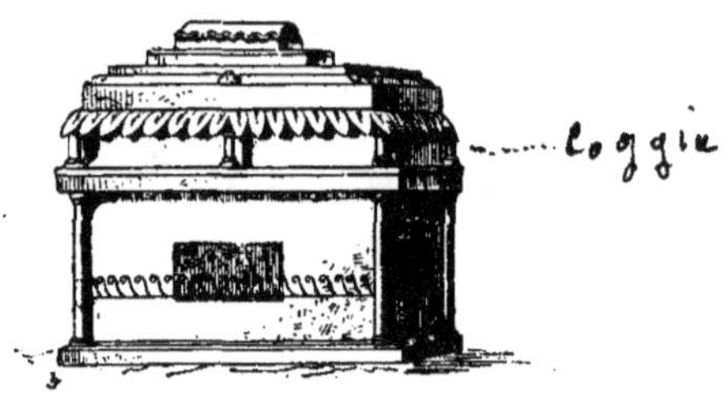

FIG. 26.

URNE FUNÉRAIRE.

(Musée de Florence.)

couvert, analogue à la *loggia* qu'ont encore aujourd'hui beaucoup de maisons italiennes (fig. 26).

§ II. — SCULPTURE.

La sculpture n'a jamais été bien florissante en Étrurie. D'abord les matériaux n'étaient pas favorables. Le marbre manquait, les carrières de Luni (Carrare) n'ayant été exploitées qu'au temps de la domination romaine ; et à défaut de marbre, l'Italie centrale ne fournissait guère que des tufs ou trop friables ou trop peu compacts. Puis la mythologie étrusque était loin d'avoir la variété et la précision plastiques de la mythologie grecque. Il y avait beaucoup de divinités, mais les unes, celles qui avaient une personnalité bien définie, avaient en même temps un type consacré, immuable et par conséquent peu favorable aux imaginations de l'art; d'autres étaient des puissances malfaisantes, qu'on se figurait épouvantables, qu'on évitait de représenter ou qu'on représentait seulement pour exciter la frayeur; d'autres enfin étaient des êtres plus ou moins abstraits dont la nature vague et mystérieuse échappait à toute forme sensible. Ces observations peuvent, dans une certaine mesure, expliquer la faiblesse des Étrusques dans la sculpture. Mais la raison décisive est qu'ils n'eurent pour cette partie de l'art ni modèles ni maîtres. Les marins de la Phénicie et de l'Archipel, qui couraient le long des côtes de l'Italie pour répandre de marché en marché les produits de la Grèce et de l'Asie, ne colportaient guère que de menus objets, des bijoux et des céramiques, et n'avaient pas de statues dans leurs bagages. Et quant aux artistes grecs qui venaient s'établir en Étrurie, c'étaient surtout des modeleurs et des peintres de vases. Les sculpteurs n'avaient que faire dans un pays où les frontons des temples ne pouvaient pas porter de statues. Il y eut ici ou là quelques ateliers locaux; mais les traditions y restèrent toujours bornées et le style pauvre. La sculpture qu'on y fit ne fut jamais que de la sculpture industrielle.

Jusqu'au moment où commence l'industrie des urnes cinéraires, industrie spéciale dont nous aurons à parler plus loin, les ouvrages en pierre sculptée sont rares. On peut citer un certain nombre de lions et de sphinx, autrefois destinés à garder l'entrée des tombeaux; quelques images de divinités d'un type très archaïque, trouvées principalement à Chiusi et représentées les unes sur un fauteuil, comme les déesses-mères assises de la Grèce,

les autres debout, le corps engagé jusqu'à la ceinture
dans une sorte de gaine, à la façon de ces idoles que les
Grecs appelaient des *xoana;* une dizaine de petits autels
ou piédestaux provenant aussi presque tous de Chiusi,
et décorés sur leurs quatre faces de scènes funéraires,
telles que processions, banquets, jeux et sacrifices; quelques stèles funéraires de Fiesole et de Pérouse avec un
guerrier debout; enfin, à Bologne, une riche série de
stèles funéraires, d'un type très particulier, qu'on ne
retrouve nulle part en Étrurie, stèles de forme ovale,
avec plusieurs zones horizontales de reliefs où se voient
des jeux, des scènes d'adieu, des chars emportés au
galop, et tout un monde de génies ailés, de démons et
de monstres marins.

Toutes ces sculptures n'ont rien d'original. Les types
sont pris soit à l'art gréco-asiatique, soit à l'art grec.
Pour les bas-reliefs, il est à remarquer que leur exécution n'est pas le moins du monde en rapport avec leur
composition. Celle-ci témoigne d'un certain art. Les
groupes des bas-reliefs de Chiusi et de Pérouse rappellent les scènes d'exposition et de lamentation funèbres
peintes sur les vases archaïques. Sur les stèles de
Bologne les sujets sont très heureusement composés.
Hommes et chevaux ont du mouvement. Il y a des
figures nues et d'autres figures qu'on voit de face, toutes
choses auxquelles la sculpture grecque n'est arrivée
qu'après de longs tâtonnements. D'autre part, l'exécution est enfantine. L'ouvrier étrusque qui a fait ces bas-
reliefs était à peine un apprenti et ne connaissait pas les
procédés les plus élémentaires du modelé. Comment
expliquer ces disparates? C'est que probablement on a,

tant bien que mal, transporté sur la pierre des figures empruntées à des vases grecs. On avait ainsi un modèle tout tracé dont on imitait les contours; mais, faute de science technique, on le sculptait mal. Sur un bas-relief de Pérouse la servilité du copiste se trahit par une amusante maladresse. Le sujet est une scène de bataille. Le cadre du bas-relief n'étant pas assez grand pour contenir tous les personnages de l'original, il se trouve qu'à côté de deux guerriers combattant on a laissé un bout de jambe égarée, reste d'un troisième guerrier pour lequel on n'avait pas de place.

La sculpture en bronze des Étrusques paraît avoir été supérieure à leur sculpture en pierre. Leur habileté à manier le métal a souvent été célébrée dans l'antiquité. Aujourd'hui nous n'en pouvons plus guère juger que par les petits bronzes, les objets de toilette et les ustensiles. Les spécimens de statues sont très peu nombreux. On signale souvent *la Louve* du Capitole, *la Minerve* et *la Chimère* d'Arezzo, *le Mars* de Todi, *l'Orateur* du musée de Florence, *l'Enfant à l'oiseau* du Vatican (fig. 27). Mais n'y a-t-il pas dans le nombre quelques œuvres dues à une main grecque? On a reconnu avec raison dans *la Louve* un bronze hellénique de la fin du vie siècle ou du commencement du ve. *La Minerve* et *la Chimère* pourraient bien être rapportées à l'art grec du iiie siècle. En tout cas, la plupart de ces statues sont d'un temps où l'art étrusque est tout à fait hellénisé.

Si les sculpteurs étrusques ont plus ou moins travaillé la pierre et le bronze, la matière qu'ils ont toujours préférée, celle dans laquelle ils ont le mieux montré leur savoir-faire, celle où se voient le mieux leurs

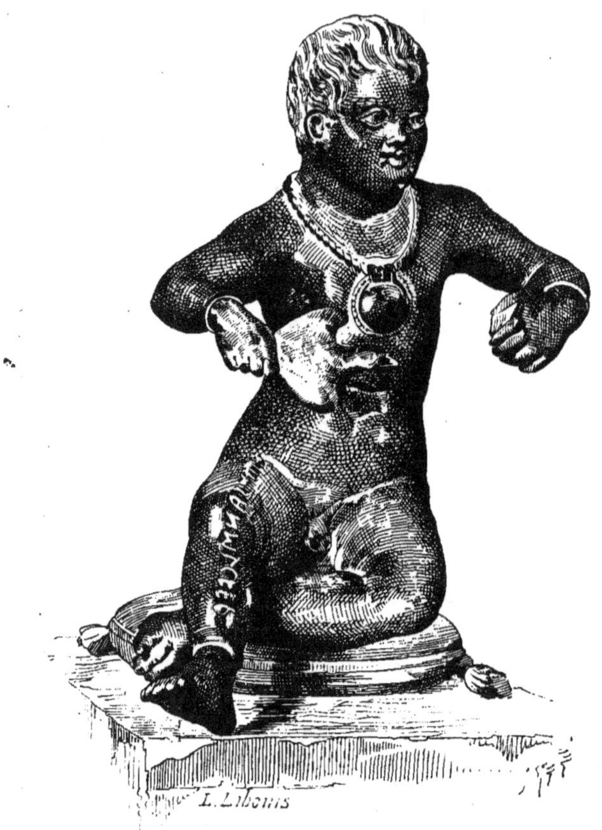

FIG. 27. — L'ENFANT A L'OISEAU.

(Bronze du Vatican.)

qualités et leurs défauts, c'est l'argile. Ils y étaient naturellement amenés par les traditions industrielles de l'Italie, où l'argile est partout, et qui depuis une haute antiquité employait l'argile à toutes sortes d'ouvrages. Les auteurs anciens parlent souvent des statues en terre cuite fabriquées chez les Étrusques. L'usage était d'en décorer les façades des temples. Lorsque les Tarquins construisirent un sanctuaire à Jupiter sur le Capitole, ils appelèrent des artistes étrusques qui firent en terre cuite plusieurs statues et des quadriges pour le fronton, ainsi qu'une image du dieu pour le sanctuaire lui-même.

Cette céramique monumentale a disparu. Les temples de bois ont été renversés ou brûlés, entraînant dans leur ruine leur fragile décoration. Les débris de cette décoration se retrouveront peut-être un jour. Le musée Grégorien du Vatican possède quelques fragments de statues en terre cuite, de grandeur naturelle ou à peu près, qui semblent avoir appartenu à un fronton : la moitié antérieure du corps est seule modelée et se détache en saillie sur un fond plat dont les rebords sont percés de trous, ce qui indique qu'on le fixait par des chevilles contre une paroi de bois. Qui sait si d'autres musées ne conservent pas quelques morceaux analogues, dédaignés, parce qu'ils ont paru insignifiants et oubliés dans un coin [1] ?

De la sculpture céramique des Étrusques il ne nous

---

1. Le musée archéologique de Florence a tout récemment acquis plusieurs fragments de statues en terre cuite provenant des frontons d'un temple étrusque de Luni. Ces fragments découverts en 1842 étaient restés inaperçus jusqu'à ce jour. Voir Milani, *I frontoni di un tempio tuscanico scoperti in Luni* (*Museo italiano di antichità classica*, 1884, 1ʳᵉ livraison).

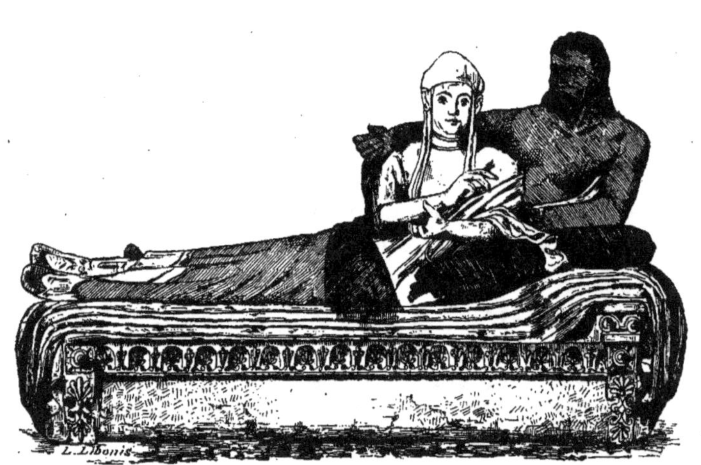

FIG. 28. — SARCOPHAGE DE CÉRÉ.

(Louvre.)

reste guère que les couvercles des sarcophages en terre cuite, représentant des personnages à demi couchés sur un lit. Il y en a des centaines. J'en citerai deux, choisis parmi les plus intéressants, et qui sont de style et d'époque différents. Le premier se rattache à l'art archaïque, et l'on peut le considérer comme à peu près contemporain des frontons du temple capitolin; les figures sont peintes de cette même couleur rouge, de ce *minium* dont les anciens nous disent qu'on badigeonnait de temps à autre la statue de Jupiter au Capitole pour en rafraîchir l'éclat (fig. 28). Le second appartient à la belle période de l'art étrusque hellénisé, et sa coloration rappelle celle des terres cuites grecques du IVe siècle (fig. 29).

On remarquera l'exactitude avec laquelle sont reproduits les moindres détails de l'ajustement, de la coiffure et de la parure, en un mot tout ce que nous appellerions les accessoires. Les coussins du lit, avec leurs passementeries et leurs franges, sont d'une vérité surprenante. Certains plis d'étoffe sont si moelleux qu'ils donnent l'illusion de l'étoffe même. On distingue à leur épaisseur les différents tissus dont se compose le costume. La toilette de la chevelure est parfaite. L'ouvrier n'a rien oublié, ni le capuchon à dessins, ni les sandales à la poulaine avec leurs courroies, ni la ceinture brodée qui se noue sur la poitrine et dont les bouts tombent négligemment, ni les broches, ni le collier à pendeloques, ni les boucles d'oreilles, ni la couronne de fleurs, ni les bracelets au-dessus du poignet et du coude, ni les bagues qui surchargent la main et envahissent toutes les phalanges, ni le miroir bordé d'un

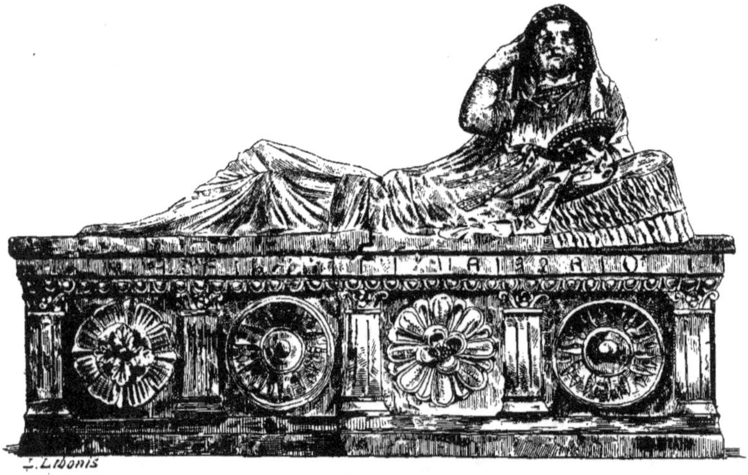

FIG. 29. — SARCOPHAGE DE CHIUSI.

(Musée de Florence.)

double filet de perles. Et non seulement tous ces accessoires sont modelés avec une précision minutieuse,
mais encore ils ont chacun leur couleur caractéristique.
Il est impossible de s'y tromper.

Il y a là quelque chose qui n'est point particulier à
la sculpture céramique des Étrusques et que toutes leurs
statues, quelles qu'elles soient, nous présentent : c'est
la recherche de la vérité individuelle. Ils n'ont qu'un
dessein : ils veulent qu'on reconnaisse sûrement la
personne dont ils font l'image et n'omettent aucun des
traits auxquels on pourra la reconnaître. Ils lui donnent ses vêtements et ses bijoux, mais s'ingénient surtout à reproduire les détails de sa physionomie. Les
têtes sont toujours modelées avec un très grand soin, et
l'expression en est souvent vivante. En revanche, tout
ce qui ne contribue pas directement au portrait est négligé. Le buste, par exemple, et les jambes sont traités
tant bien que mal, sans le moindre souci de la vérité
anatomique, laquelle, étant la même pour tous les
hommes, n'est d'aucun intérêt pour la ressemblance.
La plupart des figures couchées sur les sarcophages sont
ridiculement disproportionnées et plus ou moins dé-
hanchées. Le buste se dresse comme du fond d'un
coffre et se joint on ne sait trop comment aux jambes,
qui s'étalent comme deux bâtons sur les coussins du lit
funéraire ou bien qui semblent avoir été écourtées faute
de place.

On voit par ce qui précède que si la sculpture étrusque
a certaines qualités d'exactitude, elle se réduit, comme
art, à peu de chose. Sa valeur est surtout archéologique
en ce sens qu'elle nous met sous les yeux les mœurs et

les croyances de l'Étrurie. A ce point de vue, les médiocres bas-reliefs qui garnissent les flancs des sarcophages méritent quelque attention [1].

Plusieurs de leurs sujets sont empruntés à la vie de tous les jours et montrent soit quelque trait de la carrière publique du défunt, soit quelque circonstance de sa vie domestique. Un magistrat s'avance précédé de ses licteurs et accompagné d'esclaves qui portent sa chaise curule et ses tablettes. Un autre est assis et juge. Un troisième descend de son tribunal, et autour de lui se presse la famille du condamné. Ici c'est une procession triomphale; là c'est un sacrifice. Un sarcophage de Vulci présente comme l'histoire d'un heureux ménage. Sur un des bas-reliefs on voit les deux époux se donner la main, et chacun d'eux est accompagné des esclaves qui portent le coffret, le parasol, l'éventail de la femme, le bâton d'augure, le siège d'apparat, la trompette du mari : c'est la cérémonie du mariage. Sur un second bas-relief, le mari s'apprête à monter dans un char de triomphe. Le dernier nous montre le mari et la femme assis, à l'abri d'un parasol, sur un chariot traîné par deux mules, et la présence d'une Furie indique que la route qu'ils suivent est celle de l'autre monde. La mort ne les a pas séparés. Ils ont accompli ensemble le dernier voyage et reposent dans le même tombeau.

Plusieurs de ces bas-reliefs funéraires rappellent les différents spectacles qui accompagnaient d'ordinaire les funérailles solennelles, par exemple des scènes de chasse,

1. Voir Brunn, *I rilievi delle urne etrusche,* t. Ier, *ciclo troico* Rome, 1870.

des courses de chevaux ou de chars, des combats de
gladiateurs, des processions. On y retrouve aussi le banquet avec ses libertés, ses ivresses, son luxe et tout son
personnel d'esclaves, de musiciens, de danseurs. Le sarcophage lui-même a l'air d'un lit de festin sur lequel le

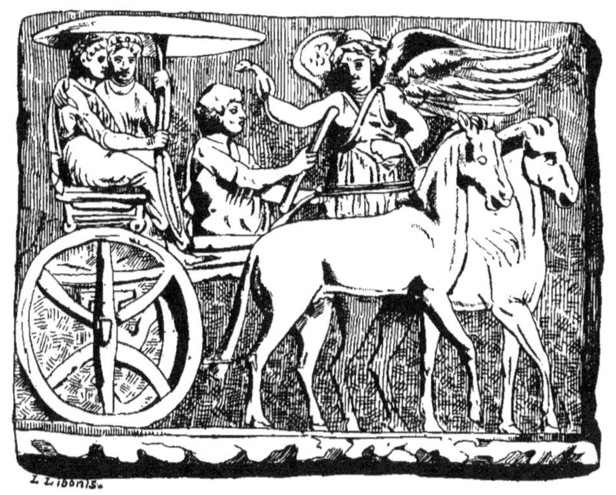

FIG. 30. — BAS-RELIEF DE SARCOPHAGE.

(Vulci.)

défunt est couché, une patère ou un vase à la main, et
souvent dans la même chambre funéraire les sarcophages d'une même famille sont disposés en *triclinium,*
c'est-à-dire en fer à cheval, comme l'étaient les convives
autour de la table.

Les sujets que préfèrent les sculpteurs d'urnes et de
sarcophages sont ceux qui expriment d'une manière

plus ou moins détournée l'amertume de la mort, le dé-
chirement de la séparation, le coup soudain qui frappe
les hommes au milieu de leurs affections et de leurs
joies, la force mystérieuse qui les arrache de la vie pour
les porter dans un monde inconnu. Tantôt nous assis-
tons à l'agonie d'un moribond, autour duquel se tient une
famille éplorée. Tantôt ce sont les adieux, la suprême
étreinte de deux époux, de deux amis, d'un père et d'un
enfant. Le cheval de la mort qui doit emporter le défunt
vers les demeures souterraines est là debout, prêt à partir. Il part, et la séparation est accomplie. Le mort
voyage seul vers les enfers, soit sur le cheval, soit sur
la croupe d'un monstre marin, soit traîné dans un char.
Et toujours, dans un coin du tableau, pour en préciser
le sens douloureux, un ou plusieurs génies du monde
infernal, des Charons grimaçants, hideux, brandissant
leur maillet; des Furies ailées, armées de torches et de
serpents. Tous ces démons avides d'exécuter leur cruelle
besogne, impatients de couper court aux effusions de la
tendresse et du désespoir, se penchent au chevet des
mourants, ou brusquent par leurs menaces les derniers
embrassements, ou, pour atteindre plus sûrement les
chemins d'où l'on ne revient pas, conduisent eux-mêmes
par la bride le cheval qui porte leur proie.

Il serait long de passer en revue les différents thèmes
funéraires. Les plus populaires étaient ceux qui expri-
maient l'idée de la mort au moyen d'une image mythologique ou légendaire. On peut citer l'enlèvement
d'Hélène, le sacrifice d'Iphigénie, l'assassinat de Cly-
temnestre, le combat des Grecs et des Amazones, la
prise de Troie, la mort de Polyxène, les aventures

d'Ulysse chez Circé, chez Polyphème, dans les parages des Sirènes; le meurtre de Laïus, les divers épisodes de la triste histoire d'Œdipe, le duel d'Étéocle et de Polynice, la mort d'Œnomaüs, le rapt de Proserpine. Toutes les épopées grecques, les petites comme les grandes, ont été mises à contribution. L'épisode choisi

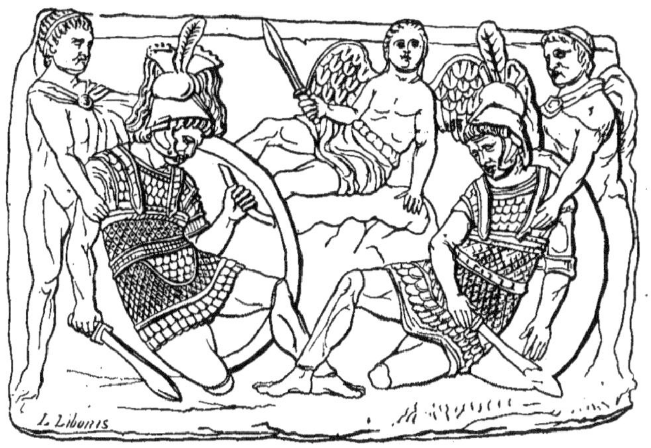

FIG. 31. — ÉTÉOCLE ET POLYNICE.
(Urne du musée de Florence.)

a toujours un caractère tragique soit par le spectacle sanglant qu'il offre, soit par les souvenirs et les appréhensions qu'il éveille. Quand le sang coule, l'allusion funéraire est évidente. Mais ailleurs, pour être voilée, elle n'en est pas moins intelligible, et lorsque, par exemple, on voit Ulysse attaché au mât de son vaisseau, on pense tout de suite au fatal pouvoir des Sirènes. Du reste, pour être plus clair, l'ouvrier mêle souvent aux héros de la légende hellénique des Charons ou des Furies étrusques. L'affreux démon est là pour avertir que l'un des personnages du tableau ou meurt ou doit mourir.

§ III. — LA PEINTURE.

BRUNN : *Pitture etrusche* (*Annali*, 1859, p. 325 et suiv.; 1866, p. 422 et suiv.). — HELBIG : *Pitture cornetane* (*Annali*, 1863, p. 336 et suiv.); *Pitture tarquiniesi* (*Ann.*, 1870, p. 5 et suiv.). — CONESTABILE : *Pitture murali... scoperte presso Orviéto*. Florence, 1865. — BOISSIER : *les Tombes étrusques de Cornéto* dans la *Revue des Deux Mondes*, 15 août 1882.

La peinture est de tous les arts plastiques celui qui eut chez les Étrusques la plus brillante fortune, grâce aux modèles qu'offraient par milliers les céramiques importées de la Grèce, grâce aussi aux céramistes grecs établis en Étrurie, qui y apportaient des ateliers de leur pays non seulement la technique spéciale de la peinture sur vases, mais encore les traditions de la grande peinture hellénique.

Toutes les peintures qui nous restent des Étrusques sont des fresques murales qui décoraient des chambres funéraires. La plus grande partie provient de Cornéto-Tarquinies. Les nécropoles de Cervétri, de Chiusi, de Vulci, d'Orviéto et de Veies n'en ont fourni que quelques-unes.

L'âge auquel elles se rapportent n'est pas facile à déterminer, d'abord parce que nous ne trouvons dans les témoignages de l'antiquité aucun renseignement;

ensuite parce que dans la précipitation avec laquelle les fouilles ont souvent été faites, on a négligé de noter les objets découverts dans les salles peintes, objets dont quelques-uns répondaient à des dates précises et auraient pu servir d'indices chronologiques. En étudiant les peintures elles-mêmes, en les comparant entre elles, en les commentant par le peu qu'on sait de l'histoire de la peinture grecque, on est arrivé pourtant à quelques conclusions. Tout le monde reconnaît aujourd'hui que les plus anciennes fresques étrusques ne remontent pas plus haut que le v⁰ siècle avant notre ère, et que les plus récentes ne sont pas postérieures au iii⁰. Classées d'après leur style, elles se répartissent en trois groupes, qui correspondent à trois périodes successives : 1⁰ style archaïque; 2⁰ style sévère; 3⁰ style libre.

STYLE ARCHAÏQUE.

Les plus anciennes peintures étrusques sont celles d'une tombe de Veies découverte en 1842 par le marquis Campana. La coloration est pauvre. Sur un fond gris jaunâtre se détachent diverses nuances noires, jaunes et rouges, qui se fondent plus ou moins en un ton général bistré. Le cheval a la tête noire ainsi que l'arrière-train; le cou et le poitrail sont rouges, avec des taches jaunes. La peau des personnages est rouge foncé. Le sphinx a la poitrine rouge tachetée de blanc. Avec sa disposition par bandes horizontales et sa variété d'animaux bizarres, cette fresque a une apparence orientale. Mais le sujet est bien étrusque : c'est le départ de l'homme arraché de la vie par les démons funèbres

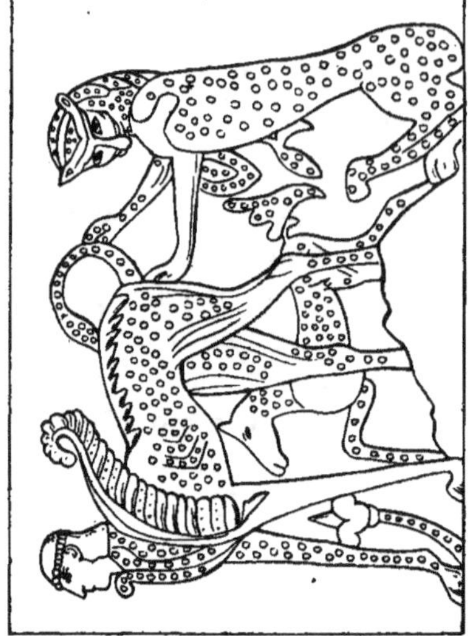

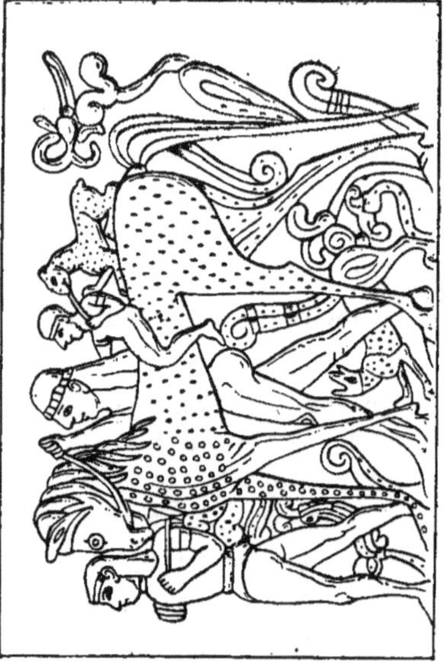

FIG. 32. — PEINTURES DE LA TOMBE CAMPANA. (Veies.)

et porté aux enfers par un cheval que conduit Charon.

Le contraste est étrange entre les formes invraisemblables du cheval, moitié girafe, moitié gazelle, et les proportions des hommes, qui, sans être irréprochables, sont loin d'être aussi extraordinaires. On s'est demandé si le peintre n'avait pas pris les modèles de ses anim aux et de ses personnages sur un vase corinthien de style oriental. Les vases de Corinthe présentent ainsi d'une part des bêtes féroces ou

monstrueuses traitées avec fantaisie et tout efflanquées,
et d'autre part des figures humaines d'une silhouette
encore imparfaite sans doute, mais qui témoigne déjà
d'un effort naïf pour imiter la nature. La conjecture
est d'autant plus vraisemblable que la tombe Campana contenait quelques vases corinthiens.

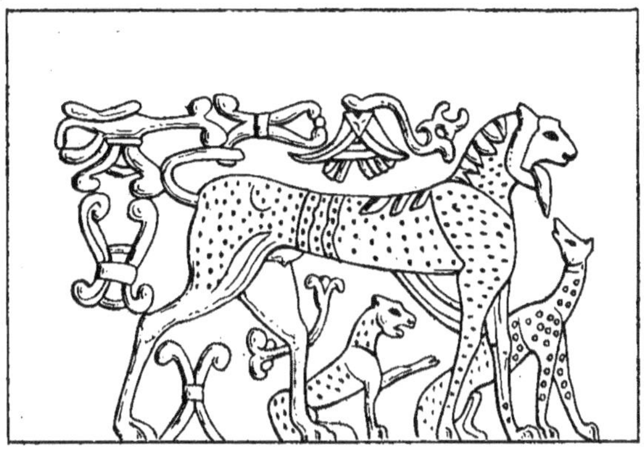

FIG. 33. — PEINTURE DE LA TOMBE CAMPANA.

(Veies.)

Les briques peintes de Cervétri-Cæré (Louvre, fig. 34)
sont d'un caractère moins archaïque. Le sujet, qui se
continue de l'une à l'autre, est un sacrifice humain. Un
génie funèbre porte une jeune fille à l'autel où l'attendent
le prêtre et plusieurs guerriers. Plus loin, deux personnages, assis face à face, s'entretiennent de la victime dont
l'âme voltige au-dessus de leurs têtes sous la forme d'un
oiseau à tête de femme. L'un d'eux parle et l'autre, qui
l'écoute à peine, semble plongé dans une douleur muette.

La composition est d'une grande simplicité et rappelle celle des vases grecs de style archaïque. Comme sur ces anciennes céramiques, les personnages se voient tous de profil et marchent tous les deux pieds posés à plat; les proportions sont courtes et ramassées, et les attitudes raides; les chevelures tombent en masses tres-

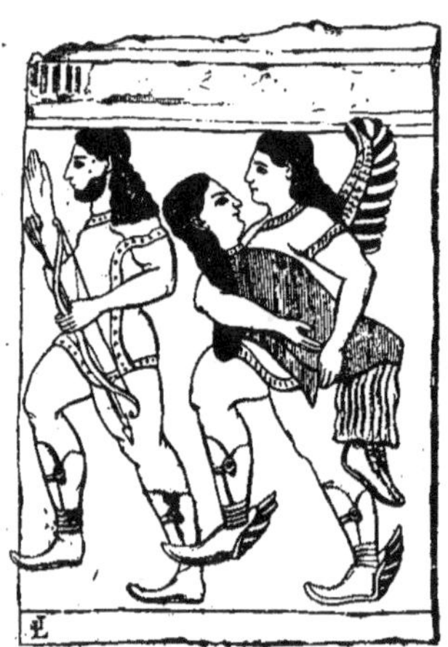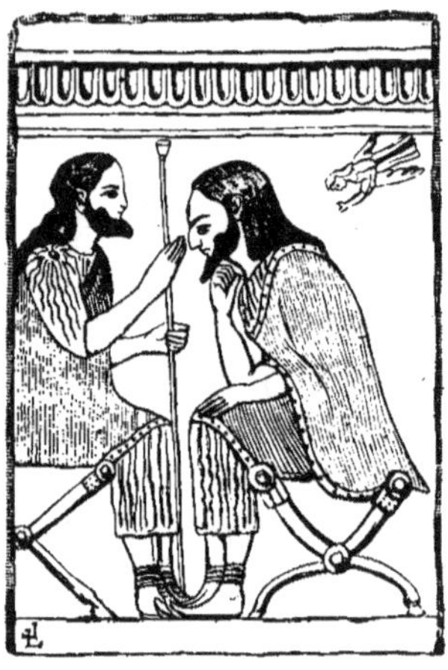

FIG. 34. — BRIQUES PEINTES DE CÆRÉ.
(Louvre.)

sées et régulières; les barbes sont taillées en pointe; les chairs des femmes sont blanches; tous les yeux sont figurés de face; les plis des tuniques se marquent par de petites ondulations parallèles; les corps manquent de mouvement et les visages d'expression.

Mais à côté de ces traits qui trahissent l'imitation de quelque vase grec, il y a des détails qui n'ont rien d'hellénique, des tissus à couleurs voyantes, avec des broderies sur les bords, des maillots qu'on prendrait pour des cuirasses s'ils ne se moulaient pas si bien sur les corps, enfin des brodequins à la poulaine, qui montent presque jusqu'au genou. Le peintre a interprété le modèle grec qu'il avait sous les yeux et l'a comme habillé au goût étrusque.

Comparées aux fresques de Veies, les plaques de Cæré témoignent d'un art moins incertain. La coloration est encore terne, sombre et réduite au noir, au blanc gris, au rouge et au jaune. Mais elle est moins bizarre. Le dessin est plus ferme. On commence à indiquer les articulations : quelques traits marquent le contour de la hanche, le genou et le coude.

Les peintures de style archaïque découvertes à Cornéto et à Chiusi offrent à peu près les mêmes caractères généraux que celles de Cæré. C'est toujours le même dessin sommaire, la même gaucherie, le même défaut de perspective, la même convention, la même pauvreté de couleur. Mais l'aspect est un peu différent. Cela tient aux proportions des figures qui sont plus élancées, et parmi lesquelles on en remarque déjà quelques-unes qui se montrent de trois quarts, la tête restant toujours de profil. Cela tient aussi aux mouvements, qui, tout en n'étant pas encore exempts de raideur, ont quelque chose de moins compassé.

La peinture qui est ici reproduite (fig. 35) provient de la *grotta del Morto,* à Cornéto. On y voit les apprêts d'un ensevelissement. Un homme vient d'expirer; une jeune femme lui ferme les yeux et lui voile le visage, tandis que debout au pied du lit un autre de ses parents ramène sur les jambes du défunt l'extrémité d'une cou-

verture. Plusieurs personnages entourent la couche
funèbre et laissent éclater leur douleur, les bras levés
en signe de désolation.

STYLE SÉVÈRE.

Sous cette rubrique je classe un certain nombre de
peintures où la rudesse primitive s'est déjà assouplie,
mais se trahit encore par la naïveté persistante de

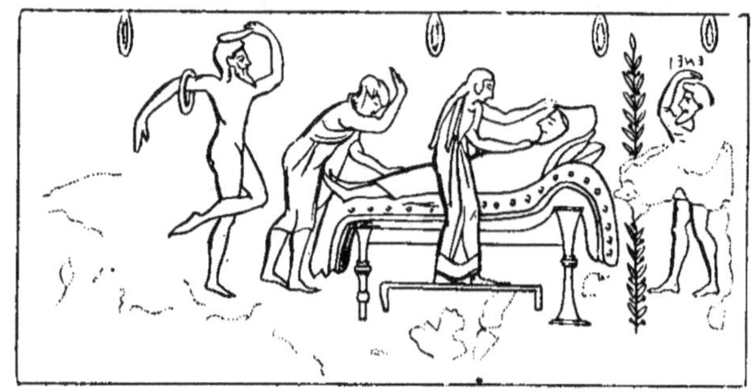

FIG. 35. — PEINTURE DE CORNÉTO.

quelques détails. On y retrouve l'usage archaïque de
distinguer le sexe des personnages par la nuance des
chairs, blanches pour les femmes, rouges pour les
hommes. Toutes les têtes sont dessinées de profil, même
quand le reste du corps se montre de face, ce qui
arrive quelquefois; et par une gaucherie inverse, sur
tous ces profils l'œil est de face. Les extrémités, les
mains surtout, avec leurs longs doigts effilés, sont traitées d'une manière toute conventionnelle. Mais d'autre
part quel contraste avec les peintures vraiment ar-

chaïques! Ici plus de figures ou difformes, ou grossiè-
rement massives, ou raides-et anguleuses! Au contraire,
un dessin déjà correct, des proportions généralement
justes ; une composition qui pour manquer encore de
perspective n'en est pas moins étudiée ; de la variété et
du naturel dans la plupart des mouvements et des
gestes ; de l'aisance dans la marche des personnages,
dont le talon commence à se détacher du sol ; à défaut
de clair-obscur, un mo-
delé sobrement indiqué
par quelques traits pré-
cis ; des draperies transparentes qui laissent
voir le nu sous l'étoffe ;
sur les visages, une cer-
taine recherche d'ex-
pression ; enfin une co-
loration qui n'est plus
réduite au noir, au
rouge, au blanc et au
jaune, mais où paraît le
bleu, où commence à

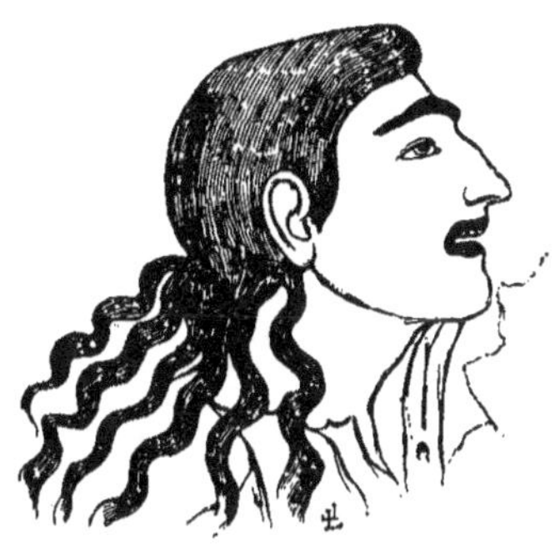

FIG. 36.

TÊTE DU JOUEUR DE CITHARE.

(Peinture de Cornéto.)

paraître le vert, qui témoigne enfin d'une certaine expérience à manier les couleurs traditionnelles, à les com-
biner entre elles, à en varier les tons et les nuances.

Le dessin ci-joint, emprunté à une tombe de Cornéto, permet d'observer la plupart de ces caractères.
C'est la tête d'un personnage qui chante en s'accompa-
gnant de la lyre. Au lieu d'un de ces profils immobiles
et béatement souriants tels qu'en montrent les œuvres
archaïques, on a sous les yeux une figure bien vivante :

avec sa bouche entr'ouverte et ses regards levés au ciel, *le Joueur de cithare* a bien l'air d'un homme inspiré qui s'abandonne tout entier à une improvisation musicale (fig. 36). L'artiste inconnu qui a dessiné cette tête a certainement subi l'influence de l'école de Polygnote. Polygnote fut le premier peintre qui, au témoignage des anciens, rompit avec les types consacrés et chercha à donner plus de vie à la physionomie de ses personnages en leur entr'ouvrant la bouche; c'est lui aussi qui le premier sut peindre les étoffes transparentes flottant autour des corps. Les peintures étrusques de style sévère sont donc postérieures à Polygnote et par conséquent au ve siècle.

S'ils appliquent les procédés de la peinture grecque et en suivent pas à pas les progrès, les peintres étrusques de cette époque n'empruntent pas leurs sujets à la mythologie ni aux légendes helléniques. Leurs compositions ont trait plus ou moins directement au culte des morts. Voici celles qui reviennent le plus souvent :

1° *Le banquet.* — Sur un lit, chargé de tapis et de coussins, deux personnages, un homme et une femme, sont à demi couchés, comme sur le sarcophage de Cæré (Louvre) qui a été cité plus haut. Ils sont tous deux vêtus d'étoffes brillantes, garnies de dessins variés et de broderies qui en rehaussent l'éclat. La femme est ordinairement coiffée de la coiffure toscane, du *tutulus,* sorte de capuchon dont les pans tombent sur les épaules, et elle porte une riche parure de bijoux. Parfois au lieu d'un lit, il y en a trois, chacun d'eux avec un couple : c'est un *triclinium.* Autour de ces convives s'empres-

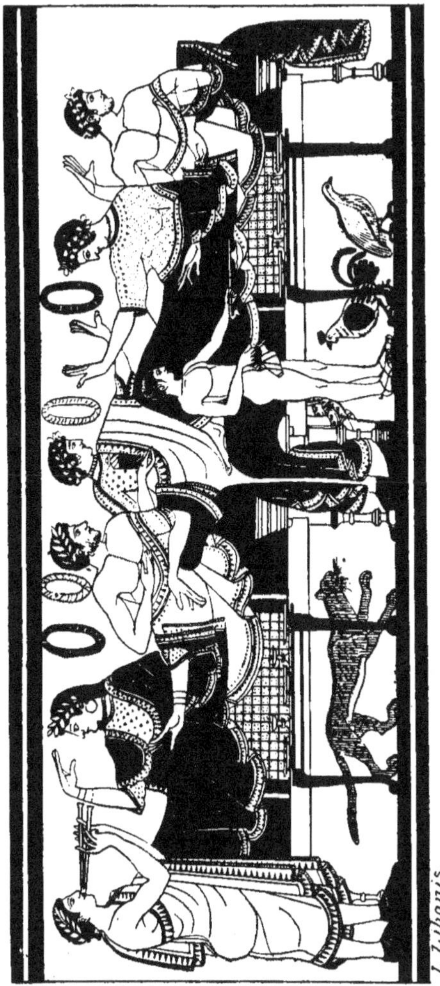

FIG. 37. — SCÈNE DE BANQUET. (Peinture de Cornéto.)

L. Libonis.

sent des serviteurs, prêts à remplir les coupes. Le tableau respire l'ivresse du festin.

2° *Danses*. — Dans les festins antiques, une troupe de musiciens et de danseurs était un accessoire obligé. Aussi dans les tombeaux étrusques les scènes de banquet sont-elles toujours accompagnées de scènes de danse. Des hommes, nus ou vêtus d'un manteau court, jouent de la lyre et dansent en même temps. Les femmes n'ont en main que des *cro-*

tales ou castagnettes. Tantôt mêlées aux hommes, tantôt groupées à part et sur une ligne symétrique, elles évoluent en cadence, sautent, tournent, font des grâces, se pâment comme des ballerines d'opéra. Elles ont un costume éclatant, une longue robe d'un tissu léger et transparent, moucheté de petits dessins, et, par-dessus, une sorte de châle, d'une étoffe plus épaisse que celle de la robe, et d'une nuance moins claire. Leur chevelure, leur cou, leurs bras sont chargés de bijoux.

3° *Jeux et chasses.* — Les banquets et les danses occupent la place importante sur les parois des chambres funéraires. Mais au-dessus ou au-dessous de ces tableaux courent de petites frises dans lesquelles se développent d'autres scènes, telles que des jeux et des chasses. Ce sont des lutteurs, des joueurs de disque, des gladiateurs armés de pied en cap, des courses de chevaux, des chars sur le point de partir dans la carrière ou déjà lancés (fig. 39). Ici une troupe de cavaliers et de chasseurs court à la pour-

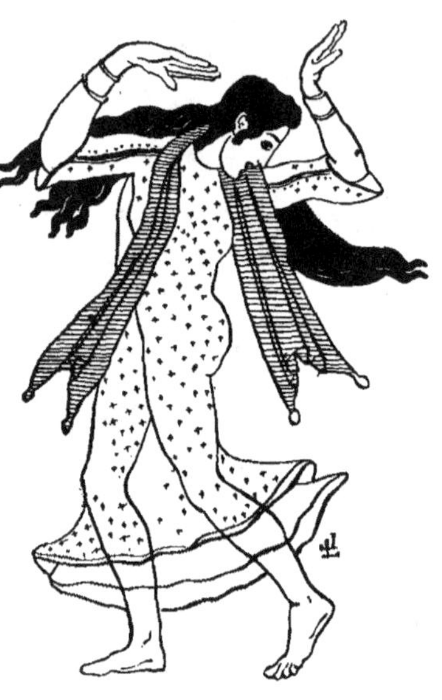

FIG. 38. — DANSEUSE.
(Peinture de Cornéto.)

suite d'un sanglier. Là le sanglier aux abois fait tête
aux chiens. Plus loin, deux personnages à cheval reviennent de la chasse, précédés d'un guide qui les dirige
à travers bois, et suivis d'un esclave qui porte le gibier
au bout d'une perche.

On s'est souvent demandé quel était le sens de ces

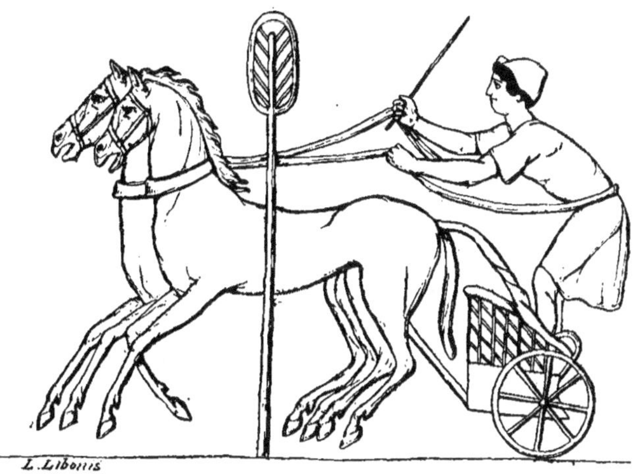

FIG. 39. — PEINTURE DE CHIUSI.

représentations. Etait-ce l'image des félicités dont jouis-
sait le défunt dans l'autre monde? Était-ce, au contraire,
l'image des plaisirs qu'il avait aimés et dont on fixait le
souvenir sur les parois de sa tombe pour que son ombre
en eût l'illusion toujours présente? Non. C'était tout
simplement le tableau des jeux et des banquets qu'il
était d'usage de célébrer à l'occasion des funérailles solennelles.

STYLE LIBRE.

Lorsqu'on passe des fresques de style sévère aux fresques de style libre, le caractère des sujets change. Ici plus de festins ni de danses : tout est à la mythologie, et à une mythologie d'un genre tout particulier qui n'est ni tout à fait grecque ni tout à fait étrusque, et dans laquelle se combinent les croyances et les légendes des deux peuples. Vous y voyez par exemple Hadès et Proserpine, Thésée et Pirithoüs, Nestor, Phœnix, Ulysse et Polyphème, Étéocle et Polynice, Ajax, Tirésias, la mort de Cassandre, les funérailles de Patrocle et l'immolation des prisonniers troyens par la main d'Achille. D'autre part, l'enfer étrusque s'y dévoile avec toutes ses horreurs. Tantôt le peintre nous montre dans leur sombre majesté les rois du monde souterrain, entourés de leur cour de démons. Tantôt il met sous nos yeux le triste voyage des âmes vers les enfers : les ombres, vêtues de robes blanches, s'en vont comme un troupeau que poussent les génies de la mort. Les unes sont à pied, d'autres à cheval, d'autres dans un char. Ici c'est une procession lente et résignée, là c'est une fuite effarée.

Parmi les peintures de style libre, les deux plus remarquables sont celles de la grotte dite *del Orco* à Cornéto, et celles de la tombe François à Vulci. J'en reproduis ici la scène principale.

Dans la première, on voit entre autres sujets Thésée *(These)* et Pirithoüs, descendus aux enfers pour enlever Proserpine. Les deux héros assis l'un en face de l'autre paraissent s'entretenir de leur entreprise. Debout derrière eux, le démon *Tuculcha*, une sorte de Charon, les menace avec un serpent et cherche à les épouvanter par ses cris d'oiseau de proie : il ouvre un énorme bec de perroquet qui lui sert en même temps de nez et de bouche, et roule de gros yeux sous un épais sourcil.

L'autre peinture représente Achille *(Achle)* égorgeant les prisonniers troyens sur la tombe de Patrocle. Les

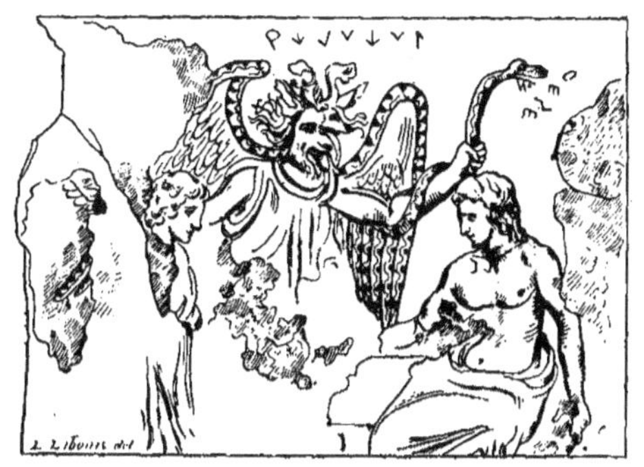

FIG. 40. — THÉSÉE ET PIRITHOÜS AUX ENFERS.

(Peinture de Cornéto.)

malheureux s'avancent chacun à leur tour. Charon *(Charu)* est là debout qui attend. L'affreux vieillard au nez crochu, au teint bleuâtre, est tout heureux de la proie qu'il va saisir et déjà il étend la main sur elle, tandis qu'une femme ailée, sorte de génie bienfaisant, le regarde, et d'un geste paisible semble l'inviter à modérer son impatience. Cette femme est probablement le *genius albus* dont parle Horace, sorte d'ange de la vie, qui dispute les hommes au *genius ater*, l'ange de la mort[1]. Ici son office dure encore puisque la victime frappée par Achille n'a pas encore expiré. L'ombre de Patrocle *(Patrucles)*, appuyée sur un bouclier, contemple avec une expression à la fois souriante et mélancolique le sacrifice offert à ses mânes. Le guerrier qui occupe l'extrémité du tableau est Agamemnon *(Achmemrun)*.

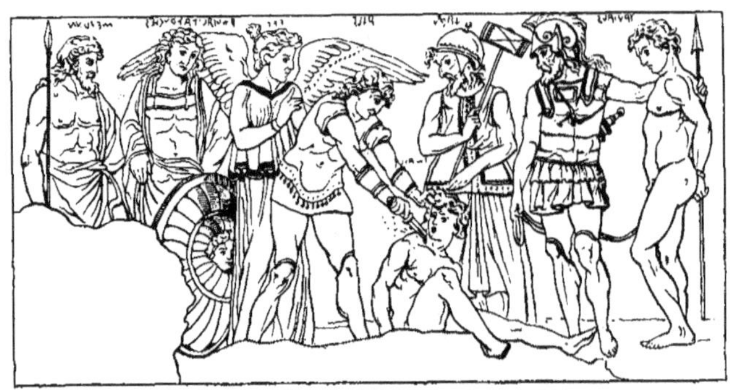

FIG. 41. — ACHILLE ÉGORGEANT LES PRISONNIERS TROYENS.
(Peinture de Vulci.)

Le tombeau d'où provient cette scène est l'un des plus intéressants qu'on ait découverts en Étrurie, non pas seulement parce qu'il nous montre une légende homérique traduite sous une forme étrusque et avec les allégories de la mythologie italique, mais parce qu'il est le seul qui nous ait conservé un sujet emprunté aux légendes nationales de la Toscane, sujet d'autant plus

1. Horace, *Epîtres*, liv. II, 2, 189.

curieux qu'il touche à l'histoire des premiers temps de
Rome. Il s'agit d'une fresque qui représente la délivrance d'un prisonnier. Celui-ci s'appelle *Celes Vibenna*
et son libérateur *Mastarna*. Ces noms ne nous diraient
rien si nous ne les retrouvions pas dans le discours
prononcé par Claude au sénat en faveur des habitants
de Lyon, discours résumé par Tacite et dont le texte
découvert, il y a deux siècles, est aujourd'hui au musée
de Lyon. Si Claude était un pitoyable empereur, c'était
un savant estimable fort au courant des antiquités de
son pays. Il rapporte que Servius Tullius, le successeur
de Tarquin l'Ancien, était le fils, non d'une esclave,
mais d'un seigneur étrusque appelé *Mastarna;* qu'il
avait eu toutes sortes d'aventures en compagnie d'un
autre seigneur *Celes Vibenna*, et qu'après mille vicis-
situdes, les deux amis, chassés de leur pays, étaient
venus s'établir à Rome sur le mont Cælius (colline de
Celes). C'est un épisode de cette existence agitée que
la fresque de Vulci nous représente.

On voit combien les peintures de style libre, avec
leurs sujets mythologiques et légendaires, ressemblent
peu aux peintures de style sévère où tout est jeux, danses, courses et festins. L'exécution matérielle n'est pas
moins différente. Toute trace d'archaïsme a disparu :
on ne distingue plus le sexe des personnages par la
couleur de leurs chairs; le peintre est assez sûr de lui
pour pouvoir se passer de cet artifice et pour rendre
tantôt les reliefs vigoureux d'un corps d'homme, tantôt
le modelé plus délicat et la grâce un peu indécise d'un
corps de femme. Il sait aussi figurer de face un visage,
et sur une tête en profil dessiner un œil en profil. Il

anime ses personnages et ne craint ni les postures compliquées ni les gestes violents. Il recherche surtout l'expression : sur le tableau d'Achille immolant les prisonniers troyens, chaque physionomie trahit une impression particulière. Voyez aussi dans le même tombeau de Vulci la fresque qui représente une scène de divination (fig. 42). Les deux hommes sont attentifs, mais comme on sent que leur attention n'est pas la même et qu'ils ont chacun une autre préoccupation ! L'un observe l'oiseau avec inquiétude et non sans impatience ; il voudrait l'exciter à prendre son essor. L'autre a fixé méthodiquement un point du ciel, suivant les règles des haruspices, et il attend que l'oiseau passant devant son regard détermine le présage par la direction de son vol.

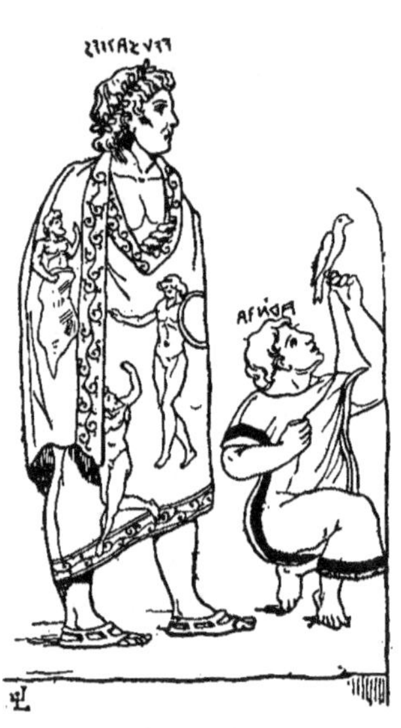

FIG. 42.

HARUSPICE EN OBSERVATION.

(Peinture de Vulci.)

Une chose distingue les peintures de style libre : c'est l'emploi de la perspective et du clair-obscur. Sans avoir encore une grande profondeur, les tableaux ont déjà leurs figures réparties sur plusieurs plans et ne ressemblent plus à des tapisseries. Sur la fresque d'Achille, Charon, le génie féminin, et l'ombre de Patrocle se tiennent debout un peu en arrière du groupe principal. Il y a même des essais de raccourci : c'est ainsi que la jambe droite du Troyen renversé aux pieds d'Achille se relève et fait saillie en avant; un effet analogue, mais moins heureux, a été cherché par le peintre dans la posture de l'homme à l'oiseau. Toute cette perspective est accentuée par les ombres et les demi-teintes; l'artiste sait tout le parti qu'il peut tirer du clair-obscur; au lieu de répandre partout une coloration plate, il ménage avec habileté la lumière et affaiblit ou renforce les tons.

Les peintres étrusques sont maîtres désormais de la technique de leur art. Ils ont pris à la Grèce tout ce qu'elle pouvait leur prêter, sujets et procédés. Mais si Grecs qu'ils soient devenus, il leur manque toujours cette pureté, cette élégance qui fait le charme des œuvres helléniques. Leur imagination, qui est sombre et fantastique, les éloigne de tout ce qui est simple, calme, gracieux, idéal. Elle se plaît aux scènes agitées, aux spectacles tragiques, aux tueries : elle aime à montrer des sacrifices humains, les bourreaux et les victimes aux prises dans une lutte suprême, la fureur meurtrière des uns, la résistance désespérée des autres. Il y a là un besoin de réalisme inconnu à la Grèce. Non que l'art grec ait jamais répugné aux batailles; mais si acharnées qu'il les représente, ce sont toujours des mêlées qui ont quelque chose d'héroïque, avec de beaux coups d'épée, de belles attitudes, des postures hardies, une sorte de poème en tableaux, où l'artiste concentre tout ce que peuvent faire l'agilité, l'adresse, le sang-froid, la force, le courage. Ce n'est pas la vérité dans son horreur, le sang qui jaillit, les épées qui s'enfoncent dans les chairs jusqu'à la garde, les souffrances des blessés, les spasmes de l'agonie.

On voit quel est l'intérêt des peintures étrusques. Elles nous aident à comprendre de quelle manière s'est faite l'éducation artistique de la Toscane. Nous en suivons les progrès et les diverses phases depuis la rudesse naïve des premiers essais jusqu'à l'aisance et la sûreté des œuvres les plus récentes. L'influence de la Grèce s'y marque à chaque pas. Mais si la Grèce a beaucoup donné, elle n'a pas tout donné. Elle a fourni les principes de la technique. Mais la mise en œuvre de ces principes appartient aux Étrusques. Ils se sont servis de cet instrument étranger pour traduire leurs croyances personnelles. Pendant longtemps, les sujets qu'ils traitent sont bien à eux; et le jour où la mode de l'imitation les pousse à emprunter les sujets helléniques, leur originalité n'abdique pas encore : les sujets qu'ils empruntent, ils les transforment en les copiant; ils leur insinuent quelque chose de leur esprit; ils les entremêlent d'éléments qui leur sont propres et leur communiquent un caractère de brutalité qui n'est pas dans le génie de la Grèce.

Ces mêmes peintures nous font pénétrer dans la civilisation même du peuple étrusque, dans le détail de ses mœurs et de ses sentiments. Nous avons sous les yeux comme un coin de sa vie : nous le surprenons à table, à la chasse, au cirque, aux funérailles, au milieu de ses chagrins ou de ses plaisirs. Nous connaissons tout le luxe de son mobilier, de son costume, de sa parure. Nous voyons comment il comprenait les joies de ce monde et aussi quelles impressions éveillait en lui le mystère de la mort.

Enfin ce qui donne aux fresques étrusques un prix particulier, c'est qu'elles sont comme les témoins d'un art disparu. On sait quelle a été la gloire de la peinture en Grèce. L'antiquité est unanime dans son admiration. Elle nous entretient avec complaisance des grands peintres, décrit leurs tableaux, analyse leur style et leur manière et va jusqu'à nous raconter leurs prouesses d'atelier. Mais ce ne sont là que des anecdotes souvent suspectes. Les œuvres, toutes les œuvres ont péri. Les peintures de l'Étrurie nous en offrent comme un reflet lointain. Quand les peintres de Tarquinies, de Cæré, de Clusium, de Vulci exécutaient leurs fresques, ils appliquaient des procédés de dessin, de composition, de coloration qu'ils n'avaient pas inventés, qu'ils tenaient d'une tradition importée et dont l'origine était dans les grandes écoles de la Grèce.

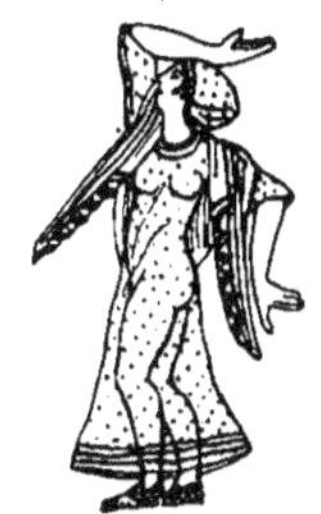

FIG. 43. — DANSEUSE.

(Peinture de Cornéto.)

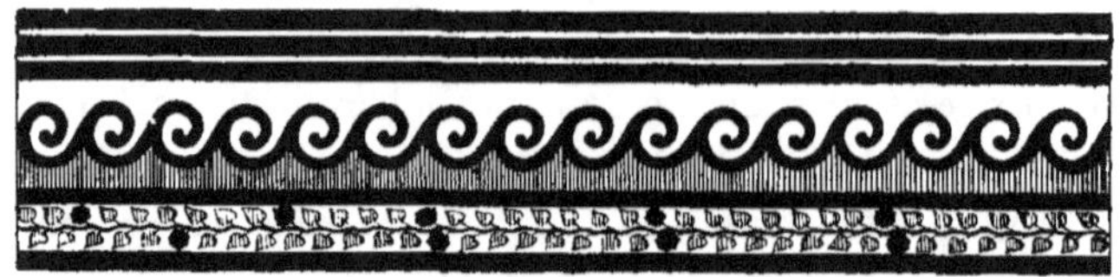

FIG. 44. — FRISE PEINTE DE CORNÉTO.

CHAPITRE IV

LES ARTS EN ÉTRURIE (SUITE).

LES ARTS INDUSTRIELS.

Dans une histoire complète des arts en Étrurie, il faudrait faire une large place aux arts industriels. Il faudrait successivement passer en revue : les *monnaies*, depuis les pièces primitives en bronze coulé, jusqu'aux pièces d'argent frappées à partir du iiie siècle dans certaines villes d'après le système et avec les types des monnaies grecques ; — les *pierres gravées*, et en particulier les pierres en forme de scarabées, dont les Étrusques avaient pris la mode à l'Égypte, qu'ils employaient quelquefois comme amulettes, le plus souvent comme cachets, et qui étaient en partie importées de la Phénicie et de la Grèce, en partie fabriquées en Italie ; — les *bijoux*, parmi lesquels il faudrait distinguer, au moyen d'observations de détail, les produits de l'orfèvrerie phénicienne ou grecque, et ceux de l'orfèvrerie étrusque; — les *céramiques* enfin et les *bronzes*.

Une pareille étude n'est pas de mise ici. Elle nous entraînerait à des développements et surtout à des discussions qui ne conviennent pas à un manuel élémentaire. Nous nous bornerons à parler de quelques industries importantes qui ont laissé beaucoup de débris et dont l'histoire ne soulève pas trop de problèmes, — des céramiques, des bronzes et des bijoux.

§ I. — CÉRAMIQUES.

J. DE WITTE : *Études sur les vases peints,* 1865; *Notice sur les vases peints et à reliefs du musée Napoléon III.* — BIRCH : *History of ancient pottery,* 1873. — F. LENORMANT : *les Vases étrusques de terre noire* (*Gazette archéologique,* Vᵉ année, 1879 p. 98; *l'Art,* 1882, p. 52 et p. 76).

C'est par la céramique que l'art toscan a commencé et dans la céramique qu'il a été le plus original. L'art de pétrir l'argile et de la durcir au feu remontait en Italie à une très haute antiquité. Vers la fin de l'époque que représentent pour nous les antiquités de Villanova, il était déjà très avancé. On fabriquait des vases de dimensions et de formes variées; on essayait d'imiter des modèles de bronze; on courbait les anses avec une certaine fantaisie; on savait donner à la terre cuite une teinte à peu près uniforme, en lustrer la surface et y imprimer une ornementation d'un dessin parfois compliqué. En succédant aux populations de Villanova, ou plutôt, pour être plus juste, en se mêlant avec elles, les Étrusques reçurent les traditions de cette industrie et les continuèrent. Leurs plus anciennes poteries diffèrent peu de celles que présentent les tombes villanoviennes les plus récentes. Peu à peu le travail se perfectionne. L'argile est mieux choisie, mieux pétrie, et surtout mieux cuite. En même temps on voit poindre des formes nouvelles dont les plus remarquables sont les *canopes*, les vases à reliefs et en terre noire dits *bucchero*, les vases peints imités de la Grèce et les vases noirs à vernis brillant et à reliefs.

CANOPES.

Le mot *canope* appartient au vocabulaire de l'archéologie égyptienne, où il désigne certains vases funéraires, coiffés d'une tête.

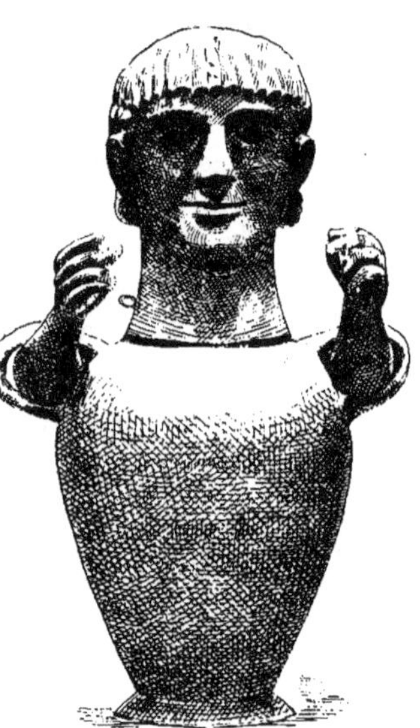

On l'a transporté dans l'archéologie étrusque, parce que les Étrusques mettaient souvent dans leurs sépultures des vases de ce modèle. La canope est une jarre destinée à contenir les cendres d'un mort. Tantôt

— c'est le cas le plus ordinaire — les anses sont sans
appendice, et alors les bras, indiqués par un contour
sommaire et un léger relief, pendent sur les côtés ou
se croisent sur la panse arrondie; tantôt elles portent,
deux bras emboîtés dans l'ouverture et fixés par un
crochet. Les doigts sont disposés de telle sorte qu'ils
devaient tenir un objet, une arme par exemple. La tête
est curieuse par le soin avec lequel sont marqués les
menus détails du visage, tels que les cils, les sourcils
et les prunelles et aussi par la régularité tout orientale
de la coiffure. Nous avons là sous les yeux la conception primitive du buste, et l'on est tenté de se demander
si le mot *bustum (ce qui a été brûlé)* ne désignait pas à
l'origine quelque chose qui conservait à la fois l'image
du défunt et les cendres recueillies sur le bûcher.

VASES DE BUCCHERO.

Les canopes appartiennent à la première période de
l'art étrusque (vIIIe-vIIe siècle). C'est à peu près à la
même époque que commence à se constituer l'industrie
des vases de *bucchero nero*, ainsi appelés parce qu'ils
sont faits d'une certaine argile noire propre à la Toscane.

Les vases de bucchero se répartissent en deux classes,
caractérisées chacune par leur mode d'ornementation.

1º *Bucchero avec dessins imprimés au rouleau.* —
Les vases de cette classe sont peu nombreux et de formes
en général très simples. La panse en est complètement
lisse ou striée de petites raies. Toute l'ornementation
est près du col et se borne à une bande étroite, large

tout au plus de trois centimètres, où un même motif se trouve indéfiniment répété. Le procédé était le suivant : l'ouvrier avait un petit cylindre en terre cuite, analogue à ceux qu'on recueille en Assyrie, c'est-à-dire mobile sur un axe comme un rouleau et illustré de figures en creux ; ce cylindre, il le promenait tout autour du vase, en appuyant comme avec un cachet sur la pâte encore molle, et ainsi les figures étaient autant de fois reproduites sur la circonférence que le rouleau faisait de tours. Les sujets sont peu variés. Ce sont le plus souvent des animaux féroces marchant à la file, ou des processions de suppliants marchant vers les trônes de deux divinités. Les détails sont si petits qu'on les distingue à peine. En imprimant ces bandes, le potier paraît n'avoir pas eu d'autre but que celui de rompre la monotonie d'une surface trop unie. Les vases de ce type sont antérieurs à la première moitié du vi[e] siècle.

2° *Bucchero avec reliefs estampés à main libre et avec appliques.* — Les vases de cette classe sont très nombreux dans les tombes du vi[e] et du ve siècle et se rencontrent surtout dans la haute Étrurie, dans la région de Chiusi, où se trouvaient les fabriques principales. Ils présentent une grande variété de formes, plus bizarres qu'élégantes, et une ornementation riche, d'autant plus riche que la date est plus récente. Le dernier terme de la fabrication du bucchero est marqué par les grandes amphores de Chiusi, tellement surchargées de reliefs qu'elles en sont presque déformées.

Ces reliefs sont obtenus de deux façons. Les uns sont moulés à part et appliqués après coup sur la surface du vase ; tels sont, par exemple, les masques de femmes voilées qui se dressent près des anses ou à l'orifice du vase. Les autres sont estampés directement sur le vase même et voici comment: l'ouvrier a un certain nombre de moules en terre cuite, représentant divers motifs, un sphinx, un lion, un canard, un cavalier. Ces moules, il les applique sur l'argile du vase encore molle ou préalablement ramollie. L'empreinte obtenue, il la retouche à l'endroit des contours et achève son travail en marquant avec une pointe sèche ces mêmes contours ainsi que les détails du visage et de la coiffure, si c'est une figure d'homme; les muscles, la gueule, la crinière, les griffes, si c'est une figure de lion. Il répète ainsi plusieurs fois la même épreuve, de manière à former autour du vase une zone horizontale à peu près continue, ou bien il intercale entre deux épreuves un ou plusieurs sujets différents. Quelquefois il superpose deux et même trois zones de figures, les séparant par des filets en relief; et près du col, au sommet de la panse, il estampe une série de côtes ovoïdes et d'un relief arrondi. Le vase est terminé lorsqu'il y a ajouté les anses, quelques têtes de femmes en applique et un couvercle surmonté d'un oiseau. Les sujets sont disposés par bandes horizontales suivant l'usage de l'ornementation orientale. Les figures elles-mêmes, sauf quelques exceptions, sont celles de l'art oriental, le sphinx, le lion, la panthère, le griffon, la palmette, etc.

Les reliefs sont tantôt très plats, ce qui convient mal à des ouvrages en terre cuite, et tantôt très arrondis, comme boursouflés, ce qui paraît bien sommaire lorsqu'on songe à la facilité avec laquelle l'argile se laisse modeler. Cela vient de ce que les potiers étrusques

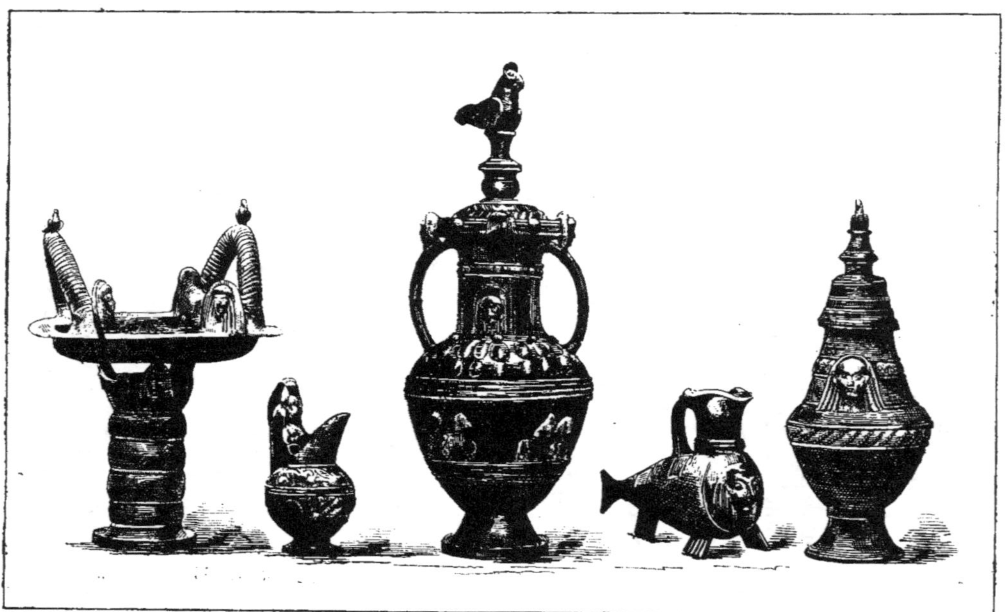

FIG. 46. — VASES DE BUCCHERO. (Musée de Florence.)

empruntaient les modèles de leurs reliefs à des objets qui n'étaient pas en argile. Parmi les marchandises apportées par le commerce phénicien, ils trouvaient des coffrets doublés de tablettes d'ivoire sculpté et par conséquent ornées de reliefs plats, et des vases de métal repoussé, où les reliefs fabriqués au marteau étaient au contraire arrondis. C'est là qu'ils allaient prendre les empreintes de leurs moules.

Ces empreintes, ils les transportaient sur l'argile de leurs vases de bucchero. Les objets de métal étant plus nombreux que les ivoires, les reproductions de reliefs repoussés étaient naturellement les plus nombreuses. Il arrive que l'on voit sur des vases de bucchero les têtes des clous qui rivaient les diverses parties des vases métalliques. Le potier du bucchero prenait à ces mêmes vases la forme et le mode d'attache des anses.

VASES GRECS D'IMITATION ÉTRUSQUE.

Tandis que les potiers de la Toscane modelaient ainsi tant bien que mal leur argile noire, la Grèce importait ses vases peints. L'attrait de ces poteries nouvelles, légères, élégantes, multicolores et d'un aspect si varié, fut fatal au bucchero. Dans l'Étrurie méridionale, de bonne heure hellénisée, il n'eut qu'une courte durée. Dans l'Étrurie septentrionale, où les vases grecs, n'arrivant qu'après un coûteux voyage, restèrent longtemps des objets de luxe, il persista davantage; mais lorsqu'au IVe siècle les provinces les plus reculées de l'Étrurie eurent été inondées de vases grecs et purent les avoir à bon marché, la concurrence devint impossible et le bucchero cessa d'être fabriqué.

Les vases grecs étant à la mode en Toscane, il arriva ce qui arrive toujours en pareil cas : on essaya de les contrefaire. Les potiers étrusques se mirent à fabriquer de faux vases grecs pour profiter de la vogue dont jouissaient les vrais. Ils en firent d'archaïques, de rouges avec figures noires, de noires avec figures rouges, suivant que tel ou tel genre était plus ou moins recherché. Ces

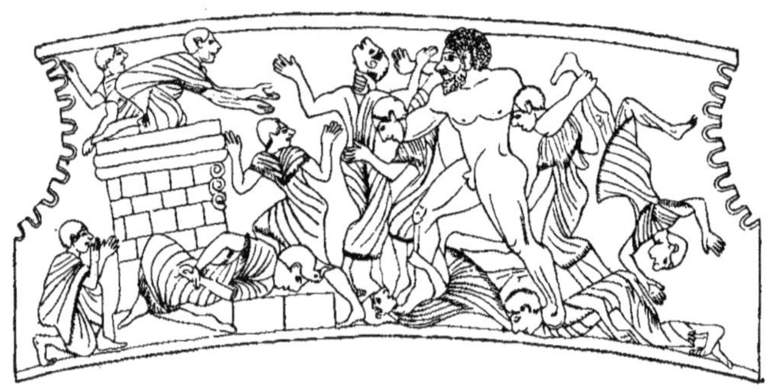

FIG. 47. — HERCULE ET BUSIRIS.

imitations sont en général faciles à reconnaître. Quand le style de l'original n'est pas dénaturé par un copiste maladroit, il est accentué et avec un tel excès de fidélité qu'il en devient ridicule. Ainsi, sur les vases grecs archaïques, les personnages ont les muscles des cuisses très développés et les extrémités minces : le pseudo-archaïsme d'Étrurie exagère si bien le relief des cuisses et la ténuité des mains et des pieds que le sujet tourne à la caricature. Ne comprenant pas le sens des scènes qu'ils reproduisent, les potiers toscans commettent

toutes sortes de fautes d'interprétation et de dessin. Ils
ne se rendent pas compte, par exemple, des mouvements
et des attitudes. Sur le vase de Cervétri, qui montre le
massacre de Busiris et de ses prêtres par Hercule, les
personnages n'ont pas de corps sous l'étoffe de leurs
vêtements et ressemblent à des mannequins mal rem-
bourrés (fig. 47); Busiris mort, qui est couché par terre
devant l'autel, a l'air d'avoir été désarticulé. Lorsqu'il

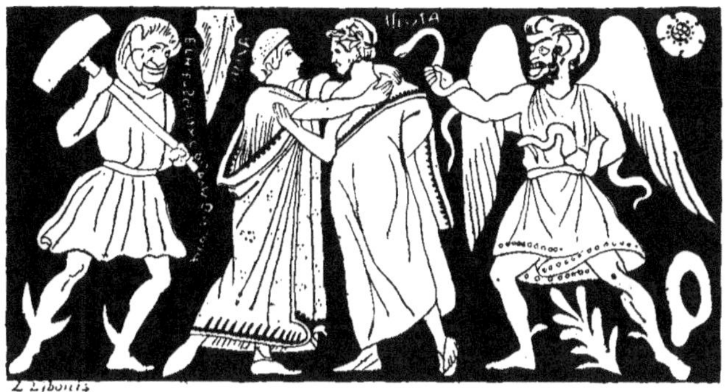

FIG. 48. — ADMÈTE ET ALCESTE.

y a des inscriptions, elles sont presque toujours mal
copiées, et bien souvent, au lieu de se donner la peine
de les transcrire, le potier les a remplacées par des
séries de petites taches noires alignées en guise de
lettres. La technique enfin de ces vases d'imitation est
détestable. L'argile n'a pas la finesse des belles poteries
grecques. Les couleurs, mal fixées, s'écaillent et se
détachent.

Parmi ces vases, les seuls vraiment intéressants sont
ceux dont les sujets présentent une combinaison bizarre

d'éléments grecs et d'éléments étrusques, comme par exemple les adieux d'Alceste et d'Admète en présence des horribles démons de l'enfer étrusque (fig. 48). Ces vases sont d'époque relativement récente et se rattachent aux vases peints fabriqués dans la Grande Grèce au IIIe siècle avant J.-C.

LES POTERIES ÉTRUSCO-CAMPANIENNES
A VERNIS NOIR BRILLANT ET A RELIEFS.

Ces poteries commencent à se montrer à l'époque où la peinture sur vases est en pleine décadence et va disparaître, c'est-à-dire au IIIe siècle. L'un des principaux centres de fabrication était la Campanie, et, dans la Campanie, la ville de Calès, aujourd'hui Calvi. Plusieurs vases à vernis noir portent des signatures de potiers calènes *(L. Canoleius ... Calenos — C. Gabinio ... Caleno)*, et l'on a découvert sur l'emplacement de cette ville des restes de fours, des moules et d'innombrables tessons. De Campanie, il est certain que cette industrie passa en Étrurie. Il y eut des fabriques à Tarquinies, Cæré, Volaterræ, Arretium et peut-être Clusium.

Les poteries étrusco-campaniennes — c'est le terme consacré — sont remarquables par la perfection de la technique. La pâte en est fine et le vernis tenace. Les formes sont légères, élégantes et variées.

Toutes ces poteries sont à reliefs. Les plus simples ont la panse lisse, mais le goulot, le pied et les anses ornés de côtes ou de cannelures. L'attache inférieure de l'anse est souvent garnie d'un médaillon, masque de

Méduse ou face de Silène. Quand la panse est ornée, elle présente soit des festons, soit des côtes, soit quelques figures. L'un des types les plus intéressants est celui du plat renflé au centre, qu'on appelle la *patère à ombilic*. Autour de la boule centrale se déroule un sujet très simple, estampé en relief : c'est une procession bachique, par exemple, ou bien une composition symétrique où le même sujet (un quadrige conduit par une

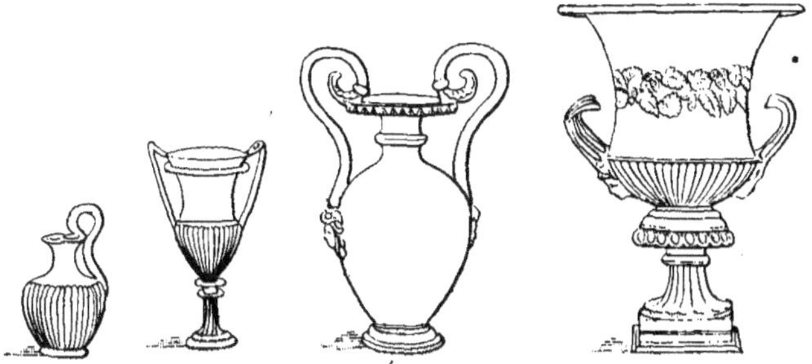

divinité, le vaisseau d'Ulysse passant devant les Sirènes) se trouve répété.

Les poteries étrusco-campaniennes , quoique très distinctes des poteries en bucchero, s'y rattachent en ce sens qu'elles dérivent d'un principe analogue, l'imitation en argile d'objets métalliques. Elles reproduisent l'apparence des vases de bronze repoussé et ciselé que fabriquait l'industrie grecque et qu'on rencontre souvent avec elles dans les tombeaux. Ainsi s'expliquent la légèreté de leurs formes, la ténuité de leurs attaches, leurs anses terminées par un masque aplati comme s'il y avait une soudure à dissimuler, leurs cannelures délicates, enfin leur vernis brillant. C'était de la vais-

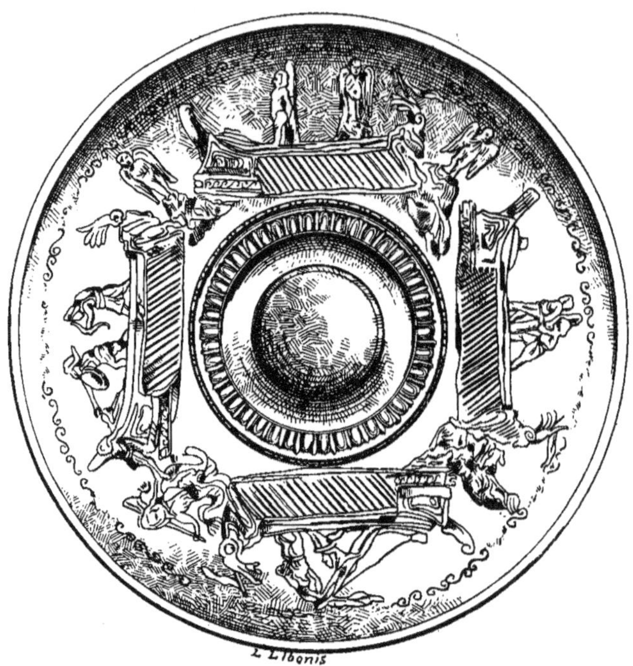

FIG. 50. — ULYSSE ET LES SIRÈNES.

(Patère à ombilic.)

selle métallique à bon marché, à laquelle il ne manquait que la résistance et la sonorité du métal. La plupart de ces poteries devaient imiter les reflets du bronze ; mais il y en avait aussi qui donnaient l'illusion de matières plus précieuses : on a retrouvé sur plusieurs points de la Grande Grèce et de l'Étrurie des vases d'argile dorée et d'argile argentée.

§ II. — BRONZES.

VERMIGLIOLI : *Saggio di bronzi etruschi trovati nell' agro preugino.* 1813.

On a pu voir par les découvertes de Villanova et le dépôt du fondeur de Bologne, quel parti les plus anciennes populations de l'Italie avaient su tirer du bronze. La tradition se continua dans les siècles postérieurs, mais en se modifiant sous l'influence du style asiatique d'abord, puis du style hellénique. La prospérité de l'industrie étrusque du bronze est attestée par ce fait qu'au temps de Périclès ses produits étaient recherchés en Attique, principalement ses lampes et ses plats. Au iiie siècle, elle en exportait au delà des Alpes, en Gaule et dans la région du Danube. A la prise de Volsinies, en 280, les Romains trouvèrent à emporter 2,000 statues de bronze. En 205 av. J.-C., lorsque Scipion prépara son expédition contre Carthage, la seule ville d'Arretium put lui fournir en quinze jours 30,000 boucliers, 50,000 javelots et tout l'attirail nécessaire pour armer en guerre une flotte de 40 navires.

Il nous reste un grand nombre de bronzes étrusques. Les uns sont de petites idoles, des images populaires de Lares et de Pénates, et des figurines votives. D'autres sont des ustensiles de ménage, chaudrons, trépieds, aiguières, seaux. D'autres sont des fournitures de guerre, lances, cuirasses, casques, trompettes, mors de cheval, garnitures de harnais, de chars, etc. D'autres enfin sont des objets de luxe domestique, coffrets de toilette ou *cistes*, miroirs, éventails, lampes, etc. Au milieu de cette diversité, il faut choisir. Les miroirs et les cistes nous arrêteront seuls ici parce qu'ils témoignent d'intentions décoratives et d'un certain effort pour sortir de la banalité.

Miroirs [1]. — Les miroirs étrusques sont une imitation des miroirs grecs. Comme eux, ils sont formés d'un disque de bronze argenté ou doré et poli d'un côté de façon à réfléchir les images. Comme eux, ils sont de deux sortes : 1º le miroir à double boîte avec reliefs sur le couvercle ; 2º le miroir à disque simple avec un manche pour le tenir à la main, miroir orné de dessins à la pointe ou *graffiti*. De ces deux types, le second est le plus ordinaire. On en a recueilli plusieurs centaines.

Comme art, les miroirs étrusques ne valent pas les miroirs grecs. Très peu sont d'un dessin correct et d'un style élégant. Les trois plus beaux sont le miroir Gerhard avec la réunion de Bacchus et de Sémélé, miroir souvent reproduit et qui doit être d'une main grecque ; le miroir du Cabinet des Médailles à Paris, avec la réconciliation d'Hélène et de Ménélas, et au-dessus, dans un registre distinct, Hercule portant l'Amour ; enfin le miroir du Musée Britannique, représentant la rencontre d'Hélène et de Ménélas après la prise de Troie. Outre les deux époux, les personnages

1. Gerhard : *Etruskische Spiegel,* 7 vol. Berlin, 1839. — J. de Witte, *les Miroirs chez les anciens,* Bruxelles, 1872.

désignés par des inscriptions sont Vénus *(Turan)* debout au second plan et drapée dans un manteau, Thétis *(Thethis)* qui intervient pour sauver Hélène, Ajax *(Aivas)* à droite du Palladium, et, tout au bord du disque, Polyxène *(Phulphsna)* dont la présence, ainsi que celle de Thétis, s'explique difficilement. La scène est encadrée entre le char de l'Aurore et un dessin d'un sens obscur, représentant Hercule au milieu d'un groupe d'amphores.

L'intérêt de la plupart des miroirs étrusques est dans les sujets qui y sont gravés. Quelques-uns de ces sujets sont empruntés aux mœurs de l'Étrurie : ainsi sur un miroir du musée de Florence, on voit une danse rustique qui, par les attitudes et les costumes des danseurs, rappelle certaines peintures de Cornéto. Mais le plus souvent les sujets sont ceux des vases peints de la belle époque, c'est-à-dire que la mythologie et l'épopée en font presque tous les frais. En voici quelques-uns : la naissance de Minerve ou de Bacchus, la réunion de Bacchus et de Sémélé, Vénus et Adonis, Achille et Thétis, Castor et Pollux avec leur sœur Hélène, Hercule vainqueur de Cerbère, la chasse de Méléagre, l'enlèvement du Palladium troyen, Achille et Penthésilée, Vulcain fabriquant le cheval de Troie. Comme sur les vases peints, la légende troyenne tient une grande place, et la légende troyenne, non pas seulement telle que l'ont conservée les poèmes homériques, mais aussi telle que l'avaient célébrée d'autres épopées aujourd'hui perdues, telle que l'avaient transformée les traditions populaires. Il n'est pas rare que ces sujets grecs soient entremêlés de divinités et de génies étrusques. Mais ce ne sont

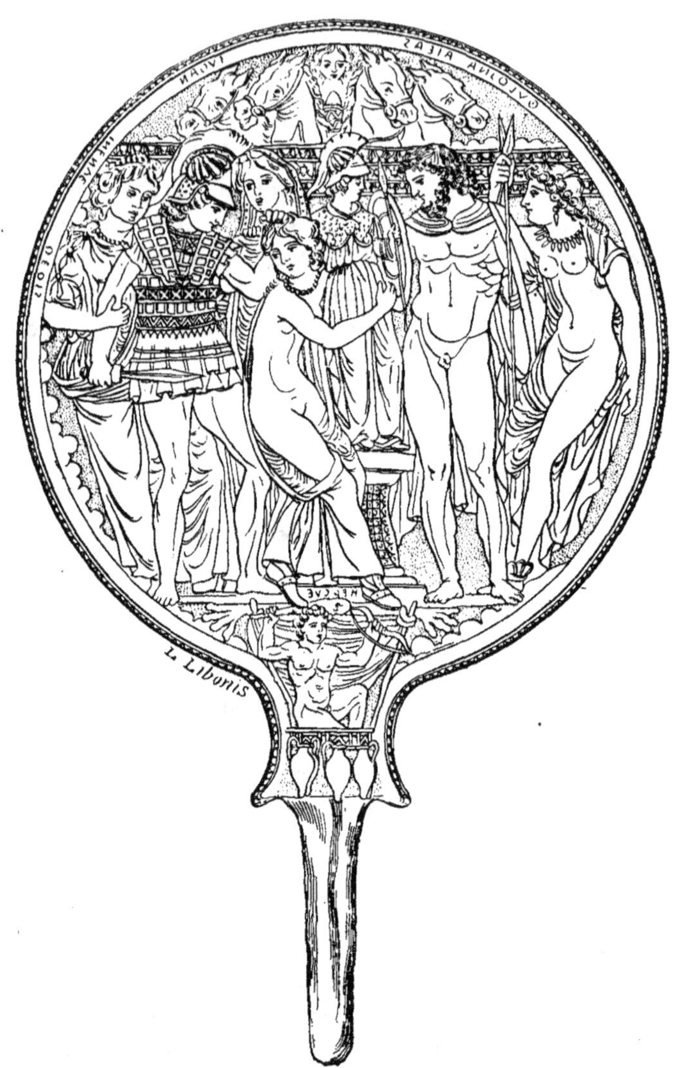

FIG. 51. — HÉLÈNE ET MÉNÉLAS APRÈS LA PRISE DE TROIE.

(Miroir du Musée britannique.)

plus les affreux génies funèbres des peintures et des sarcophages ; de pareilles figures conviennent mal à des
objets de toilette. Aux regards d'une femme qui se pare
et qui va se sourire dans son miroir, il est naturel de
n'offrir que des images aimables, des génies protecteurs,
bienfaisants, et des Victoires de bon augure.

Le nom des personnages est presque toujours inscrit
à côté d'eux ou au-dessus. On se rend compte ainsi de
la manière dont les Étrusques transcrivaient les noms
grecs : Ulysse devient *Uthuʒe*, Diomède *Zimthe*, Apollon
Apul, Achille *Achle*, Castor et Pollux *Castur* et *Pultuce*,
Adonis *Atunis*. On voit de plus quelles divinités étrusques répondaient à celles de l'Olympe grec : *Tinia* c'est
Zeus, *Menrva* c'est Athéna, *Touran* c'est Aphrodite,
Phuphluns c'est Bacchus. Dans le choix de son sujet, le
graveur étrusque paraît n'avoir qu'un seul souci, celui de
couvrir tout le champ de son miroir. Le modèle qu'il a
sous les yeux contient-il trop de personnages, il en enlève ;
au contraire, s'il en manque, il en ajoute à sa fantaisie.
Une scène unique ne suffit-elle pas à remplir toute la
surface du disque ? La zone sur laquelle elle se développe laisse-t-elle en haut et en bas un segment vide ?
il insère des motifs accessoires, pris au hasard et qui
n'ont aucun rapport avec le motif principal.

Il est certain que plus d'une fois la légende qu'il
reproduit est pour lui lettre morte. Tantôt il confond
deux tableaux à peu près semblables, l'enlèvement
d'Europe par un taureau et la fuite d'Hellé sur un bélier
et tandis qu'il représente Hellé, il écrit à côté *Euru*
(Europe) ; tantôt il omet soit un acteur important,
comme Junon dans le *jugement de Pâris*, soit l'acteur

principal, comme Minerve dans la naissance de Minerve ; tantôt il place le nom à faux et dans le combat singulier d'Hector et d'Achille en présence d'Ajax donne à Achille le nom d'Ajax, à Hector celui d'Achille et à Ajax celui d'Hector. Une fontaine près de laquelle sont assis Adonis et Vénus porte le nom d'*Amuce*. *Amuce* c'est Amycos, le roi des Bébryces qui voulait défendre aux Argonautes l'approche d'une source et que Pollux mit à la raison en le liant à un arbre. Pourquoi ce nom ici ? C'est que le graveur étrusque a pris le modèle de sa fontaine dans un tableau représentant Pollux et Amycos, et que, voyant une *inscription tracée* tout à côté, il a cru que cette inscription désignait la fontaine.

Les miroirs appartiennent à la dernière période de l'art étrusque, au iiie siècle avant notre ère. Les plus récents sont ceux du Latium, qui étaient fabriqués à Préneste. Ceux-ci sont d'une forme plutôt ovale que ronde, d'un style médiocre et se distinguent à leurs inscriptions latines.

Cistes[1]. — Les cistes sont des boîtes cylindriques ou ovales formées d'une feuille de bronze enroulée et soudée. On les appelle souvent cistes de Préneste parce que c'est de Préneste qu'elles proviennent pour la plupart, mais le terme n'est pas tout à fait juste ; car on en a trouvé quelques-unes à Vulci et dans le Picenum, et rien ne prouve qu'on n'en ait pas fabriqué ailleurs qu'à Préneste. Quant au nom de *cistes mystiques* qu'on leur a quelquefois donné, il n'a aucune raison d'être. Les

1. Saglio : *Dictionn. des antiquités*, Cista. — O. Jahn : *Die Ficoronische Cista*. Leipzig, 1852 (avec une bibliographie du sujet).

cistes n'ont rien de mystique ou de religieux. Ce sont des meubles d'usage domestique, destinés à contenir tout l'attirail de la toilette féminine. On y recueille des miroirs, des peignes, des flacons à parfums, des boîtes à fard, des épingles, des agrafes, des broches, des colliers et jusqu'à des sandales.

L'ornementation des cistes est analogue à celle des miroirs et se compose aussi de dessins au trait qui décorent tout le pourtour et le couvercle. Comme sur les miroirs, sauf de très rares exceptions, les sujets son empruntés au cycle des légendes helléniques, en particulier aux légendes troyennes. Mais ils sont traités avec une telle liberté, une telle insouciance des types traditionnels, une telle fantaisie de costume, de coiffure, de parure et d'attributs que souvent il est difficile de reconnaître les dieux et les héros dont l'art grec a fixé l'image et que, sans les inscriptions, il faudrait y renoncer. Ce qui contribue encore à compliquer l'interprétation, c'est que parfois sur une même ciste on trouve juxtaposés plusieurs sujets différents qui n'ont entre eux aucune relation et que le graveur a mis là tout simplement parce qu'ils remplissaient bien la surface à couvrir.

Cette surface se divise dans sa hauteur en trois zones horizontales. Sur la zone du milieu se développe la scène principale. Les deux autres, formant bordure, portent une ornementation de style oriental, des files d'animaux féroces ou monstrueux, des bêtes marines, des palmettes et des fleurs de lotus.

Les belles cistes sont rares. On n'en peut guère signaler que trois ou quatre qui soient remarquables par la délicatesse de la gravure, l'harmonie de la composition et la pureté du style. La plus célèbre de toutes est la ciste Ficoroni, au musée Kircher (Rome), qui représente l'arrivée des Argonautes en Bithynie, chez les Bébryces. Le roi du pays, le géant Amycos, ayant prétendu les empêcher de faire leur provision d'eau, Pollux le lie à un arbre et les marins débarquent librement pour aller aux fontaines (fig. 52). La ciste porte une inscription latine[1], dont l'orthographe archaïque indique une date

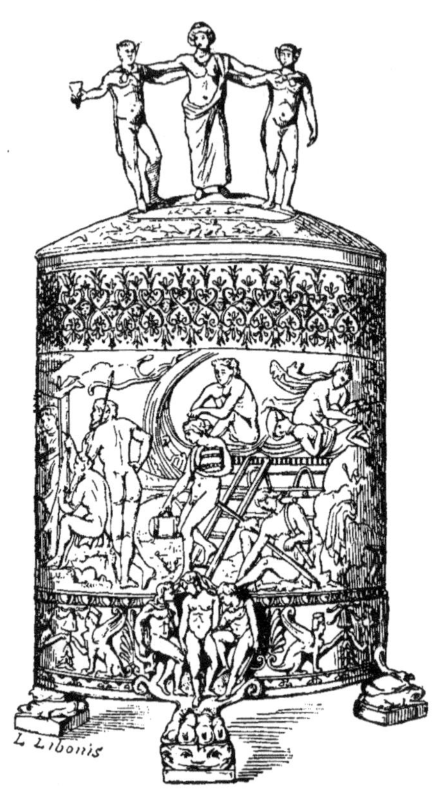

FIG. 52. — CISTE FICORONI.

antérieure à la fin de la deuxième guerre punique.

1. *Novios Plautos med Romai fecid — Dindia Macolnia filea dedit.*

Les autres cistes sont plus récentes, mais toutes se répartissent entre le début du iiie siècle et le début du iie. Ce sont des produits industriels de fabrication commune. Les *graffiti* sont tracés avec rudesse et gaucherie, par des ouvriers qui n'ont pas la main sûre et qui commettent beaucoup de fautes de dessin. On décore la ciste de figures parce qu'ainsi le veut l'usage et que le modèle est consacré. Mais à toutes ces figures, quelles qu'elles soient, on n'attache aucun prix. Sur les plus belles cistes comme sur les plus laides, on ne se fait aucun scrupule de les masquer par des pièces rapportées, destinées à compléter l'ornementation du coffret. On ajuste des anneaux, des pieds, des anses, des poignées; on les soude à la place qui leur convient,

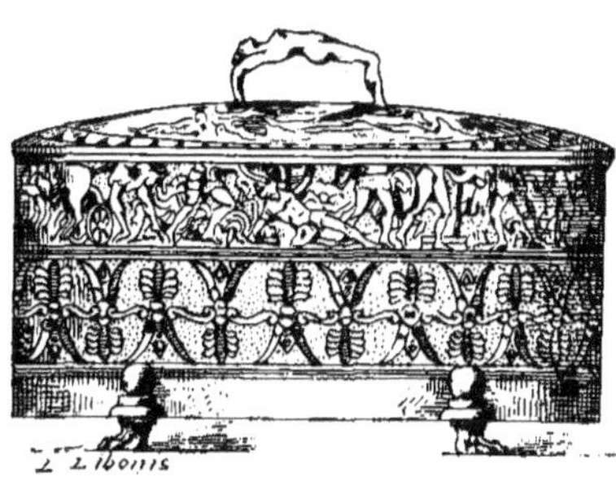

FIG. 53.

COMBAT DE TURNUS ET D'ÉNÉE.

(Ciste coupée.)

sans s'inquiéter de savoir si ces appendices ne cacheront pas le visage, la poitrine ou les jambes d'un personnage. Les dessins de la ciste Ficoroni ne sont pas plus respectés que les autres. Il arrive même que la ciste ayant paru trop haute, on la coupe en deux dans le sens horizontal, ce qui a pour résultat de diviser toutes les figures par la moitié. Telle ciste n'a conservé que la moitié inférieure des *graffiti* et sans le couvercle il serait impossible de deviner qu'il s'agit du combat de Turnus et d'Énée. Telle autre n'a plus que les bustes et les têtes des personnages.

La fabrication des cistes comportait trois opérations. Dans un premier atelier, les feuilles de bronze, découpées en rectangles, recevaient leur décoration gravée. Le travail était facile, la surface étant plane. L'ouvrier reproduisait son modèle sans avoir à s'occuper de l'usage qu'on ferait de la feuille. Celle-ci, ainsi préparée, passait dans un second atelier où elle était plus ou moins rognée : on la courbait pour lui donner la forme cylindrique; on en soudait les bords et l'on ajoutait un fond et un couvercle. Un dernier ouvrier achevait de la monter en lui adaptant une poignée, des pieds, des anneaux reliés par des chaînettes. Avec une pareille division du travail, l'unité du style était impossible.

La poignée soudée sur le couvercle est formée d'une ou de plusieurs figures. Les types les plus ordinaires sont : un corps de femme renversée en arrière et s'arc-boutant des pieds et des mains dans une posture de saltimbanque ; deux lutteurs ; un Satyre et une Nymphe; deux guerriers transportant un blessé. Les pieds sont des griffes de lion surmontées d'une sorte de chapiteau ionique, ou d'un masque de Méduse, ou d'une Sirène, ou de génies ailés.

Le travail de ces pièces est d'une valeur très inégale. Elles étaient préparées en grande quantité et beaucoup d'entre elles ont été fondues dans le même moule. Les unes ont été retouchées au ciseau ; les autres sont restées telles quelles. Mais toutes sont d'un style lourd, qui contraste souvent d'une façon choquante avec le style plus élégant des *graffiti*.

§ III. — BIJOUX.

Les Étrusques, aussi bien les hommes que les femmes, aimaient à porter des bijoux. Ce luxe les suivait dans la sépulture. On enfermait avec eux dans la tombe soit les parures d'or, d'argent et de pierreries qui leur avaient appartenu, soit des parures funéraires sans consistance, de simples feuilles métalliques qui n'étaient que des ombres de bijoux. Les figures sculptées sur les sarcophages sont toujours ornées comme des châsses et nous offrent l'exhibition de tout ce que contenaient les écrins du défunt. C'est une profusion ridicule de diadèmes, de pendants d'oreilles, de colliers simples, doubles ou triples avec pendeloques, de chaînes et de tresses qui tombent des épaules, se croisent sur la poitrine et descendent le long des hanches, de ceintures à broche, de bracelets au-dessus du poignet et du coude, d'anneaux enfin aux deux mains et presque à tous les doigts. La mode est si forte que les graveurs des miroirs et des cistes ne peuvent se défendre d'affubler de même non seulement les déesses et les héroïnes étrusques, mais encore les dieux et les héros de la légende grecque. Vénus, Junon, Hélène sont parées comme des femmes toscanes.

De tous ces bijoux, celui qui revient le plus souvent, c'est le collier à bulles. La bulle est une sorte de capsule d'or, d'argent ou de bronze, faite de deux petites cuvettes soudées sur leurs bords. Au moyen d'une bélière on la suspendait à la chaîne d'un collier ou au cercle d'un bracelet. L'objet était de ceux auxquels on prêtait la vertu d'une amulette. Il est rare qu'un Étrusque ne porte pas au moins une bulle. Le nombre ordinaire est trois; on les entremêle quelquefois de perles et de pendeloques en forme de poire allongée. Chez les Romains la bulle se portait encore, mais unique et réservée aux enfants qui n'avaient pas atteint l'âge viril et aux triomphateurs.

Après la bulle, le bijou pour lequel les Étrusques paraissent avoir le plus de goût, c'est la chaîne. Ils en ont de toutes les formes et de toutes les dimensions, tresses doubles ou triples ; larges rubans formés de quatre ou cinq rangs de tresses parallèles et terminés par de gros fermoirs en rosaces ; chaînes à anneaux, cordons de perles, de pierres ou de pendeloques. C'est un entre-croisement sans fin, qui couvre de métal le cou, les épaules, la poitrine et les hanches et qui donne l'idée d'un harnachement plutôt que d'une parure.

Les Étrusques tiennent plus à l'effet qu'au style. Ils veulent beaucoup d'or et de pierreries, quelque chose qui se voie bien et qui pèse. C'est à la masse qu'ils apprécient la valeur des bijoux. Aussi ceux qu'ils fabriquent sont-ils si différents des bijoux découverts dans les plus vieilles sépultures de Cæré, de Cornéto et de Vulci, bijoux, qui, selon toute probabilité, sont des produits de l'orfèvrerie orientale et de l'orfèvrerie hellénique. Nous sommes loin de ces œuvres délicieuses, aux combinaisons variées et compliquées, mais toujours délicates, où les filigranes, les chaînettes, les fleurs, les feuillages, les rosettes, les oiseaux, les Amours, mille détails enfin s'enchevêtrent sans confusion et sans que la multiplicité infinie des ornements nuise à la légèreté ou à l'élégance de l'ensemble.

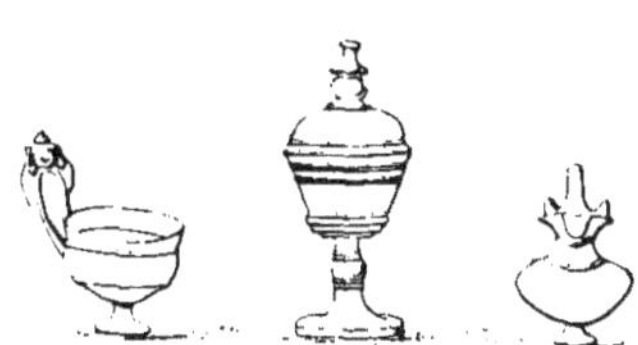

FIG. 54. — TYPE DE VASES DE BUCCHERO.

CHAPITRE V

L'ART ROMAIN, SES ORIGINES, LES GRANDES PÉRIODES
DE SON HISTOIRE.

MÜLLER-WIESELER : *Denkmaeler der alten Kunst*, 1854. — ROBIOU
et LENORMANT : *Chefs-d'œuvre de l'art antique*, 7 vol., 1867. —
Annali, Bulletino et *Monumenti* de l'Institut de Rome. —
Revue archéologique. — Archœologische Zeitung. — DE WITTE
et LENORMANT : *Gazette archéologique.* — O. RAYET : *Monuments de l'art antique. — Giornale degli scavi di Pompei. —
Notizie degli scavi di antichità* publié par le ministère de
l'instruction publique en Italie. — *Bulletino della commissione
archeologica communale di Roma. — Mélanges d'archéologie
et d'histoire* publiés par l'École française de Rome.

L'art romain a une double origine : il dérive de l'art
étrusque et de l'art grec. Jusque vers le iiie siècle avant
notre ère, Rome ne connaît guère autre chose que la
civilisation étrusque. L'Étrurie est pour elle une sorte
de métropole à qui elle doit tout. Quand Romulus fonde
une cité sur le Palatin, il en détermine l'orientation et les
limites suivant les rites étrusques. La nouvelle ville est
gouvernée par plusieurs générations de princes étrusques, qui appellent des ingénieurs étrusques pour
l'entourer de remparts et pour l'assainir par un système

de canaux et d'égouts. Des architectes étrusques lui construisent ses premiers temples et des sculpteurs étrusques en décorent les frontons. Les images de ses dieux, ses mœurs religieuses, sa science augurale, le costume de ses magistrats, ainsi que leurs faisceaux, la forme de ses maisons, les jeux de son cirque, ses combats de gladiateurs, ses meubles, sa vaisselle, ses bijoux, tout lui vient de l'Étrurie.

Après les guerres puniques, les choses changent. Tandis que l'Étrurie perd son activité et s'achemine à la décadence, Rome entre en contact direct avec la Grèce. Jusque-là les Romains ont bien entrevu la civilisation grecque, mais seulement à travers la civilisation étrusque hellénisée. L'hellénisme qu'ils connaissent est un faux hellénisme, un hellénisme de contrefaçon, sans élégance et sans beauté. Tout à coup, par le hasard de leurs expéditions dans l'Italie méridionale, la Macédoine et l'Asie Mineure, ils sont amenés à voir de près la Grèce, et la Grèce non pas telle qu'elle était au temps de Périclès avec son art encore sévère et majestueux, mais telle que l'ont faite les conquêtes d'Alexandre et le faste oriental des dynasties macédoniennes. Tandis qu'ils parcourent en libérateurs fêtés ou qu'ils pillent en vainqueurs avides les villes que plusieurs siècles d'art ont remplies de chefs-d'œuvre, ils voient des temples comme ils n'en ont jamais vu, des portiques de marbre, des théâtres peuplés de statues et de bas-reliefs, des palais immenses, décorés de peintures et tout éclatants de meubles et de vaisselle, une richesse enfin et une élégance dont l'Étrurie ne leur a pas donné l'idée. Ce monde nouveau les enchante, et la séduction est sur eux d'autant plus puissante que toute cette magnificence répond à leurs propres instincts de luxe et de grandeur. Avec les triomphateurs, qui traînent à leur suite non seulement les dépouilles de la Grèce, mais encore tout un peuple d'artistes prisonniers, l'hellénisme envahit Rome. Avant la fin de la république, il y règne en maître.

Cependant l'empreinte de la civilisation étrusque ne s'efface pas complètement. Il en reste quelque chose dans la religion, dans les mœurs et surtout dans les traditions industrielles et artistiques. Certains procédés, certaines formes sont consacrés par un long usage et persistent. Ce qui persiste aussi, c'est un goût obstiné pour tout ce qui est réel, positif, avantageux, d'un intérêt actuel et sensible, en un mot un sentiment pratique des choses que la Grèce n'a jamais eu, et que, dans sa somptuosité frivole et raffinée, le monde alexandrin ne soupçonne pas. Si incompatibles que paraissent ces deux caractères, ils finissent par s'unir, et c'est de leur combinaison que naît l'art romain, le plus pratique à la fois et le plus somptueux de tous les arts.

L'art romain commence à la fin de la république, mais ne se constitue définitivement que sous l'empire, à la faveur de la paix et de la prospérité qui succèdent aux guerres civiles. Son développement dure quatre siècles. Avant de l'étudier en détail et de passer en revue les divers monuments qui en subsistent, il faut indiquer les grandes périodes de son histoire.

La première période s'étend depuis Auguste jusqu'aux Antonins (fin du 1er siècle avant J.-C. — fin du

1er siècle après J.-C.). C'est l'époque où l'art romain atteint son apogée.

La deuxième période embrasse le IIe siècle. Elle est surtout marquée par une renaissance archaïque, provoquée par Adrien. L'art, dont la sève commence à s'épuiser, essaye de se renouveler par l'imitation du style grec classique et du style égyptien.

Avec la troisième période s'ouvre l'ère de la décadence (IIIe et IVe siècles). L'art romain, déjà pauvre d'invention, d'ailleurs dénaturé par toutes sortes d'éléments orientaux, déchoit de jour en jour. Les traditions se perdent au milieu des convulsions militaires qui agitent l'empire. Il ne demeure plus qu'une routine mécanique qui elle-même s'en va insensiblement et finit par disparaître, comme tout le reste, dans le chaos des invasions.

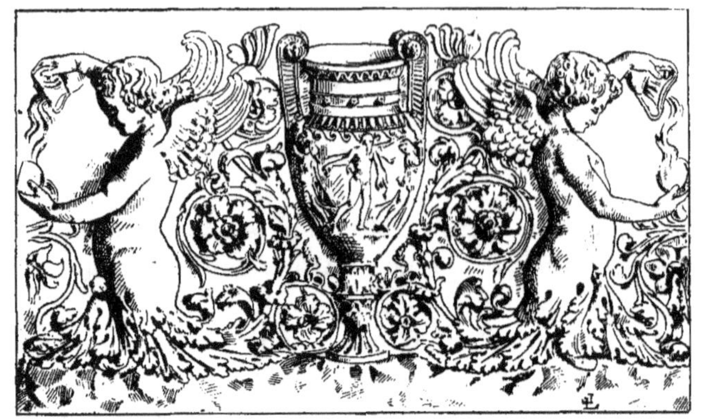

(Musée du Latran.)

CHAPITRE VI

L'ARCHITECTURE ROMAINE, SES PRINCIPES, SES FORMES, SA TECHNIQUE.

Hirt : *Geschichte der Baukunst bei den Alten*. Berlin, 1821-27, 3 vol. — Canina : *Gli edifizii di Roma antica*, 6 vol. in-f°, 1848. — Kugler : *Geschichte der Baukunst*. Stuttgart, 1856. — Rondelet : *Traité théorique et pratique de l'art de bâtir*, 5 vol., 1861. — Batissier : *Histoire de l'art monumental dans l'antiquité et au moyen âge*, 1860. — Donaldson : *Architectura numismatica*. Londres, 1859. — Lubke : *Geschichte der Architektur*, 1865. — Choisy : *l'Art de bâtir chez les Romains*, 1873. — Nissen : *Pompeianische Studien zur Städtekunde des Alterthums*, 1877. — Ch. Blanc : *Grammaire des arts du dessin*. — Viollet-le-Duc : *Entretiens sur l'architecture*.

Nous avons vu que les monuments de la Rome primitive, les murs de Romulus, la Cloaque Maxime, le

temple de Jupiter au Capitole étaient l'œuvre d'architectes étrusques qui les avaient construits d'après le style
de leur pays. Dans les premiers siècles de son existence,
Rome n'a pas connu d'autre architecture que celle de ses
voisins. Mais cette architecture, importée sur les bords
du Tibre, dut à la longue s'y modifier. Les Romains
n'étaient pas un de ces peuples copistes incapables de
rien trouver par eux-mêmes, qui ne savent qu'imiter
avec une exactitude servile ce qu'ils voient autour d'eux
et vivent ainsi d'emprunts toujours renouvelés et toujours
stériles. S'ils empruntaient, c'était moins par indigence
d'imagination que par bon sens pratique, pour s'épar-
gner la peine inutile d'une invention déjà faite. Avec
une clairvoyance merveilleuse de leurs intérêts, ils s'em-
paraient, sans réserve et sans faux amour-propre, de
tout ce que les autres peuples avaient de bon ; mais
comme ils avaient des desseins qui n'étaient qu'à eux et
qu'ils ne manquaient pas d'y tout accommoder, les idées
d'autrui, qu'ils y pliaient, se transformaient entre leurs
mains et devenaient romaines. Quand, pour avoir une
flotte de guerre, ils copièrent un vaisseau carthaginois
échoué sur leurs côtes, la copie, appropriée aux vues
d'une tactique qui leur était particulière, eut des qualités
de combat que le modèle n'avait pas. Industries, mœurs,
arts, philosophies, religions, tout ce que Rome s'annexa
reçut à jamais la marque de son génie original. Si donc
Rome commença par avoir recours aux architectes de
l'Étrurie, elle créa, tout en se servant d'eux, une architecture nouvelle. Capitale du Latium, centre commercial
et politique, elle avait d'autres instincts que toutes ces
cités toscanes, qui s'endormaient dans le luxe et l'oisi-

veté. Il fallait répondre aux besoins d'une civilisation naissante encore, mais qui semblait avoir déjà le sentiment de sa grandeur future et de sa durée.

Il serait intéressant de voir comment s'est développée cette architecture nouvelle et par quelle série d'essais et de perfectionnements le système étrusque s'est transformé pour donner naissance au système romain. Malheureusement le sol de Rome a été tellement bouleversé qu'il ne reste presque plus rien des constructions de l'époque républicaine. Le plus ancien monument de l'architecture romaine qui nous ait été conservé, le Panthéon d'Agrippa, construit en 24 avant J.-C., nous montre cette architecture déjà toute constituée et en pleine possession de ses principes, de ses formes, de sa technique.

§ I. — PRINCIPES ET FORMES DE L'ARCHITECTURE ROMAINE.

Deux choses distinguent entre eux les divers systèmes d'architecture : c'est d'abord la construction des supports verticaux, murs, piliers ou colonnes ; c'est ensuite la méthode employée pour couvrir et couronner l'édifice. De ces deux choses, la seconde est celle qu'il faut surtout considérer, parce que c'est la matière, la forme, le poids de la couverture qui déterminent la matière, l'épaisseur, la force du support.

La plupart des architectures antiques ont fait usage du même mode de couverture. Sur des points d'appui verticaux, elles ont posé de grandes pièces horizontales.

Les matériaux variaient : en Égypte, c'était du granit ;
en Grèce, du marbre; en Étrurie, du bois ; de là des
inégalités de résistance et, par suite, des supports plus
ou moins gros ou rapprochés, des poutres plus ou moins
épaisses, plus ou moins longues. Les proportions aussi
étaient différentes : en Égypte, les dimensions étaient
arbitraires; en Grèce, elles étaient réglées par certains rapports constants que l'on appelait des ordres.
Mais quelles que fussent ces diversités, le principe ne
changeait pas, et les éléments de la construction étaient
toujours la plate-bande et l'angle droit.

L'architecture romaine résolut le problème d'une
autre manière, en substituant aux poutres horizontales
de pierre ou de bois une couverture curviligne, une
voûte. Elle n'inventa pas l'art de tailler et d'agencer les
pierres de telle sorte qu'elles pussent rester suspendues
au-dessus du vide en se servant mutuellement de point
d'appui. Le procédé, nous l'avons vu, remontait à une
très haute antiquité, et l'Étrurie lui en avait appris la
théorie et l'application. Mais chez les Étrusques, il n'était
guère affecté qu'à certaines constructions, telles que des
portes de ville, des couloirs de tombeaux, des arches de
pont, des citernes, des égouts, le plus souvent des galeries souterraines qu'il fallait protéger contre les éboulements. De là à faire entrer la voûte dans la composition
ordinaire des édifices publics et privés, religieux et
civils, il y avait encore loin. Un grand pas restait à
franchir : il le fut par les Romains. Comprenant tout
le parti qu'on pouvait tirer de la voûte, ils n'en restrei-
gnirent pas l'emploi aux travaux de voirie. Ils lui
donnèrent dans leurs constructions le rôle principal. Ils

surent en multiplier les combinaisons, en amplifier les courbes, en varier les effets. Ils tournèrent, et pour jamais, au profit de l'art ce qui n'avait été jusque-là qu'un procédé commode et un heureux expédient d'ingénieur.

Les types de voûte qui s'offrent aujourd'hui au choix d'un architecte sont nombreux. Les Romains n'ont connu et pratiqué que les types suivants : la *voûte en berceau* (fig. 56), pour les allées en couloir ; la *voûte d'arête*

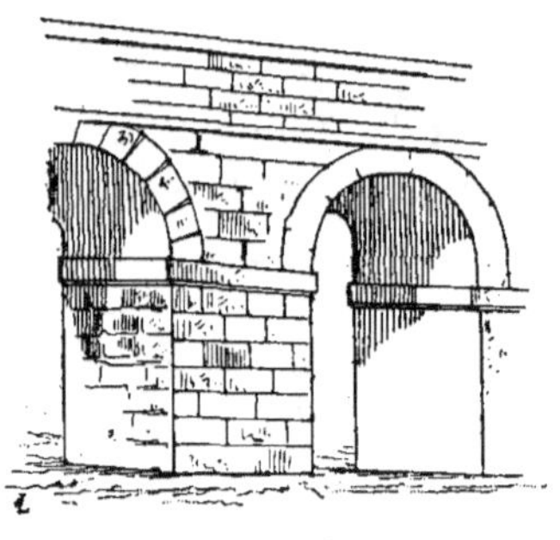

FIG. 56.

VOUTE EN BERCEAU.

(fig. 57), qui n'est pas autre chose que deux voûtes en berceau se coupant à angles droits, pour les salles carrées ; la *voûte hémisphérique*, le dôme, pour les salles rondes. Ces diverses voûtes ne sont que les combinaisons d'un seul et même arc, l'arc en *plein cintre*, dont la courbe dessine un demi-cercle parfait.

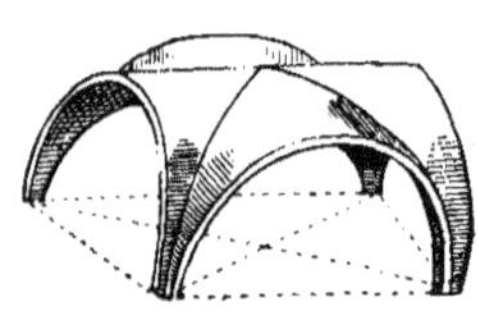

FIG. 57.

VOUTE D'ARÊTE.

L'emploi de la voûte dans l'architecture monumentale eut pour conséquence nécessaire la transformation et le renforcement des supports verticaux. Quand la couverture est en plate-bande comme chez les Égyptiens ou chez les Grecs, l'action de la pesanteur s'exerce de haut en bas, et loin de compromettre l'équilibre du pilier ou de la colonne, elle a pour effet de l'immobiliser, de le clouer sur place. Il n'en est pas de même quand la couverture est cintrée. Une voûte ne subsiste que parce que les pierres qui la composent sont resserrées dans un cercle trop étroit pour pouvoir céder toutes en même temps à l'action de la pesanteur qui s'exerce sur toutes à la fois. Elles se

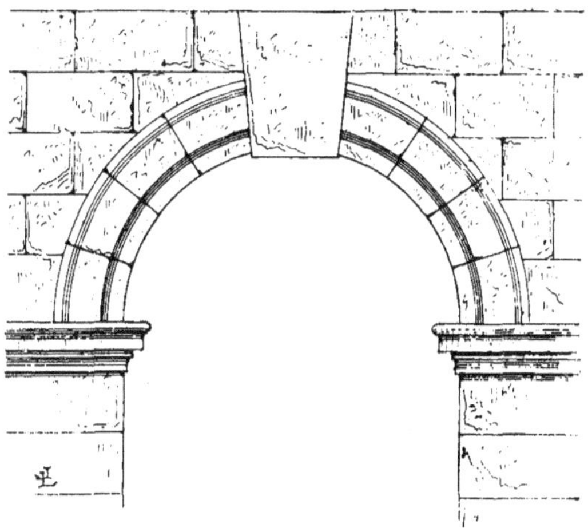

FIG. 58. — ARC EN PLEIN CINTRE.

contrarient dans leur chute faute d'espace. Mais ce poids énorme suspendu en l'air cherche une issue. Il tend à élargir l'ouverture béante au-dessous de lui et, par conséquent, à écarter les murs ou piliers qui limitent cette ouverture et contre lesquels il se bute. Pour que ces murs ou ces piliers ne soient pas jetés par terre, il faut que l'architecte en assure la stabilité par un sur-

croît de résistance convenablement calculé. La masse
des piliers doit toujours être plus forte que la poussée
de la voûte. De là des murs comme ceux du Panthéon
à Rome, qui ont plus de cinq mètres d'épaisseur et
ressemblent à des enceintes de forteresse ; de là des
culées comme celles qui se dressent encore au milieu
des ruines des Thermes de Caracalla ou de la basilique
de Constantin.

Ces entassements de pierres donnent l'idée de la
puissance. Mais l'aspect en est lourd et déplaisant. C'est
là un défaut inévitable. Mais il faut avouer qu'à ce
prix les Romains ont réussi à faire des constructions
extraordinaires et que personne n'avait faites avant
eux. Ils ont lancé d'énormes voûtes au-dessus de vastes
espaces ; ils ont couvert d'immenses salles sans le
secours, toujours un peu encombrant, des colonnades
intérieures.

Un pareil système d'architecture a le grand avantage
de n'imposer aucun plan et de laisser à l'architecte la
plus entière liberté de composition. Le système de la
plate-bande ne se prête qu'à un nombre restreint de
combinaisons. Le plan est forcément rectangulaire. Un
temple égyptien est toujours une série de carrés et de
rectangles mis bout à bout. Tous les temples grecs sont
des rectangles, depuis les modestes chapelles, qui ne se
composent que d'un mur d'enceinte, jusqu'aux sanctuaires les plus célèbres, entourés de portiques à simple
ou double colonnade. Comme il faut compter avec la
portée des poutres horizontales, la distance entre les
supports est toujours limitée, ainsi que l'espace qui
peut rester vide ; et pour peu que l'édifice ait quelque

étendue, il est nécessaire de multiplier les murs et les
piliers et parfois d'en venir, comme dans les temples
immenses de Karnak, à dresser une véritable forêt de
colonnes. L'architecte romain dispose de plus de ressources. Il a d'abord toutes celles des architectes égyptiens ou grecs, c'est-à-dire la ligne et l'angle droits. Il a
de plus la ligne courbe, dont il lui est facile de varier à
son gré l'amplitude. Il n'est donc pas condamné aux
plans rectangulaires et peut subordonner la forme des
bâtiments aux convenances diverses, imprévues, bizarres,
aux fantaisies mobiles d'une civilisation puissante et
sans cesse renouvelée. S'il a de vastes emplacements à
couvrir, il ne va pas y planter des rangées de colonnes
où viendront se heurter les flots d'une foule affairée,
mais il établira sur certains points choisis, de distance
en distance, de solides piliers d'où s'élanceront d'un
vol hardi les courbes des arcades; et les nefs s'ouvriront
larges et libres. C'est à leur système de construction que
les architectes romains doivent l'aisance admirable avec
laquelle ils répondent aux programmes les plus compliqués. Suivant les exigences des services à pourvoir,
ils savent enchevêtrer une multitude de salles, de super-
ficie, de hauteur et de niveau différents. « Théâtres, amphithéâtres, thermes, camps, prétoires, hippodromes,
basiliques, ils savent disposer tous les bâtiments d'utilité
publique avec une habileté rare. S'agit-il, par exemple,
de construire des bains pour une population nombreuse :
tous les besoins sont prévus, étudiés, satisfaits : larges
abords, facilités de la circulation, transitions hygié-
niques ménagées entre l'air intérieur et la température
du dehors, gymnases, jardins, promenoirs, salles de

conversation, rien n'est oublié dé ce que demandent le corps et l'esprit d'un homme civilisé. Et l'architecte ne perd pas un pouce de son terrain ; il utilise tous les vides : pour la convenance, en y distribuant les petits services ; pour la solidité, en les couvrant par de petits

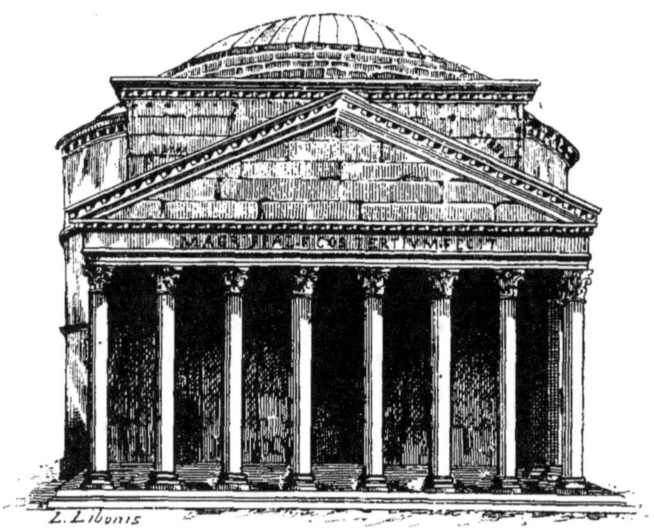

FIG. 59. — LE PANTHÉON D'AGRIPPA.

arcs, qui, adossés aux grandes voûtes, leur servent de contreforts[1]. »

Parmi toutes les formes qui pouvaient ainsi s'offrir, suivant les circonstances, à l'imagination des architectes romains, il en est une qui paraît avoir eu leur préfé-

1. Ch. Blanc : *Grammaire des arts du dessin*, p. 256.

rence, c'est la forme ronde. Aucun peuple n'a laissé plus de monuments sur plan circulaire ou demi-circulaire, et dans ses compositions architecturales, il est rare qu'à défaut de l'ensemble, on ne trouve quelque partie de l'édifice tracée sur ce modèle. Il suffit de rappeler les amphithéâtres, les sanctuaires de Vesta, les mausolées de Cécilia Métella, d'Auguste et d'Adrien, sans compter toutes les absides rondes des basiliques, des thermes et des palais impériaux. Le type le plus célèbre et aussi le plus imposant de ce genre de construction est le Panthéon de Rome, rotonde de quarante-quatre mètres environ de diamètre, qui, par ses heureuses proportions et le détail de sa structure, peut être considérée comme le chef-d'œuvre de l'architecture romaine. Elle est surmontée d'une admirable coupole qui a inspiré à Bramante l'idée du dôme de Saint-Pierre, et le jour n'y pénètre que par une ouverture circulaire pratiquée au sommet de la voûte.

Il y avait dans le choix de la forme ronde autre chose qu'un hasard ou une mode. Elle se rattachait aux plus vieilles traditions de l'Italie et avait sans doute une signification religieuse. Les populations primitives du Latium n'en avaient pas connu d'autre pour leurs cabanes et pour leurs urnes funéraires, images de leurs habitations. La cabane de Romulus, que l'on conservait pieusement sur le Palatin, était ronde. Vesta, la plus ancienne des divinités italiques et la plus vénérée, au culte de laquelle était liée la destinée de Rome, n'était adorée que dans des sanctuaires ronds. Il était naturel que les Romains fissent entrer dans leur architecture une forme à laquelle leurs yeux étaient habitués, qui

était consacrée par des souvenirs religieux et patrio-
tiques, et qui de plus se mariait avec les lignes courbes
des arcs dont leurs monuments étaient si souvent cou-
ronnés.

La plupart des ruines romaines se reconnaissent à
leur masse, qui est considéra-
ble, et si l'on vient à les me-
surer, on reste confondu devant
l'énormité de leurs dimensions.
D'aussi gigantesques constructions avaient leur raison d'être
dans une ville qui, comme
Rome, était la capitale du
monde et dans laquelle s'agi-
tait la population d'un empire.
Mais elles s'expliquent surtout
par un certain sentiment de

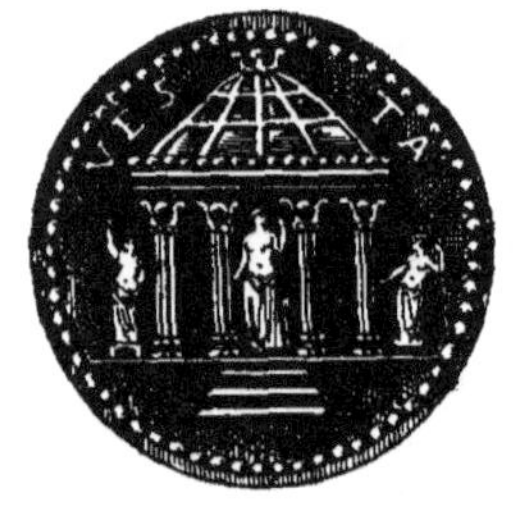

FIG. 60.

LE SANCTUAIRE DE VESTA.

(Sur une monnaie impériale.)

grandeur que les Romains avaient en eux. Jamais
peuple n'eut de plus hautes ambitions. De bonne
heure, ils songeaient à l'avenir, élevaient des monuments dignes de leur gloire future, et, selon le mot
de Montesquieu, bâtissaient la ville éternelle. Quand
l'univers leur appartint, cet instinct de force et de
magnificence s'exagéra. Ils eurent alors la vanité des
parvenus qui se plaisent à bien asseoir leur puissance
en vue de tous, à frapper les imaginations et à affirmer, par un pompeux étalage, la solidité inébranlable
de leur fortune.

§ II. — PROCÉDÉS TECHNIQUES DE·CONSTRUCTION.

Quand les principes et les formes changent, il est
rare que les procédés de la construction ne se modifient
pas en même temps. Chaque architecture a ses matériaux et sa technique.

Les matériaux que l'Italie fournissait à l'architecture
étaient loin d'avoir la dureté des granits d'Égypte ou
l'éclat des marbres grecs. Le sol de Rome n'offrait
qu'une sorte de tuf d'un grain peu compact, qui se dur-
cissait au contact de l'air, mais qui, tendre encore au
sortir de la carrière, était trop peu résistant pour pouvoir être employé en gros blocs monolithes : on le débi-
tait en parallélipipèdes dont les plus considérables ne
dépassaient guère 2 mètres de long sur 0^m,60 de large.
Telles sont les pierres qui sont entrées dans toutes les
constructions les plus anciennes de Rome et qu'on voit
encore aujourd'hui dans les murs de l'Aventin et de la
Cloaque Maxime. Les Romains en avaient emprunté
l'usage aux Étrusques. Taillées avec soin et de dimensions pareilles, disposées sur assises horizontales, mais
alternativement en longueur sur une assise et en largeur
sur une autre, toutes ces pierres ne sont liées entre elles
par aucun ciment et ne tiennent que par leur poids. L'appareil qu'elles forment ainsi s'appelle l'*opus quadratum*.
C'est le type auquel appartiennent les monuments de
l'époque républicaine jusque vers le 1er siècle avant
notre ère.

Pendant longtemps Rome n'employa pas d'autres

matériaux que le tuf et une pierre des monts Albains, le *pépérin,* dont le grain est formé de cendres volcaniques pétrifiées. Plus tard, vers la fin de la république, apparurent la pierre-de Tivoli ou *travertin* et le marbre des carrières de Luni (Carrare). Plus tard encore, sous les empereurs, les marbres de la Grèce, de l'Asie et de l'Afrique furent apportés à grands frais jusqu'au pied de l'Aventin où les débarquaient les navires. Il y eut là au bord du Tibre un entrepôt considérable de marbres précieux que le faste impérial ne suffit pas à épuiser, où les architectes modernes trouvent encore des matériaux, et dont l'emplacement porte encore aujourd'hui le nom de *Marmorata*[1].

Ainsi, de siècle en siècle, l'architecture romaine allait s'enrichissant de toutes les ressources naturelles d'un empire chaque jour plus étendu et mieux exploré. Mais alors même que tant de contrées diverses purent fournir à ses constructions, elle se plut à employer certains matériaux communs, moellons, menues pierres, galets, cailloux, briques, tuiles, pots cassés, qui ne mériteraient pas d'être signalés si elle n'avait su en tirer un parti merveilleux en les liaisonnant au moyen d'un ciment tenace qui de tous ces débris faisait une masse compacte. Tout le monde a entendu vanter les maçonneries romaines. Aujourd'hui, après tant de siècles, elles ne sont pas encore désagrégées. Quand on cherche à les démolir, elles ne tombent pas en poussière, comme la plupart de nos maçonneries modernes ; mais telle est

---

1. Bruzza : *Iscrizioni dei Marmi grezzi* (*Annali dell' Istituto*, 1870, p. 106-204).

la cohésion de leurs éléments agglutinés que des pans
de murs, des piliers, des morceaux de voûte s'écroulent
entiers comme d'énormes blocs monolithes, à peine
attaquables au pic.

Cet agencement serré et indissoluble est de tous les
systèmes de construction celui que les Romains ont
toujours préféré. C'était pour eux le système national par
excellence. Né à Rome, perfectionné à Rome, il fut
porté par la civilisation romaine jusqu'aux extrémités
du monde antique. Nous en avons un exemple à Paris,
dans les Thermes de Julien.

Il y a bien des manières d'unir la pierre au ciment
et selon les proportions du mélange, suivant que les
matériaux sont jetés pêle-mêle ou disposés méthodiquement, l'aspect de la maçonnerie est différent. On distingue trois types principaux, qui répondent chacun à
une période de la civilisation romaine :

1º L'*opus incertum*, qui se rapporte à l'époque de
Sylla. Il est formé de pierres et de cailloux agglomérés
et liés avec un ciment qui remplit tous les intervalles.
C'est le plus irrégulier de tous les appareils.

2º L'*opus reticulatum*, ou maçonnerie maillée, ainsi
appelée parce qu'elle a l'apparence d'un filet tendu aux
quatre coins (fig. 61). On l'obtient au moyen de briques
ou de pierres à face carrée, placées toutes de façon que
les joints soient toujours obliques et par leur croi-
sement dessinent des losanges analogues à des mailles.
L'*opus reticulatum* ne paraît pas avant le temps de
César, c'est-à-dire avant le milieu du 1ᵉʳ siècle avant
notre ère. Il est surtout employé à l'époque d'Auguste.

3º L'*opus lateritium* désigne d'une manière générale

toute espèce de maçonnerie en briques, mais s'applique surtout aux constructions de l'époque impériale, formées de ces briques plates, plus longues, plus larges et moins épaisses que nos briques modernes. A partir d'Auguste et de Tibère on en fit un tel usage et il y eut à les fabriquer tant de profit que les plus grandes familles de Rome, les favoris et les affranchis des

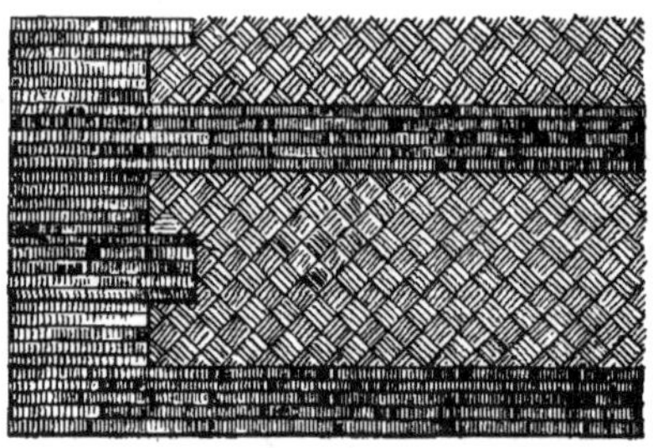

FIG. 61. — OPUS RETICULATUM.

empereurs, les familles impériales mêmes eurent leurs tuileries : on retrouve les briques marquées de leur estampille.

L'*opus lateritium,* tel que nous le montrent tant de ruines, est loin de présenter l'appareil régulier de nos briquetages modernes: les briques étant chez nous des pierres de taille en raccourci peuvent fournir des dessins variés et servir à la décoration extérieure des monuments. On sait l'emploi qu'en fait le style Louis XIII. Chez les Romains, au contraire, les briques n'étaient que des éléments vulgaires destinés à disparaître dans l'ensemble de la maçonnerie. Peu importait qu'elles fussent disposées symétriquement ou non. Lorsqu'on voit aujourd'hui tous ces pans de mur tapissés de lierre qui couvrent les pentes du Palatin, on a de la peine à se figurer que ces amas plus ou moins réguliers de briques soient les débris des palais magnifiques construits et habités par les Césars. Mais il faut songer que la nudité trop peu apprêtée de ces briques était cachée aux regards et que le parement du mur était toujours formé soit d'une couche de stuc avec des peintures ou des reliefs, soit d'un placage en marbres multicolores. Pour bien se représenter l'aspect de ces monuments, il faut considérer *les églises et les palais de l'Italie moderne*, églises et palais qui sont presque toujours en briques, mais en briques habilement dissimulées sous un revêtement de marbre, sous une couche de fresques, ou sous de fausses pierres de taille en mortier façonné.

Ces divers systèmes de maçonnerie trahissent tous un même souci, celui de simplifier autant que possible la besogne du constructeur : l'instinct pratique des Romains en avait de bonne heure démêlé tous les avantages. Plus de longs préparatifs, plus de recherches pour se procurer de belles pierres, plus de charrois pour les amener de la carrière au chantier, plus de coupes géométriques, plus de tailles, plus de machines pour élever les blocs et les mettre à leur place ! En tout pays l'architecte romain pouvait bâtir et rapidement. Les matériaux ne lui manquaient jamais. Du ciment, il en composait où il voulait; à défaut de cailloux ou de terre à briques, il faisait des moellons avec du mortier durci. Le personnel ne lui manquait pas davantage. Quelques maçons expérimentés lui suffisaient pour tracer la ligne des murs et pour ajuster les *chaînes*, c'est-à-dire les bandes de pierres ou de briques qui formaient les contours et comme l'ossature du bâtiment. S'il s'agissait d'une voûte, les mêmes maçons élevaient à certains points calculés d'avance des arcades légères, composées d'un ou deux rangs de briques plates et destinés à servir de carcasse au reste de la maçonnerie. Le travail pouvait être alors livré à des manœuvres, à des soldats inoccupés, à des esclaves, qui remplissaient les intervalles au moyen d'un blocage compact de mortier et de petits matériaux.

Il serait trop long de décrire en détail les nombreux artifices imaginés par les Romains pour réduire à ses éléments indispensables l'art de la bâtisse. On ne peut pas se figurer à quels raffinements de simplification leur génie pratique les avait conduits. C'est ce qui explique que dans les provinces les plus extrêmes de leur empire, au milieu de populations barbares et maladroites, ils aient pu entreprendre d'importantes constructions : ils n'étaient jamais à court de matériaux ni d'ouvriers.

CHAPITRE VII

§ I. — TRANSFORMATION DES ORDRES.

Si les Romains, dans leurs constructions, ont appliqué certains principes qui leur étaient propres, s'ils ont préféré certaines formes et certains procédés, ils ont aussi beaucoup emprunté aux Grecs. Ils ont eu, comme en Grèce, des plans rectangulaires, des frontons, des colonnades et des ordres.

Ils furent amenés à cette imitation tout naturellement par les progrès de leurs conquêtes. Déjà familiarisés avec les temples toscans qu'ils voyaient à Rome et qui étaient des altérations du style grec, ils rencontrèrent, en parcourant l'Italie méridionale et la Sicile, les nombreux temples que les colonies helléniques y avaient élevés. Plus tard la Grèce et l'Asie Mineure offrirent à leurs yeux les plus magnifiques exemplaires de l'architecture grecque. Enfin le jour vint où la Grèce conquise leur envoya des architectes dont le talent, désormais sans emploi au milieu de tant de cités ou ruinées ou appauvries, vint chercher fortune dans la nouvelle capitale de la civilisation. Dès ce moment, l'architecture grecque prit pied à Rome et pendant le dernier siècle de la république s'y imposa.

Est-il besoin de dire que cette architecture n'était pas celle des beaux temps? Les écoles asiatiques de l'époque macédonienne en avaient déjà modifié les proportions, abâtardi les ordres, corrompu le style. La décadence était commencée : les Romains la continuèrent. L'architecture grecque se transforma de plus en plus entre leurs mains.

Qu'on voie en effet ce que deviennent les ordres[1]! Le dorique n'a plus rien de commun que le nom avec celui de Pæstum ou du Parthénon. Ce n'est plus qu'un dorique oblitéré, semblable à celui dont les architectes toscans ont conçu le modèle. La colonne, au lieu de porter directement sur le sol, s'élève sur une base circulaire qui repose elle-même sur une plinthe carrée ou sur un piédestal. Le fût est un cylindre droit et raide, sans aucun renflement, et qui s'allonge comme un tuyau de cheminée. Point de cannelures, ou, si par hasard il y en a, elles ne commencent qu'au tiers de la hauteur. Sous le chapiteau, le fût est comme cerclé par un anneau en relief, et le chapiteau, au lieu de s'infléchir doucement comme s'il cédait sous le poids qu'il supporte, dessine une courbe d'un profil dur et sec. Ajoutez que les proportions n'existent plus. Au Parthénon et dans les beaux

1. Pour la description détaillée des ordres grecs, voir Collignon, *Arch. grecque,* p. 43.

temples doriques la hauteur de la colonne est égale à un peu plus de cinq fois son diamètre. A Rome, elle va jusqu'à sept diamètres. Le couronnement qui repose sur la colonne est de beaucoup réduit. Le caractère de l'ordre est tout à fait défiguré.

L'ordre ionique est loin de l'élégance qu'il a dans les

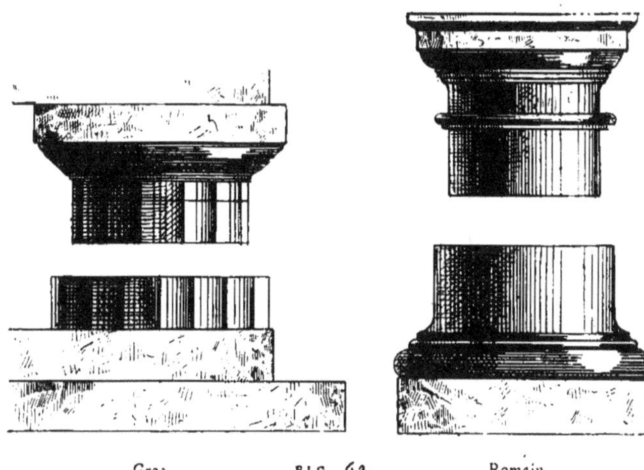

FIG. 62.

COMPARAISON DU DORIQUE GREC ET DU DORIQUE ROMAIN.

monuments de l'Attique. La colonne souvent n'est pas cannelée. Quand elle l'est, les cannelures montent si haut qu'elles gagnent sur le chapiteau et réduisent à une toute petite bande son ornementation. Les volutes ne présentent plus aucune de ces sinuosités qui les faisaient ressembler aux enroulements d'une étoffe moelleuse; elles sont unies par une ligne droite et leurs courbes ont quelque chose de la rigidité métallique.

Si l'architecture romaine a ainsi dénaturé ou achevé de dénaturer les ordres dorique et ionique, en revanche à l'ordre corinthien elle a donné un développement et une magnificence qu'il ne connaissait pas encore. Le chapiteau corinthien classique, tel que nous le montre le monument de Lysicrate à Athènes[1], est gracieux,

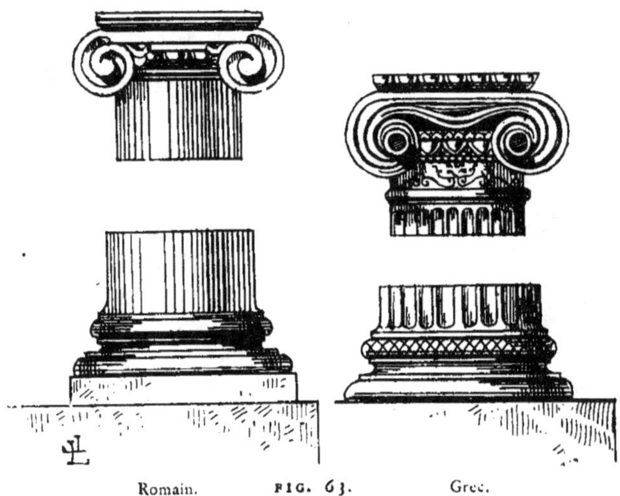

FIG. 63.

COMPARAISON DE L'IONIQUE GREC ET DE L'IONIQUE ROMAIN.

mais un peu grêle et s'il convient bien là où il est, c'est-à-dire sur une colonne délicate et sous un couronnement léger, il n'en sera plus de même si vous augmentez toutes les dimensions. Le corps du chapiteau paraîtra maigre et dégarni. Aussi, quand les Grecs d'Asie

1. Voir Collignon, *Arch. grecque*, p. 95.

Mineure appliquèrent l'ordre corinthien à de grands
édifices, ajoutèrent-ils quelques feuilles d'acanthe. Les
Romains en ajoutèrent encore. Ils firent plus. A l'acanthe
sauvage dont la feuille rigide se dresse en pointes aiguës,
ils substituèrent soit l'acanthe molle, sans épines, aux
bords arrondis et frisés, soit la feuille d'olivier. Les
détails de ce feuillage furent souvent métalliques.

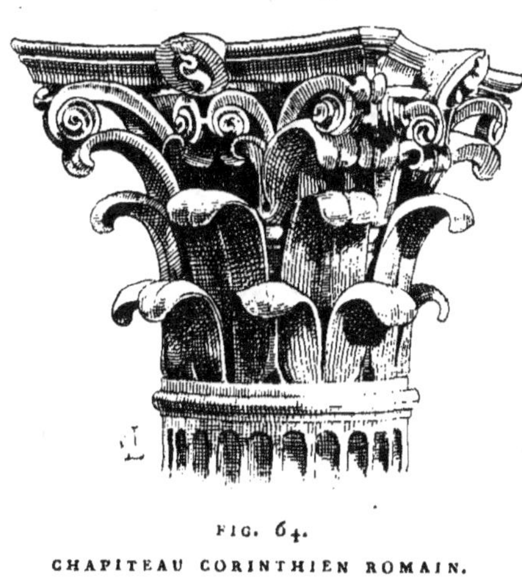

FIG. 64.

CHAPITEAU CORINTHIEN ROMAIN.

(Panthéon.)

Quant au fût, il était ordinairement lisse et formé d'un bloc monolithe de granit ou de marbre précieux d'une autre couleur que le chapiteau et la base, lesquels étaient toujours en marbre blanc. Lorsque par hasard on le cannelait, les cannelures étaient plus nombreuses qu'en Grèce et chacune d'elles
était garnie jusqu'à une certaine hauteur d'une baguette
ou *rudenture* qui en remplissait la cavité et protégeait
la saillie des arêtes. Le couronnement de l'ordre corinthien, à Rome, était chargé de tout ce que la fantaisie
décorative des architectes avait pu inventer, moulures
à forte saillie, reliefs sculptés, refouillés dans leurs
plus petits détails, figures de toute espèce, hommes,

animaux, guirlandes. Nous ne pouvons décrire ici toutes

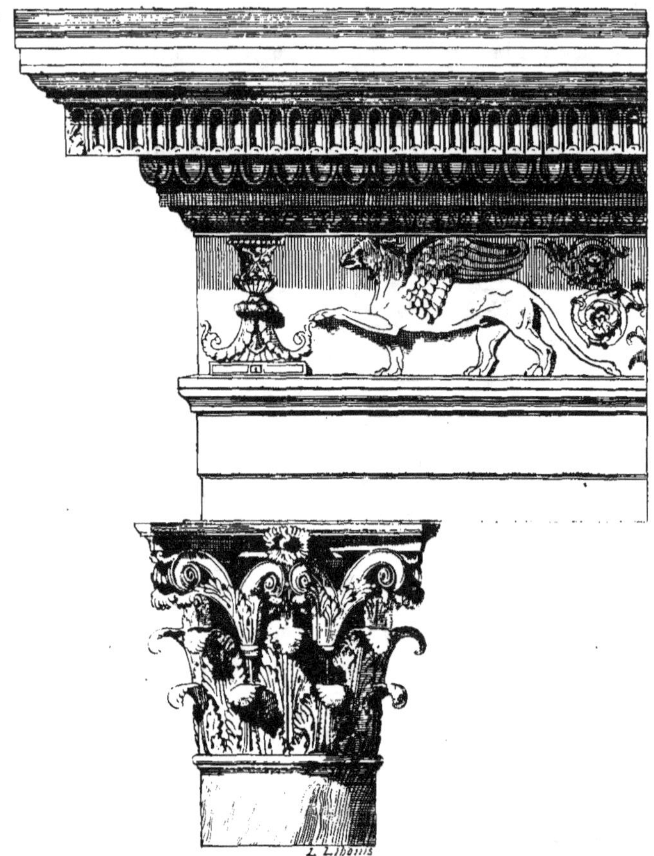

FIG. 65. — CHAPITEAU ET ENTABLEMENT CORINTHIENS.
(Temple d'Antonin et Faustine, à Rome.)

les richesses d'un ordre que les architectes romains ne

cessaient d'embellir et qui se renouvelait tous les jours
A force d'enchérir sur une magnificence déjà excessive,
on en vint à une véritable débauche d'ornementation.

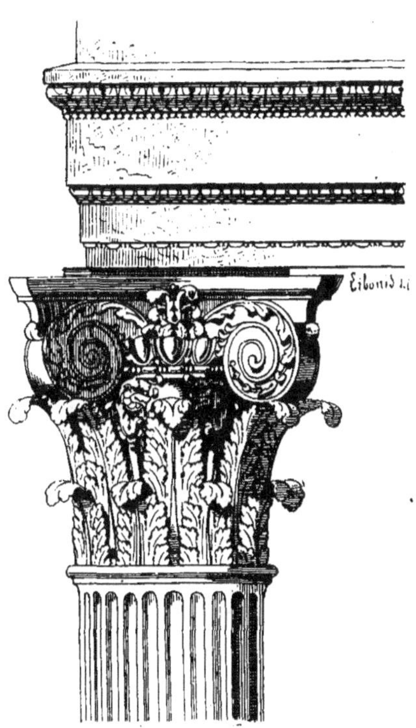

FIG. 66. — CHAPITEAU COMPOSITE.

Le sentiment de la beauté des ordres grecs et des convenances propres à chacun d'eux se pervertit tellement chez les Romains qu'on n'hésita pas à fondre ensemble leurs éléments, par nature incompatibles. On eut l'idée de former un chapiteau nouveau en mettant au-dessus des acanthes du corinthien les volutes et les détails de l'ionique. Le chapiteau *composite* fut le résultat de cette combinaison disparate : le plus ancien exemple s'en trouve sur l'arc de Titus, à Rome. On alla plus loin encore. On chargea les chapiteaux de toutes sortes de figures, d'aigles, de Victoires ailées, de griffons, de dauphins même. Le peu qui restait encore des formes helléniques disparaissait ainsi au milieu des extravagances d'un art de plus en plus déréglé.

La superposition des ordres montre encore quelles libertés les Romains prenaient avec les traditions de l'architecture grecque. Lorsque la nécessité de la construction les amenait à élever de hautes façades, ils les divisaient en plusieurs zones horizontales correspondant chacune à un étage, et chacune de ces zones était pourvue d'une colonnade d'un ordre différent : le dorique était au rez-de-chaussée, puis venait l'ionique au premier étage, puis le corinthien au second ; enfin, si l'on n'avait pas encore atteint le faîte, une rangée de pilastres corinthiens garnissait le troisième.

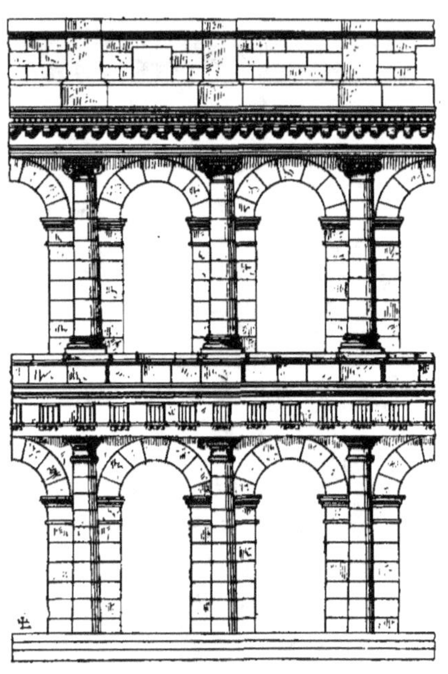

FIG. 67.

SUPERPOSITION DES ORDRES.

(Théâtre de Marcellus.)

Une pareille disposition est la négation même des ordres. Que veut dire en effet le mot ordre, sinon une

certaine échelle de proportions calculée sur le diamètre
de la colonne, échelle qui règle toutes les dimensions
de l'édifice et qui associe à telle forme de chapiteau telle
hauteur de fût et tel intervalle entre les colonnes?
L'échelle doit donc varier du dorique à l'ionique et de
l'ionique au corinthien. Pour une même hauteur, les
colonnes doriques doivent être plus grosses et plus rapprochées que les ioniques et les ioniques que les corinthiennes. Ici, au contraire, toutes les colonnes ont le
même diamètre, la même hauteur, les mêmes intervalles
et pourtant elles présentent les chapiteaux caractéristiques des trois ordres. Les proportions sont les mêmes
pour les trois ordres, c'est-à-dire qu'en réalité il n'y a
plus d'ordre. Ce sont des colonnes quelconques que
l'architecte arrange comme il lui plaît, qu'il surmonte
d'un chapiteau quelconque. Toutes les lois de l'ordonnance hellénique sont méconnues.

§ II. — COMBINAISON DES FORMES ROMAINES ET DES FORMES GRECQUES.

Si les Romains ont ainsi méconnu les principes
essentiels et les fonctions des ordres, s'ils en ont détruit
les proportions, faussé ou travesti les formes, s'ils ont
enfin achevé de briser l'organisme si parfait de l'architecture grecque, faut-il s'étonner que l'idée leur soit
venue d'en détacher les membres inertes pour les acco-
ler, en guise d'ornements, aux constructions massives et
nues de leur architecture nationale? C'est ainsi que la
rotonde du Panthéon à Rome s'ouvre sur un portique de

seize colonnes en granit oriental avec chapiteaux corinthiens en marbre blanc, couronné d'un entablement et d'un fronton. Il était impossible de rien imaginer qui jurât davantage avec la masse de la rotonde que cette décoration rectiligne, d'autant plus déplaisante qu'elle est plus développée? Mais il fallait une façade monumentale : on en fit une sur le modèle des temples grecs et on l'appliqua contre le sanctuaire romain.

Des disparates analogues se voient au théâtre de Marcellus et au Colisée. Là encore, l'association des deux architectures grecque et romaine est franche. La plate-bande se marie à l'arc et la colonne au pilier massif. Le mur d'enceinte du Colisée se compose ainsi de trois étages dont chacun est supporté par des arcades entre lesquelles des colonnes se trouvent engagées.

En réalité, c'est sur les arcades que repose tout le poids de la construction et les colonnes ne sont que des accessoires. Pour s'en convaincre, il suffit de considérer qu'au Colisée, par exemple, de toutes les arcades qui forment la structure du bâtiment, le rang extérieur est le seul qui soit garni de colonnes. L'intention est évidente : on a voulu donner par là à la façade un aspect plus décoratif. La décoration, voilà à quoi l'architecte romain réduit cette ordonnance grecque dont la tradition et la mode ont consacré la beauté et sans laquelle il croit que les yeux ne seraient pas satisfaits. Quand sur des monceaux de matériaux informes il a élevé un palais, une basilique ou des thermes, et que par des arcs et des piliers il a donné à son œuvre une assiette ferme et inébranlable, il songe qu'il faut un cadre à cette masse de pierres plutôt imposante que

belle et devant son mur il dresse des colonnes. Mais ne
faut-il pas corriger un peu l'inutilité flagrante de tous
ces supports sans fardeau? Ne faut-il pas faire oublier
que tout cela n'est qu'un décor appliqué? C'est alors
qu'il imagine de faire courir des plates-bandes au-dessus des arcs et de donner à ces plates-bandes assez de
relief pour que les colonnes aient l'air de porter quelque chose.

Grâce à cet artifice, la colonne a désormais une
raison d'être apparente. L'architecte romain va plus loin
et s'ingénie à la rendre nécessaire. Il veut non seulement qu'elle ait l'air de porter, mais que réellement
elle porte quelque chose sur son chapiteau. C'est là
l'origine des *ressauts*. On appelle ainsi les pierres en
saillie qui se détachent sur la surface unie d'une architrave comme une série de petits bastions sur une cour-
tine. Ces ressauts, dont les dimensions sont souvent considérables, ne tiennent pas tout seuls au mur ; il faut qu'on
les soutienne : voilà le secours de la colonne justifié.
Mais si habilement historié qu'il soit, le ressaut peut
paraître lui-même inutile : on l'utilise en le surmontant
parfois d'un piédestal et d'une statue.

Les architectes romains avaient pour les formes de
l'architecture grecque un goût si vif qu'ils les employaient non seulement à garnir les façades extérieures
de leurs monuments, mais encore à décorer l'intérieur
des appartements. Quand, pour dissimuler l'appareil
plus ou moins grossier de leurs maçonneries de briques,
ils appliquaient contre les murs des revêtements de
marbre ou de stuc, ils cherchaient à varier l'aspect de
ces revêtements d'abord par des combinaisons poly-

chromes, et ensuite par des dessins en relief. Or ces

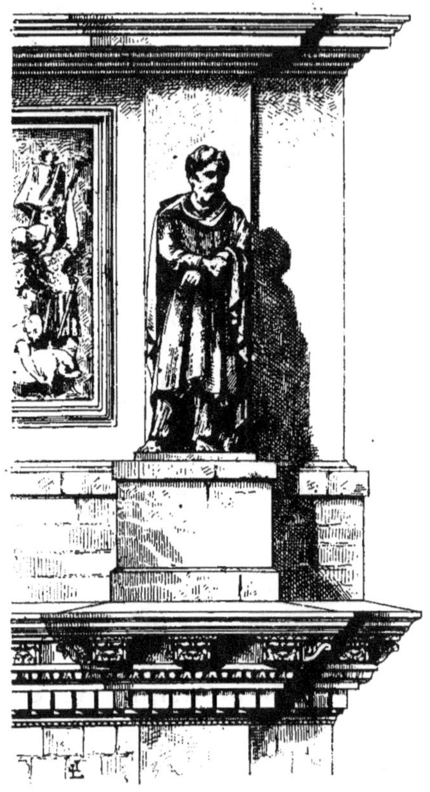

FIG. 68. — RESSAUT AVEC STATUE.

(Arc de Constantin.)

dessins n'étaient pas autre chose que des motifs architectoniques empruntés à l'ordonnance hellénique, des

colonnes, des pilastres, des frises, des corniches, des
frontons. Chaque paroi formait à elle seule comme une
petite façade; sur un soubassement qui montait jusqu'à
hauteur d'appui et faisait un peu saillie se dressaient
les colonnes et les pilastres, dessinant au milieu du panneau comme un cadre où l'on pouvait accrocher soit
un écusson, soit des ornements en métal, soit un tableau; et tout en haut, sur les chapiteaux, reposait tantôt un fronton, tantôt une simple frise surmontée d'une
corniche qui courait à la lisière du plafond. Ces reliefs
produisaient d'autant plus d'effet qu'ils étaient multicolores : le soubassement était d'une autre nuance que
la corniche et les colonnes en marbre ou en stuc blanc,
gris ou jaune se détachaient sur un fond véritable ou
simulé de vert antique et de porphyre rouge.

CHAPITRE VIII

Il ne s'agit pas d'énumérer ici et de décrire en détail
une longue série de monuments. Quelques exemples
choisis suffiront à faire comprendre ce qu'il y a de grand
et d'original dans l'architecture romaine. Nous commen-
cerons par les monuments dont le type est emprunté à
la Grèce et que les Romains se sont contentés de reproduire en les modifiant un peu pour les adapter aux
besoins de leur civilisation — les temples et les théâtres.

§ I. — TEMPLES ET THÉÂTRES.

Temples. — Les plus anciens temples de Rome
étaient bâtis sur le plan des temples étrusques, c'est-à-
dire qu'ils se composaient de plusieurs cellas contiguës
s'ouvrant toutes du même côté sur un large portique.
Tel était le temple de Jupiter au Capitole (fig. 69).
Quand Rome se fut hellénisée, les architectes prirent
les modèles de leurs temples, non plus en Étrurie,

mais en Grèce. L'aspect des sanctuaires romains fut alors
à peu près celui des sanctuaires helléniques, abstraction faite, bien entendu, des sanctuaires de Vesta, qui
par tradition devaient être
ronds.

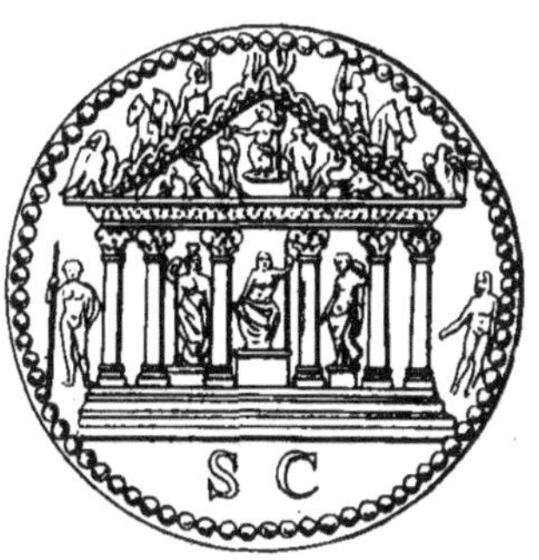

FIG. 69. — LE TEMPLE
DE JUPITER CAPITOLIN.

(Sur une monnaie impériale.)

Comme l'architecture
que la Grèce offrait à l'imitation des Romains était
non pas seulement celle
d'un siècle, mais celle de
plusieurs siècles, il en ré-
sulta que leurs temples
présentèrent des caractères
bien différents. Les uns
furent d'un style sobre,
simple, et, par leurs proportions harmonieuses,
rappelèrent l'art élégant des beaux temps : tel fut, à
Nîmes, le temple élevé par les fils adoptifs d'Auguste dans la première année de notre ère, et connu
aujourd'hui sous le nom de *Maison carrée*. Les autres
furent de ce style riche et chargé d'ornements qui était
celui de l'époque macédonienne. Le goût romain s'accommodait moins d'un art discret que d'un art opulent
et surtout colossal. La plupart des temples dont les
ruines se voient au Forum romain ou dans les provinces
sont énormes, si on les compare à ceux d'Olympie ou de
l'Acropole d'Athènes. Quelques-uns même, comme
ceux de Balbek en Syrie, ont des dimensions gigantesques.

La polychromie des temples romains était d'une

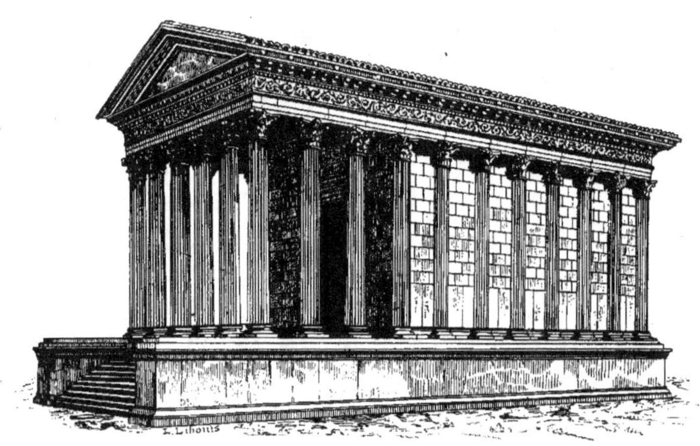

FIG. 70. — LA MAISON CARRÉE A NIMES.

autre nature que celle des temples grecs. Tandis qu'en Grèce les tons étaient appliqués sur le marbre ou sur un stuc blanc, chez les Romains la variété des couleurs était obtenue au moyen de marbres multicolores, employés soit en blocs d'une seule pièce, soit en placages. Marbres blancs, verts, roses, gris, albâtres, jaspes, granits d'Orient gris et roses, basaltes noires, porphyres rouges, marbres de Numidie à fond jaune veiné de rouge, serpentins verts tachetés de noir, cipollins gris et verdâtres, toutes ces riches matières étaient prodiguées avec un luxe qu'on retrouve dans les monuments de la Renaissance italienne, à la Chartreuse de Pavie, par exemple, ainsi qu'à Saint-Pierre de Rome et à la basilique de Saint-Paul-hors-les-murs. Parois, pavements, colonnes, chapiteaux, frises, frontons présentaient ainsi les nuances les plus diverses auxquelles s'ajoutaient les sombres reflets du bronze et les scintillements de mille ornements dorés. Et la polychromie était d'autant plus brillante que toutes ces belles pierres étaient polies et reluisantes et gardaient leur éclat sous un ciel qui ne les rongeait pas.

Théâtres. — Le plan des théâtres romains comportait, comme celui des théâtres grecs, un demi-cercle de gradins, un orchestre et une scène. Mais la disposition relative de ces différentes parties n'était pas la même qu'en Grèce. Chez les Grecs, où les représentations dramatiques étaient des cérémonies religieuses, la partie importante de l'édifice était l'orchestre : c'est là qu'était l'autel de Bacchus, autour duquel devait évoluer en chantant et en dansant, suivant les rites, un chœur d'au moins quinze personnes. La scène était étroite, par la raison qu'elle n'avait à recevoir qu'un nombre très restreint d'acteurs à la fois et qu'elle n'était pas autre chose qu'une estrade pour parler (λογεῖον). Enfin, les théâtres étant établis au flanc des collines, il fallait, entre la scène et les gradins, ménager des couloirs pour l'entrée du public et aussi pour l'entrée des chœurs, lesquels ne devaient pas traverser la scène.

A Rome, où l'art dramatique n'était plus qu'un divertissement sans portée religieuse, le plan n'était pas le même. Il n'y avait plus d'autel pour Bacchus, ni d'espace ménagé autour de l'autel pour l'exécution de l'hymne chanté et dansé. Ce qu'on appelait l'orchestre n'était plus qu'une enceinte réservée, chose indispensable dans une société aristocratique. On y installait une ou plusieurs rangées de sièges en demi-cercle pour les sénateurs et les personnages de distinction, et si l'on en laissait une partie vide, c'était parce qu'il fallait être à une certaine distance de la scène pour voir tout ce qui s'y passait.

La scène, de son côté, empiétait aussi sur l'orchestre. Comme c'était sur la scène que se donnaient tous les spectacles, que jouaient tous les acteurs et que défilaient ces processions bizarres de cavaliers, de chars, de panthères, de chameaux et d'éléphants qui faisaient la joie du peuple et la désolation d'Horace, il fallait que l'estrade offrît une surface étendue. Cette estrade était d'autant plus large qu'on avait supprimé les couloirs latéraux entre les gradins et la scène. Les architectes romains établissant leurs gradins non plus aux flancs des collines, mais sur des substructions voûtées, ces substructions fournissaient sous leurs arcades une mul-

titude d'issues vers l'extérieur, et les couloirs étaient
superflus.

Le détail de ces dispositions nous est donné par

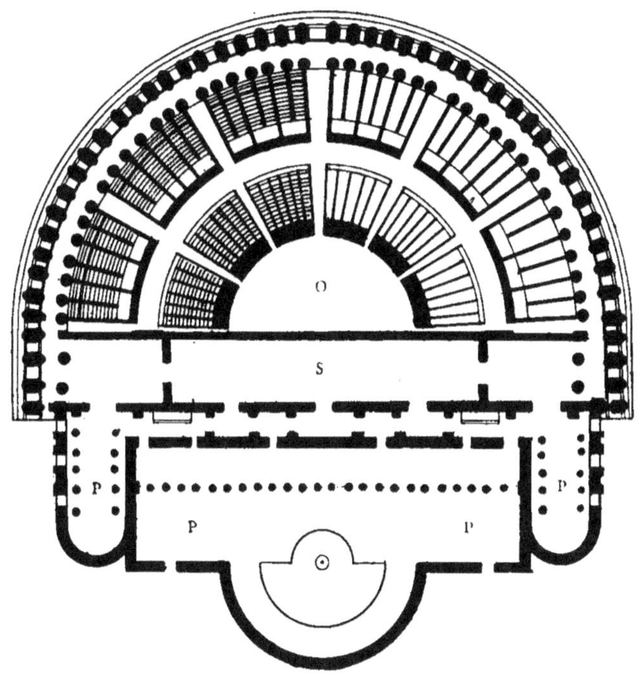

FIG. 71. — PLAN DU THÉATRE DE MARCELLUS.

O. Orchestre. | S. Scène. | PP. Portiques.

Vitruve. Pour construire un théâtre, on traçait un cercle qui marquait, d'une part, la ligne des premiers gradins,
et, d'autre part, la limite extérieure de la scène. Ce cercle
était divisé en deux moitiés, dont l'une était vide et

l'autre formait la scène. Celle-ci était un peu réduite par les accessoires et la décoration architecturale qui garnissait le mur du fond et lui donnait l'apparence d'une façade monumentale avec bas-reliefs, niches à statues, pilastres, frises et colonnades. Mais il restait encore beaucoup de place pour le jeu des acteurs et le défilé des figurants.

Pendant longtemps, les Romains n'eurent que des théâtres en bois : le plus célèbre fut celui de l'édile Scaurus, avec une scène à trois étages soutenus par 360 colonnes et ornés de 3,000 statues de bronze entre les colonnes ; les gradins pouvaient contenir 80,000 spectateurs. Ce fut Pompée qui bâtit le premier théâtre en pierre à Rome. Après lui, Auguste en bâtit un, auquel il donna le nom de Marcellus. L'un et l'autre ont laissé quelques ruines. Dès restes de théâtre se voient partout où a pénétré la civilisation romaine. Parmi ceux qui sont le mieux conservés, surtout en ce qui concerne la disposition et la décoration du mur de la scène, on peut citer le théâtre d'Orange[1].

§ II. — AQUEDUCS[2] ET THERMES.

Nous arrivons maintenant aux monuments qui appartiennent en propre à l'architecture romaine, soit qu'elle en ait créé la forme, soit qu'elle en ait perfectionné le plan et fixé le type à jamais.

1. Caristie : *Monuments antiques d'Orange*. Paris, 1856.
2. Belgrand : *les Aqueducs romains*. Paris, 1875. — Saglio : *Dictionnaire des antiquités*, Aquæductus.

Pour commencer par les ouvrages d'utilité publique,
il faut citer les aqueducs, dont plusieurs sont antérieurs
à l'empire, et qui, avec le Panthéon, peuvent être
considérés comme les plus anciens exemples de l'architecture vraiment nationale des Romains. Ces constructions se retrouvent
partout où les Romains ont séjourné,
en France, en Grèce, en Asie, en Afrique, en Espagne. Leur premier souci,
partout où ils s'établissaient, était de
se procurer une eau qui fût non pas
seulement potable, mais choisie et
excellente. Pour alimenter Rome, ils
captaient les plus abondantes sources
des montagnes de la Sabine et allaient
jusqu'à détourner des rivières. Ils en
amenaient les eaux dans d'immenses
réservoirs, d'où ils les conduisaient
jusqu'à la ville par un chenal artificiel.
Ce chenal, formé de pierres de taille,
de moellons ou de briques, était couvert par des dalles, ou voûté et revêtu
à l'intérieur d'une couche de ciment
imperméable. Il était disposé sur une
pente douce et régulière. S'il rencontrait des collines, il les traversait dans
une galerie souterraine, et, s'il avait à franchir des
vallées, il s'élevait sur des arcades qu'on faisait plus ou
moins hautes, suivant les inégalités du terrain, et qu'au
besoin on pouvait superposer. On a calculé qu'aux
environs de Rome on avait ainsi bâti dans l'antiquité

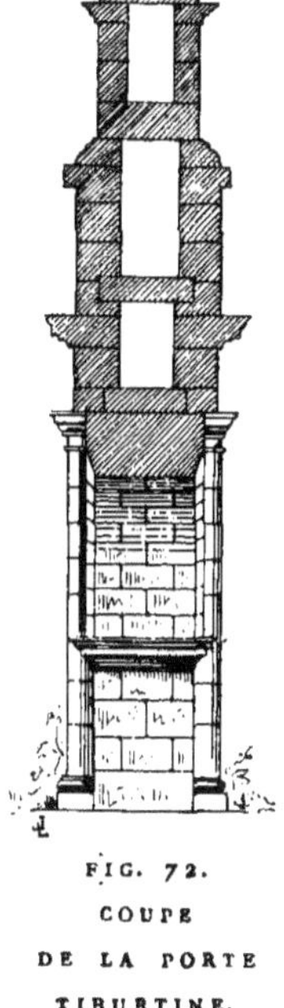

FIG. 72.

COUPE

DE LA PORTE

TIBURTINE.

(Rome.)

plus de 3o kilomètres d'arcades. Quelquefois, un même système d'arcades portait trois canaux différents, placés l'un au-dessus de l'autre et séparés par des cloisons de maçonnerie : on en peut voir la disposition sur la figure ci-contre, qui montre la coupe de la porte Tiburtine, à Rome.

Sous l'empire, à l'époque de Trajan, les aqueducs de Rome étaient au nombre de neuf. Quelques-uns d'entre eux, tels que l'*Aqua Marcia*, construit par le préteur Q. Marcius Rex, en 145 avant J.-C., et l'*Aqua Virgo*, construit par Agrippa, ont été réparés dans les temps modernes et servent encore aujourd'hui. Ils suffisent à faire de Rome une des villes du monde les mieux approvisionnées d'eau, et cependant leur débit est à peine le dixième de ce que fournissait l'ensemble des aqueducs anciens. Le plus magnifique et le plus hardi des aqueducs est celui que les Romains firent pour la ville de Nîmes et que l'on connaît sous le nom du *Pont du Gard*. Le chenal, assez grand pour qu'un homme puisse y cheminer, est jeté sur un vallon large de 272 mètres et domine de 49 mètres le niveau du Gard. Il est porté sur trois étages, qui se composent chacun d'un nombre d'arcades inégal : le premier en a six, le second onze, et le troisième trente-sept. Cette variété, outre qu'elle assure la solidité, est pour la perspective du plus heureux effet. Le Pont du Gard sert encore de modèle pour les travaux de ce genre.

La plus grande partie des eaux que les Romains amenaient de si loin était destinée à l'approvisionnement des bains publics, très nombreux à Rome dès le temps de la République, et assez considérables pour qu'un seul d'entre eux, celui d'Agrippa, eût nécessité l'établissement d'un aqueduc spécial, l'*Aqua Virgo*. Leur importance s'accrut encore sous l'empire quand les Romains, désintéressés du gouvernement et riches de loisirs, eurent fait d'une vulgaire mesure d'hygiéne un plaisir nécessaire et journalier. Les thermes devinrent alors des centres de réunion, et telle y fut l'affluence que les voleurs s'y donnèrent rendez-vous. Construire des thermes fut un moyen de popularité, et l'on vit les plus grands personnages de Rome, les empereurs même, attacher leurs noms à de vastes et coûteux édifices, où le peuple pût venir tous les jours et gratuitement rafraîchir son indolence.

Si variés que fussent le plan et l'aspect de tant de bains publics, on y retrouvait toujours à peu près les mêmes dispositions essentielles : 1° le bain tiède *(cella tepidaria)*; 2° le bain chaud *(cella caldaria)* ; 3° le bain froid *(cella frigidaria)*; 4° la salle des frictions et du massage *(unctorium)*; 5° le *laconicum* ou bain de vapeur. Tout alentour se groupaient d'autres salles, plus ou moins nombreuses suivant l'étendue et la magnificence des thermes : des antichambres pour les esclaves et la suite des baigneurs ; des salons d'attente, des vestiaires dont les murs étaient garnis de clous pour accrocher les vêtements ; des restaurants et des boutiques ; des salons de lecture, des bibliothèques, des promenoirs ; en un mot, tous les agréments propres à attirer et à retenir la foule. Le plus souvent, l'ensemble était complété par un gymnase grec, comprenant des portiques et des jardins, des *exèdres* pour s'asseoir, des stades pour courir, des palestres pour s'exercer à la lutte, des *sphéristères* pour

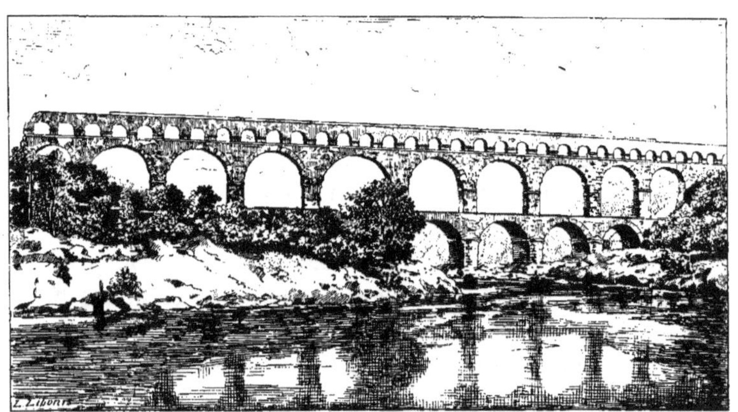

FIG. 73. — LE PONT DU GARD.

les jeux de balle, des chambres pour se frictionner d'huile *(elaiothesia)*, enfin des piscines d'eau froide pour la natation.

A Pompéi, quelques ruines assez bien conservées laissent entrevoir plusieurs de ces aménagements. Mais ce n'est que par un effort d'imagination que nous pouvons nous représenter des thermes aussi fameux que ceux de Titus, de Caracalla ou de Dioclétien, à Rome. Les thermes de Caracalla, dont les débris énormes excitent encore l'admiration, couvraient un carré de 341 mètres de côté. Les salles étaient immenses et décorées des plus beaux marbres : on a trouvé dans les décombres plusieurs centaines de statues.

Si toute cette magnificence nous échappe, ce qui subsiste encore de ces thermes célèbres suffit à nous faire comprendre la structure de tous ces bâtiments, dont les nombreuses salles étaient comme enveloppées par un réseau compliqué de tuyaux et de conduites. Le sol, le plafond, les murs, tout était creux et livrait passage à l'eau qui, tantôt réduite en vapeur, tantôt chaude ou tiède, tantôt glacée, venait échauffer ou refroidir les parois des différentes chambres, et qui, après mille détours, sortait de ce labyrinthe pour s'échapper en jets puissants dans des vasques de marbre ou de porphyre, se distribuer dans des bassins et se perdre dans des piscines.

§ III. — BASILIQUES.

Le mot *basilique* a une origine grecque ; mais le bâtiment auquel on l'applique est proprement romain.

Les Romains lui ont donné sa forme définitive. C'est à eux que les premiers chrétiens en ont emprunté le modèle, lorsque pour leurs églises, où il fallait se réunir en grand nombre, ils ont cherché un type de monument que le culte païen n'eût pas profané.

On sait qu'à Rome la vie publique était concentrée sur une place d'une étendue peu considérable, située entre le Palatin et le Capitole, et qui s'appelait le *Forum*. Là s'élevaient la Curie ou palais du Sénat et les rostres ou tribune aux harangues; là se traitaient toutes les affaires du gouvernement, se faisaient les élections, se rendait la justice. Un endroit comme celui-là, où les intérêts et les devoirs de la politique amenaient les citoyens tous les jours, où se rencontraient régulièrement les gens de la ville et de la campagne, ne pouvait manquer d'être un marché en même temps qu'un lieu d'assemblée[1]. De là les nombreuses boutiques dont le Forum était entouré et parmi lesquelles les changeurs et les usuriers tenaient la plus grande place; de là aussi cette multitude de marchands ambulants, de charlatans et de bateleurs, qu'en tous pays on est sûr de trouver sur le chemin de la foule. Enfin, au milieu de ces affairés de toute espèce se promenaient les oisifs, naturellement attirés par tant de bruit, de mouvement et de distractions. Tout ce monde parlait, jugeait, votait, vendait, circulait en plein air : aucun abri ne s'offrait contre le soleil ou la pluie. L'idée vint un jour, mais assez tard, de suppléer à ce défaut. Vers la fin du

---

1. Voir la description si vive et si intéressante qu'a donnée du Forum M. Boissier dans ses *Promenades archéologiques,* p. 1-46.

vi^e siècle de Rome (185 av. J.-C.) le vieux Caton, piqué du désir de se rendre populaire, acheta une partie des boutiques et des maisons qui bordaient le Forum entre la prison du Capitole et la Curie, et sur cet emplacement fit construire un bâtiment ouvert à tous; ce fut la première basilique, qui s'appela *Porcia* en souvenir de son fondateur. L'idée plut et l'exemple de Caton fut suivi. D'autres basiliques s'élevèrent, et bientôt toute la vie de la politique et des affaires se trouva transportée dans leur enceinte : banquiers, marchands, plaideurs, avocats, juges, promeneurs, tout le monde s'y donna rendez-vous. Une basilique fut à la fois un tribunal, une salle des pas perdus, une bourse, un lieu de conversation et de flânerie.

Le plan d'une basilique était simple. Figurez-vous un grand espace rectangulaire, clos de murs et dans lequel une seule porte donne accès, quelque chose d'analogue à un jeu de paume. La salle, éclairée par de nombreuses fenêtres, est divisée, dans le sens de la longueur, en trois nefs par deux rangs parallèles de colonnes ou de piliers. A l'extrémité de la nef centrale, qui est de beaucoup plus large que les deux autres, le mur du fond est arrondi et forme un hémicycle en abside où siège le tribunal. Ce plan est à peu de chose près celui qu'ont reproduit les chrétiens.

La basilique *Julia* (commencée par Jules César et terminée par Auguste) était d'un caractère un peu différent, comme le montrent les ruines qui en subsistent encore. Elle n'était pas enfermée entre quatre murs : la terrasse pavée de marbre sur laquelle elle s'étendait et qu'on voit encore presque intacte n'était séparée des

rues environnantes que par quelques marches. On
montait les degrés et l'on pénétrait immédiatement dans
l'édifice par l'une des arcades ouvertes sur tout le
pourtour. Au centre était une vaste salle rectangulaire
où les anciens nous apprennent que quatre tribunaux
pouvaient siéger simultanément. Un portique voûté à
deux nefs en faisait le tour et ce portique soutenait un

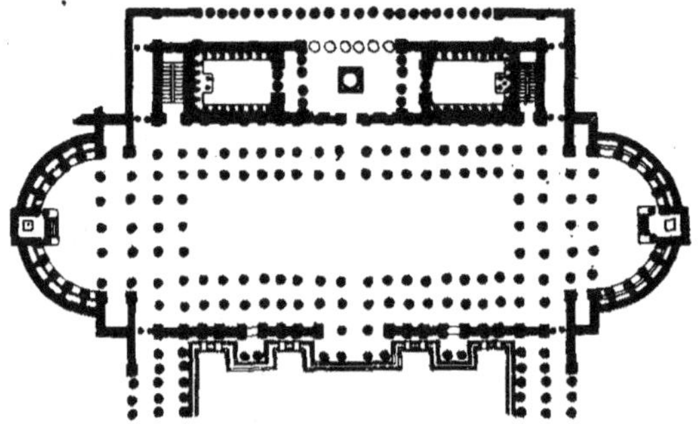

FIG. 74. — PLAN DE LA BASILIQUE ULPIA.

étage de tribunes d'où, comme à la Bourse de Paris, les
regards pouvaient plonger dans la salle et où parfois il
y eut affluence pour écouter certains avocats fameux.

On voit encore, à Rome, les ruines de deux autres
basiliques, l'une de Trajan et l'autre de Constantin. La
mieux conservée est celle de Trajan, celle que l'on
appelait la basilique *Ulpia*. Elle se composait d'une
grande salle rectangulaire tout autour de laquelle
régnait un portique à deux nefs. Un passage ouvert sur
l'une des façades latérales donnait accès à une place où

s'élevait la colonne que nous appelons la colonne *Tra-jane.* A droite et à gauche de cette place, deux bâti-ments précédés d'un portique et tous deux contigus à la basilique contenaient chacun une bibliothèque.

§ IV. — CIRQUES[1] ET AMPHITHÉÂTRES.

Comme toutes les populations méridionales, les Romains étaient passionnés pour les fêtes et les spectacles. A peine leur ville était-elle fondée, que déjà ils y importaient de l'Étrurie les jeux, les luttes, les courses de chevaux et de chars, et aménageaient à cet effet la longue vallée qui s'étend entre le Palatin et l'Aventin : ce fut le *Circus Maximus.* L'installation en demeura longtemps très élémentaire, les spectateurs étant assis au hasard sur les pentes des deux collines. Mais à l'époque de César une enceinte fut construite, qui pouvait contenir plus de 150,000 personnes et qui à l'extérieur présentait plusieurs étages d'arcades et de colonnes engagées dans les piliers; il y eut des gradins en marbre, dont le premier rang dominait le niveau de l'arène et en était séparé par un mur (*podium*), destiné à protéger le public contre les chevaux. Par surcroît de précaution et à la suite d'accidents causés par les éléphants, César fit courir le long du podium un fossé plein d'eau, large de trois mètres et profond d'autant, qu'on appela l'*euripe* et que plus tard Néron supprima

1. Saglio : *Dictionn. des antiq.*, Amphitheatrum, Circus.

pour augmenter le nombre des places réservées. Sous
l'empire, Rome compta une douzaine de cirques et dans
les provinces la plupart des grandes villes eurent le
leur, qu'elle construisirent sur le modèle désormais
consacré. Aucun n'a laissé de ruines importantes.

Le plan d'un cirque avait la forme d'un parallélo-
gramme très allongé et arrondi en hémicycle à l'une de
ses extrémités. L'autre extrémité était fermée par ce
qu'on appelait *les barrières* (*carceres*) : c'étaient les
stalles où les chars attendaient le signal du départ ; le

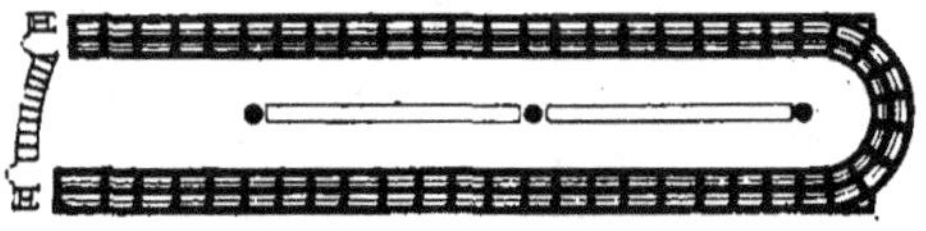

FIG. 75. — PLAN D'UN CIRQUE.

bâtiment où elles étaient ménagées et au-dessus duquel
on disposait le plus souvent les tribunes d'honneur
ainsi que les balcons des musiciens, était construit sur
un plan légèrement concave et orienté de biais de telle
sorte que tous les concurrents eussent la même distance
à parcourir depuis leur stalle jusqu'au point où la
course commençait. Le sol de l'arène était divisé en
deux pistes parallèles par une barrière en charpente ou
en maçonnerie (*spina*), élevée à hauteur d'appui suivant
l'axe longitudinal du cirque et limitée à chacun de ses
bouts par trois bornes, *metæ*. Les chars devaient en
faire le tour plusieurs fois. La *spina* était décorée d'un
obélisque, qui en marquait le milieu, et d'une foule

de statues et de colonnes. Elle recevait en outre certains échafaudages sur lesquels des signaux en forme d'œufs (*ova curriculorum*), alternativement élevés ou abaissés, indiquaient aux spectateurs le nombre des tours courus. La *spina*, avec tous ces accessoires, est souvent figurée sur les bas-reliefs et les mosaïques (fig. 76).

L'*amphithéátre* différait du cirque par la nature des spectacles qu'on y donnait. Il était primitivement destiné à des combats de gladiateurs. Plus tard, sous l'empire, on y représenta des chasses d'animaux féroces et même des combats navals ou *naumachies*. La coutume de mettre des captifs aux prises dans un duel désespéré avait été apportée d'Étrurie à Rome vers le iiie siècle avant notre ère et restreinte d'abord à certaines cérémonies funéraires. Mais le peuple n'avait pas tardé à se prendre d'un goût très vif pour ces luttes meurtrières. A la fin de la république, il était tellement avide de ces dramatiques émotions que lui en offrir le plaisir était, pour les ambitieux, un excellent moyen de popularité. Longtemps ces jeux n'eurent pas d'emplacement déterminé et se firent partout où le terrain s'y prêtait, sur le marché aux bœufs, sur le Forum, au Champ de Mars : on se contentait d'une enceinte improvisée avec quelques rangs de gradins en bois. Trente ans avant J.-C., un premier amphithéâtre de pierre fut construit par Statilius Taurus. Sous l'empire, quand toutes ces sanglantes fantaisies, de plus en plus populaires, furent devenues une véritable institution d'État, de nombreux amphithéâtres s'élevèrent, tant dans les provinces qu'à Rome. Il en subsiste encore une centaine environ. Les moins ruinés sont ceux de Pompéi, de Pouzzoles, de

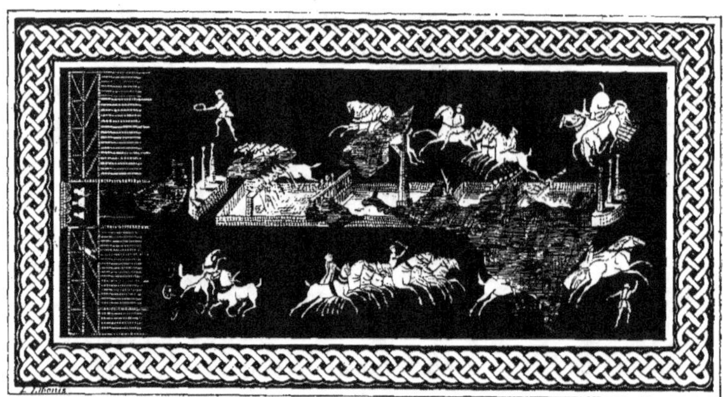

FIG. 76. — COURSES DANS LE CIRQUE.

(Mosaïque du musée de Lyon.)

Capoue, de Vérone, d'Arles, de Nîmes, enfin le plus
grand de tous, le Colisée de Rome. C'est ce dernier que
nous choisirons comme type de cette classe de monuments.

L'amphithéâtre flavien ou Colisée, commencé par
Vespasien et terminé par son fils Titus en l'an 80 de
notre ère, est le chef-d'œuvre de l'architecture romaine.
C'est une immense construction de forme elliptique
qui mesure 546 mètres de circonférence. Sa hauteur est
de 49 mètres, sa plus grande longueur de 188 et sa plus
petite de 156. Tout autour de l'arène, qui est longue de
76 mètres et large de 46, s'élève un mur de 6 mètres,
le *podium,* à partir duquel s'échelonnent, sur une profondeur moyenne de 50 mètres, plusieurs lignes de
gradins, environ 87,000 places, sans compter les vingt
mille personnes qui debout pouvaient encore assister
au spectacle. Cet espace destiné au public se divise,
suivant des courbes parallèles à l'ellipse de l'arène, en
plusieurs étages *(mœniana* ou *caveœ),* séparés les uns
des autres par un couloir et un petit mur *(prœcinc-*
tiones) et contenant chacun plusieurs rangs de sièges
(gradationes). L'étage inférieur, le plus proche du
podium, s'appelait *infima cavea* et était réservé à la maison impériale ainsi qu'aux personnages de distinction; sur les autres se groupaient, selon leur rang,
les diverses classes de la société romaine. Le dernier
étage *(suprema cavea),* adossé au mur d'enceinte et
décoré d'un portique corinthien, n'avait que des bancs
de bois.

Les diverses zones concentriques, qui forment les
étages, sont coupées de distance en distance par un

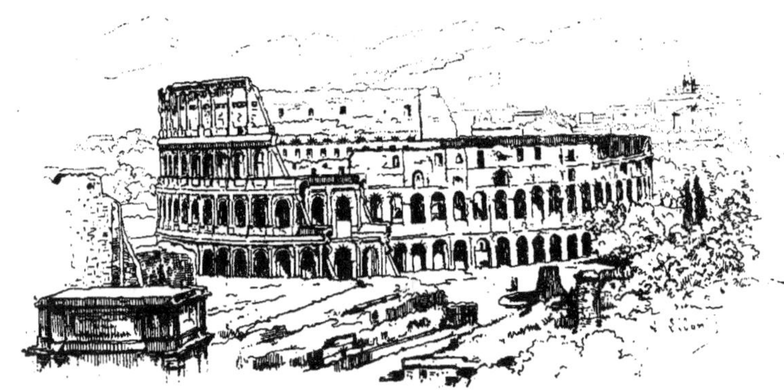

FIG. 77. — RUINES DU COLISÉE.

passage de dégagement, où venaient déboucher les spectateurs lorsqu'ils avaient passé les portes appelées *vomitoria* et se dirigeaient vers leurs places. Ces passages convergent tous vers le *podium* : aussi la masse des gradins, vue de l'arène, présente-t-elle une série de tranches qui vont en s'élargissant et ressemblent à des coins ; de là le mot de *cunei* pour désigner les degrés d'un amphithéâtre.

Sous les gradins courent, parallèlement à l'arène, plusieurs galeries voûtées, qui, au moyen d'un grand nombre d'escaliers aboutissant à des *vomitoires,* établissent une communication facile entre les *caveæ* et l'extérieur et sous lesquels le public peut trouver un abri.

L'enceinte extérieure se compose de quatre étages en façade; les trois étages inférieurs sont percés chacun de 80 arcades en plein cintre, entre lesquelles sont engagées des colonnes, doriques au rez-de-chaussée, ioniques au premier et corinthiennes au second; toutes ces baies sont ouvertes; au premier et au second elles semblent avoir été garnies de statues. Le dernier étage est formé de pilastres corinthiens entre lesquels sont pratiquées quarante fenêtres carrées. Entre ces fenêtres et la corniche règne un rang serré de consoles destinées à soutenir les mâts auxquels s'attachaient les câbles du *velarium,* immense tente, faite avec 240 voiles, qui protégeait la foule contre le soleil.

Une aussi prodigieuse construction n'était possible qu'avec un système architectural comme celui des Romains. Le monument à demi ruiné découvre par endroits les massifs de maçonnerie qui en forment comme l'ossature, et l'on voit ainsi avec quelle habileté et quel sens pratique l'ensemble est composé. De solides murs de refend se dressent tout autour de l'arène comme autant de rayons qui convergent vers les centres de l'ellipse. Leurs crêtes s'élevant en pente depuis le *podium* jusqu'à l'enceinte extérieure, il suffit de les relier par des voûtes pour avoir une rampe continue sur laquelle s'établiront les gradins. Grâce à l'emploi constant des voûtes et des arcades, la solidité est assurée sans que la circulation soit le moins du monde entravée : les galeries sont largement ouvertes et de tous les côtés. Tout est si bien combiné qu'aucune place n'est perdue. Il n'y a pas jusqu'aux parties souterraines qui ne soient utilisées : des fouilles y ont fait reconnaître des fosses pour les bêtes, des aqueducs pour amener sans doute l'eau des naumachies, enfin une multitude de couloirs plus ou moins réguliers, dont la destination reste encore incertaine.

On conçoit malaisément quelle masse de pierres il fallut mettre en œuvre pour achever ce colossal édifice. Que l'on songe que pendant tout le moyen âge le Colisée a été exploité comme une carrière; qu'au plus fort des guerres civiles les factions ennemies s'entendaient par un accord exprès pour s'assurer à toutes le droit d'y puiser des matériaux; que les plus grands palais de Rome, ceux des Farnèse, des Barberini et bien d'autres furent élevés avec les blocs de travertin arrachés à ses ruines et qu'en dépit de tant de dévastations il subsiste toujours, mutilé sans doute, mais encore imposant.

§ V. — MONUMENTS TRIOMPHAUX[1].

Lorsqu'un cortège triomphal fait son entrée dans une ville, en tous pays l'enthousiasme populaire se plaît à dresser sur son chemin des berceaux de feuillage avec guirlandes et banderoles. A Rome, où l'exubérance méridionale donne tant d'éclat aux fêtes, on peut se figurer quel devait être l'aspect de la voie Sacrée, lorsqu'un général, vainqueur d'un ennemi fameux, y défilait pour se rendre au Capitole avec son armée, ses prisonniers et ses chariots de butin. Pendant longtemps pour ces solennités on se contenta de décorations improvisées et passagères. Mais vers le 11e siècle avant J.-C. on songea à élever des trophées moins éphémères : ce fut l'origine de toute une série de constructions dont l'antiquité n'offrait encore aucun exemple, et qu'on vit à partir d'Auguste se multiplier dans l'empire, les *arcs de triomphe*. Les modernes ont tant fait d'arcs de triomphe sur le modèle de ceux des Romains qu'une description détaillée de ce genre de monuments est inutile. Une haute arcade, à l'origine unique, et plus tard flanquée à droite et à gauche d'arceaux plus petits ; des piliers massifs garnis de colonnes qui soutiennent une corniche en saillie et dessinent comme un cadre autour de la baie ouverte ; au-dessus de la corniche un *attique*, c'est-à-dire un étage assez bas qui sert de couronnement à la construction ; enfin sur la plate-forme,

1. Froehner : *la Colonne Trajane.* Paris, 1872. — Saglio : *Diction. des antiq.* Arcus.

un char à quatre chevaux en marbre ou en bronze doré,
image de la pompe triomphale; tels sont les éléments
de l'arc de triomphe, lequel n'est, à proprement parler, qu'une porte monumentale. Cette
porte, chaque siècle la conçoit et l'orne
suivant la pureté de son goût. Sous
les Césars, le style est encore simple
et se remarque par l'élégance des proportions, la fermeté des profils, la
sobriété de l'ornementation. Tel est,
par exemple, le caractère de l'arc d'Auguste à Rimini. L'arc de Titus à Rome,
construit à l'entrée du Forum, après

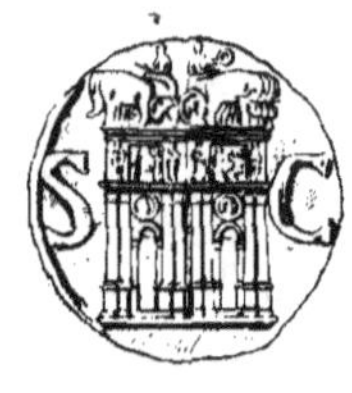

FIG. 78.

ARC DE TRIOMPHE.

(Sur une monnaie
impériale.)

la prise de Jérusalem, est déjà plus paré : la clef de voûte
s'enroule en une console finement sculptée qui porte
une Victoire armée; d'autres Victoires, les ailes dé-
ployées, remplissent les tympans au-dessus de l'arcade,

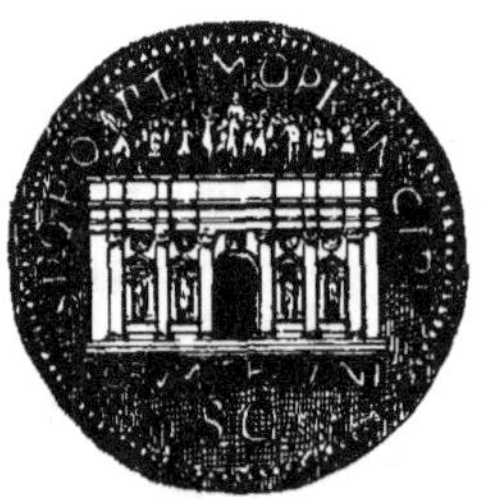

FIG. 79.

ARC DE TRAJAN.

(Sur une monnaie de ce prince.)

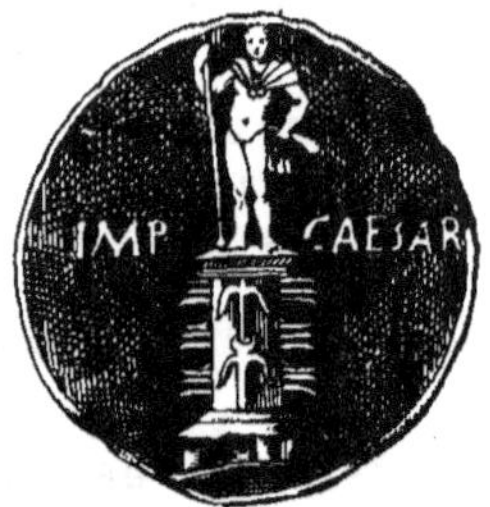

FIG. 80. — COLONNE ROSTRALE

DE DUILIUS.

(Sur une monnaie impériale.)

et des bas-reliefs, dont les scènes sont empruntées au
triomphe de Titus, décorent à droite et à gauche les

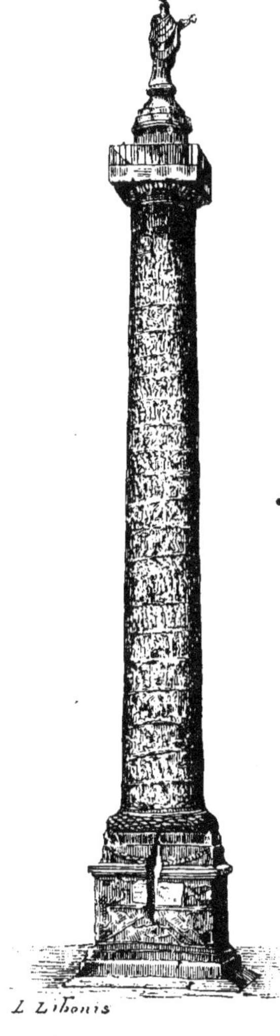

FIG. 81. — COLONNE TRAJANE.

faces intérieures des piliers. Mais dans toute cette richesse il n'y a aucune surabondance et rien ne gâte les belles lignes du monument. Au contraire, à l'époque de Septime Sévère et de Constantin, tout est sacrifié à la multiplicité des détails. Les piliers semblent trop nus : on les charge de moulures, on les couvre de bas-reliefs, et quels bas-reliefs ! Ce ne sont partout que niches, colonnes, ressauts, statues, médaillons, frises. Tous les fonds disparaissent sous ces luxuriantes et inutiles broderies, d'autant plus nuisibles à l'effet général qu'elles sont d'un style pauvre et d'une facture plus pauvre encore.

A l'architecture triomphale se rattachent les colonnes commémoratives. La plus ancienne à Rome était celle de Duilius, qui rappelait la première victoire navale remportée sur les Carthaginois (260 av. J.-C.) et dont le fût était garni d'éperons de navires ou *rostres*. Auguste en fit de pareilles en souvenir de la bataille d'Actium. Mais la plus belle des colonnes commémoratives est celle qui se dresse encore de nos jours à côté des ruines de la basilique Ulpienne et qu'a prise pour modèle l'architecte de la colonne Vendôme. Elle fut élevée par le sénat romain en l'honneur de Trajan après la conquête de la Dacie, et sans doute en même temps qu'un arc de triomphe aujourd'hui disparu mais dont quelques bas-reliefs nous restent, encastrés sur les faces de l'arc de Constantin. Le socle est carré et revêtu de sculptures qui représentent des trophées d'armes enlevées aux peuples vaincus ; à chacun des quatre angles un aigle tient dans ses serres une guirlande de laurier. Le fût à sa base est orné d'une couronne. Il se compose de trente-quatre tambours de marbre blanc évidés à l'intérieur en vis d'escalier et posés les uns sur les autres. Le piédestal circulaire qui surmonte le chapiteau portait la statue de Trajan en bronze doré, remplacée au xvie siècle par celle de Saint-Pierre. Le tout a près de 39 mètres de hauteur. Les principales scènes de la guerre des Daces, les opérations sur le Danube sculptées en bas-reliefs sur le marbre même forment une frise continue qui s'enroule comme un ruban en spirale depuis le bas jusqu'en haut du fût.

§ VI. — LES HABITATIONS PRIVÉES[1].

Pendant plusieurs siècles, jusque vers la fin de la république, la maison romaine ne fut qu'une reproduction de la maison étrusque. Le centre en était l'*atrium*, comme en Étrurie. Le type de cet atrium variait peu. Parfois il était entièrement couvert *(testudinatum);* mais le plus souvent il était éclairé par une ouverture carrée que laissaient entre eux les quatre auvents du toit inclinés vers l'intérieur *(compluvium) ;* au-dessous de cette ouverture, un petit bassin peu profond *(impluvium)* recueillait les eaux de pluie et les déversait au dehors par une rigole. Suivant que les auvents reposaient sur deux traverses horizontales ou sur quatre supports verticaux, l'*atrium* était dit *tuscanicum* ou *tetrastylum.* Tout alentour de cette petite cour à demi couverte se groupaient quelques chambres plus ou moins nombreuses, plus ou moins grandes, selon la condition des habitants. Dans toutes les maisons de quelque importance, on était sûr de rencontrer, entre autres annexes, deux ailes latérales *alæ*, sortes d'alcôves ouvertes, situées vers le fond de l'atrium à droite et à gauche, et entre ces deux enfoncements, un troisième, le *tablinum*, le tout disposé comme les trois branches supérieures d'une croix. Les *alæ* servaient à garder, rangés sur des rayons, les portraits des ancêtres et ces masques de cire

1. Walther Lange : *Das antike griechisch-rœmische Wohnhaus.* Leipzig, 1878.

moulés sur la figure du mort, qui, portés par des acteurs, représentaient les aïeux aux funérailles de leurs des-cendants. Le *tablinum* complétait ce musée héréditaire en conservant tous les écrits et tous les documents qui pouvaient intéresser l'histoire de la famille, les comptes, les tessères d'hospitalité, les extraits d'annales, les éloges funèbres, les copies des décrets honorifiques, en un mot, les archives domestiques.

A l'époque où la civilisation romaine est dans son plein épanouissement, c'est-à-dire vers le temps d'Au-guste, cette traditionnelle maison ne suffit plus au Romain : il a pris des habitudes nouvelles de bien-être et de confort. Il se sent à l'étroit dans cet atrium encaissé où la lumière pénètre mal et qui ne semble guère propre qu'à recueillir les eaux de pluie. En même temps, la Grèce, qu'il a vue chez elle ou dont les séductions sont venues jusqu'à lui, la Grèce, qui a pour elle l'irré-sistible prestige de la nouveauté et de la mode, lui fait connaître une habitation plus spacieuse, plus aérée, plus commode, riche de tous les raffinements du luxe alexandrin. Qu'arrive-t-il ? Il ne délaisse pas l'antique maison, car le Romain est, de sa nature, fidèle au passé ; mais il ajoute à cette vieille demeure, faite pour un autre temps et d'autres mœurs, les aises, les agréments, les élégances plus modernes de la maison grecque.

Le croquis ci-joint donnera l'idée de ce qu'est la maison d'un Romain aisé au Ier siècle de notre ère. Les éléments en sont empruntés aux ruines de Pompéi. Il ne représente pas telle ou telle maison en particulier, mais une maison en général. Dans la réalité, la régu-larité du plan n'était pas aussi grande, parce qu'il fallait se conformer à l'étendue et à la disposition du terrain, et que d'ailleurs les convenances domestiques n'étaient pas toujours les mêmes. De la rue, un vestibule *(v)*, fermé par une porte en retrait, donnait accès dans l'*atrium (a)*, où l'on remarque au centre l'*impluvium (i)*, et vers le fond les *alœ (cc)* et le *tablinum (t)*. C'était la partie étrusco-romaine de la maison. Mais ce n'était plus là que se tenait, comme autrefois, la famille. Les pièces qui s'ouvraient à droite et à gauche n'étaient plus des chambres d'habitation, mais des chambres de service ou des magasins. Quelquefois elles communiquaient avec des boutiques, où le propriétaire faisait vendre par ses esclaves les produits de leur industrie ou les fruits de ses terres. Là se trouvait le quartier des serviteurs. C'est là que le maître recevait ses clients et réglait ses affaires. C'était ce qu'on pourrait appeler son bureau. L'*atrium* n'était plus que comme le prolongement du vestibule.

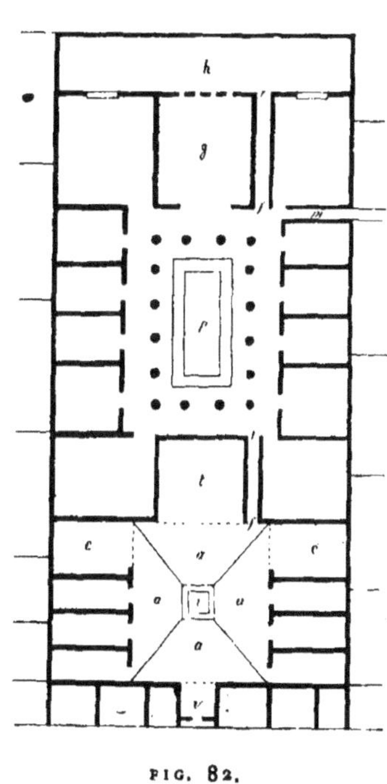

FIG. 82.

PLAN D'UNE MAISON ROMAINE.

Pour pénétrer dans les vrais appartements du Romain

de l'empire, il fallait franchir un étroit couloir *(fauces,
f)*, qui longeait le tablinum et conduisait dans le *peri-
stylium (p)*. C'était une cour assez étendue, bien éclairée, égayée par une piscine où jaillissaient des eaux
vives et qu'ornaient des rocailles et des plantes aquatiques. Tout alentour régnait un portique soutenu par
des colonnes. A l'extrémité était l'*œcus* (οἶκος, *g*), où la
famille se réunissait. L'*œcus* donnait sur un jardin *(h)*,
c'est-à-dire sur un petit fond d'arbres, dont quelques-
uns étaient, il est vrai, des arbres peints en trompe-l'œil
sur le mur de clôture, mais dont la verdure reposait les
regards. Parmi les nombreuses pièces plus ou moins
régulières qui entouraient le péristyle, les unes étaient
des chambres à coucher *(cubicula)* et les autres des salles
à manger *(triclinia)*. Elles n'étaient pas grandes, mais
une expérience journalière les avait bien appropriées à
leurs destinations diverses. Une petite allée *(m)* aboutissant à une porte dérobée permettait au maître de
s'échapper sans avoir à traverser son *atrium*, et par
conséquent sans risquer d'être appréhendé au passage
par un client importun.

La maison romaine n'avait que fort peu de fenêtres
sur l'extérieur. Elle était entourée d'une enceinte presque continue de boutiques. Sur le péristyle s'ouvraient
les fenêtres des chambres ou plutôt les portes, car les
portes étaient souvent les seules ouvertures. Aussi
quelles attentions pour faire de ce péristyle un gentil
cloître ! Il faut avoir vu de près ce qui reste encore de
toutes ces colonnades garnies de stuc et peintes, de ces
petites grottes en rocaille, de ces fontaines en coquillage ou en mosaïque, de ces pavements multicolores, de

ces statuettes en marbre, en bronze ou en terre cuite, enfin de ces mille riens indescriptibles et charmants qui décoraient les péristyles pompéiens, pour se figurer la coquetterie du bourgeois romain amoureux de sa maison et naïvement ingénieux à l'embellir. Dans cette jolie cour intérieure, si fraîche, si parée, impénétrable aux indiscrétions ou aux importunités, il se sentait bien chez lui. Lorsqu'à l'heure de midi, suivant un usage qui dure encore et que le climat commande, il se reposait étendu sous les auvents de son péristyle et s'abandonnait à une douce somnolence, aucun bruit fâcheux ne troublait la paix de sa sieste. De larges stores tendus, analogues à ceux qu'on peut voir dans mainte ville italienne, tamisaient la lumière trop vive et se balançaient au moindre souffle, entretenant comme une brise autour de lui, tandis que le jet d'eau de son bassin le berçait de son murmure.

Il est trop évident que l'aspect des maisons romaines n'était pas uniforme, qu'une maison de campagne différait d'une maison de ville et qu'un grand seigneur n'était pas logé comme un bourgeois. Certaines habitations étaient toutes en rez-de-chaussée, comme à Pompéi. D'autres, surtout à Rome et dans les grandes villes, avaient plusieurs étages et devaient ressembler à ces vieilles maisons qu'on voit à Sienne, à Pérouse, à Bologne, dans les villes italiennes qui ont conservé leur caractère : maisons sans façade du côté de la rue, ou avec une façade insignifiante, et qui sont bâties à peu près sur le même plan que la maison antique, c'est-à-dire qui ont un vestibule, une première cour comme un *atrium*, puis un couloir conduisant à une seconde cour plus grande, puis enfin, tout au bout, un jardinet avec deux ou trois touffes d'arbres véritables ou des perspectives de verdure peintes sur la muraille.

A l'intérieur, les chambres étaient plus ou moins décorées, suivant la fortune des propriétaires. Les plus riches étaient brillantes de marbres multicolores. Les plus modestes n'avaient que des peintures à fresque, comme à Pompéi. Ici les pavements étaient en simples briques ou en carreaux; là c'étaient des mosaïques. Nous ne pouvons entrer dans le détail de toutes ces différences, pas plus que nous ne pouvons décrire toutes les magnificences des villas opulentes et des palais. S'il faut en croire les anciens, il y avait de ces habitations dont le luxe raffiné avait quelque chose d'oriental et qui étaient comme des demeures enchantées.

§ VII. — LES TOMBEAUX.

Ces Romains, que nous venons de voir si attentifs à faire de leurs maisons un séjour agréable, pouvaient-ils négliger pour eux et leur famille le soin de la demeure souterraine où, suivant la croyance générale de l'antiquité, ils devaient continuer une existence obscure, il est vrai, mais matérielle? Comme les Étrusques, ils s'occupaient donc d'assurer aux mânes une habitation paisible, qui rappelât dans une certaine mesure celle des vivants. Quand leur fortune le leur permettait, ils creusaient des caveaux, images plus ou moins fidèles des chambres autrefois habitées par les défunts. Dans

ces caveaux, ils réunissaient ceux qu'une même maison
avait jadis enfermés, les parents, les enfants, les clients,
tous les membres de la famille, témoin la *gens Corne·
lia,* à laquelle appartenaient les Scipions, et dont on a
retrouvé le tombeau collectif sur la voie Appienne. Les
corps étaient déposés dans des sarcophages de pierre ou
de marbre, souvent décorés de reliefs. Le plus ancien
sarcophage romain que nous ayons conservé et aussi le
plus beau par la simplicité de ses lignes est celui de *L.
Cornelius Scipio Barbatus,* consul en 298 avant J.-C.
(fig. 83).

Pour donner à la sépulture l'apparence d'une maison, on décorait les chambres sépulcrales avec autant
d'amour et de luxe que les plus somptueux appartements :
des bas-reliefs, des peintures, des stucs finement sculptés
couvraient les murs et les plafonds.

Ces chambres souterraines ne constituaient pas tout
le tombeau. Il fallait qu'une marque extérieure avertît
les vivants qu'un mort reposait là, au bord de la route
et presque sous leurs pieds; il fallait surtout que la
piété des parents fidèles au souvenir sût où porter ses
prières et ses offrandes. De là ce qu'on appelait le *mo-
numentum* (de *monere,* avertir), simple amas de pierres
ou tertre à l'origine, mais qui, avec le temps et le progrès des arts, était devenu une œuvre d'architecture.

Ces monuments étaient d'aspect très varié et les décrire tous ici serait impossible. Bornons-nous à quelques types remarquables :

1° *Mausolées de Cecilia Metella, d'Auguste et
d'Adrien.* Ces tombeaux, de dimensions inégales, sont
tous les trois bâtis sur un plan circulaire. Le premier

se trouve sur la voie Appienne. Au moyen âge, on l'a

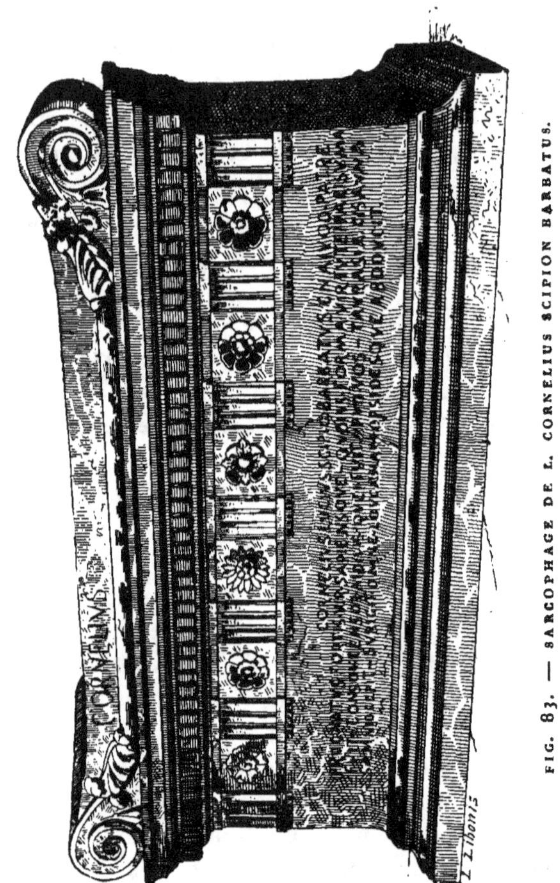

FIG. 83. — SARCOPHAGE DE L. CORNELIUS SCIPION BARBATUS.

transformé en une tour et crénelé. Une plaque de
marbre avec une inscription montre que le mausolée

était celui de Cecilia, fille de Metellus Creticus et femme de Crassus.

Le mausolée d'Auguste et de sa famille, situé près du Tibre sur l'emplacement du Champ de Mars antique, était formé de plusieurs terrasses circulaires et superposées, toutes garnies de peupliers. Ruiné au moyen âge et réduit au soubassement, il fut longtemps une forteresse : l'enceinte est assez grande pour qu'on l'affecte à différents spectacles et qu'on y ait pu donner des combats de taureaux.

Le mausolée d'Adrien est le plus considérable des trois. C'est une immense rotonde qui repose sur un soubassement massif. Elle était composée de plusieurs étages en colonnades qu'ornaient des statues et que surmontait un immense cône de maçonnerie, avec l'image colossale de l'empereur au sommet. Depuis le moyen âge elle sert de citadelle et de prison et s'appelle aujourd'hui le Château Saint-Ange. Les murailles sont si épaisses qu'elles ont résisté à plusieurs assauts.

2° *La Pyramide de Cestius* est le seul exemple en Italie d'une forme évidemment empruntée à l'Égypte. Elle est en briques recouvertes d'un parement de marbre et mesure trente-six mètres de largeur sur trente-sept de hauteur. Le caveau contenait de jolies peintures, aujourd'hui presque effacées. Ce tombeau est de l'époque d'Auguste.

3° *Tombeau du Boulanger.* On connaît sous ce nom un monument curieux qui se trouve à Rome et que par une inscription on sait être le tombeau du boulanger *Vergilius Eurysacès* et de sa femme. Ce boulanger, qui avait l'entreprise des pains à fournir aux appariteurs des magistrats, était un riche personnage. Il a voulu se construire une sépulture qui fût digne de sa condition et de sa fortune. C'est un cube de maçonnerie où l'on voit encastrées plusieurs corbeilles à pain et trois rangées de bas-reliefs montrant la fabrication et la vente du pain.

4° *Columbaria.* Le tombeau étant plus ou moins l'image de la maison devait s'ouvrir pour tous les membres de la famille, et dans le nombre on sait que les anciens comptaient les clients, les serviteurs et les affranchis. Mais vers la fin de la république et sous l'empire les fortunes devinrent si énormes et autour de ces grands riches les clients et les affranchis

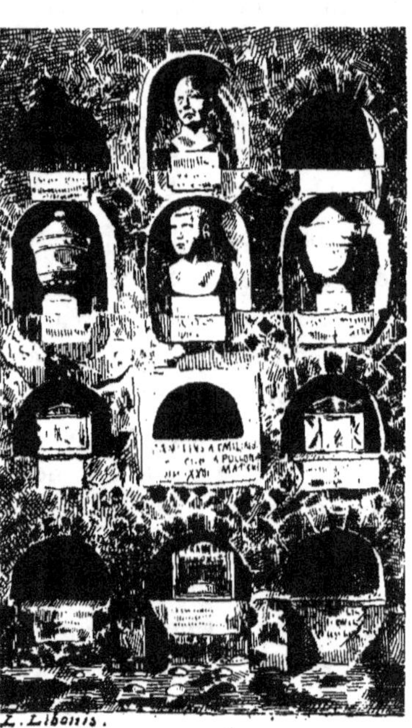

FIG. 84. — COLUMBARIUM.

se multiplièrent dans de telles proportions qu'il fut impossible d'ensevelir tout ce monde dans le tombeau commun de la famille. Il fallut construire dans le voisinage un caveau particulier et l'aménager de telle sorte, que, sans occuper une trop vaste étendue, il pût contenir les restes de plusieurs milliers de personnes. Pour répondre à ce programme, les architectes romains, perfectionnant une disposition sépulcrale dont l'Étrurie leur fournissait l'exemple, imaginèrent ce qu'on appela des *columbaria*. C'étaient des chambres souterraines, voûtées, bâties sur un plan carré, circulaire ou polygonal et dont les parois étaient percées d'une multitude de trous réguliers en demi-lune, disposés par rangées horizontales comme les niches d'un colombier et formant plusieurs étages superposés. Chacune de ces petites cavités recevait une urne (*olla*) contenant les cendres recueillies sur le bûcher funéraire, quelquefois aussi un buste. Une inscription gravée au-dessous indiquait le nom du défunt. Plusieurs de ces columbaires ont été retrouvés le long des grandes voies qui partaient de Rome, entre autres, celui des affranchis d'Auguste et de Livie, qui renfermait près de trois mille urnes. Quelques-uns sont décorés avec luxe : pavés en mosaïque, revêtements de marbre ou de stuc, arabesques sculptées ou peintes, rien n'y manque des ornements que savaient si bien appliquer les décorateurs romains.

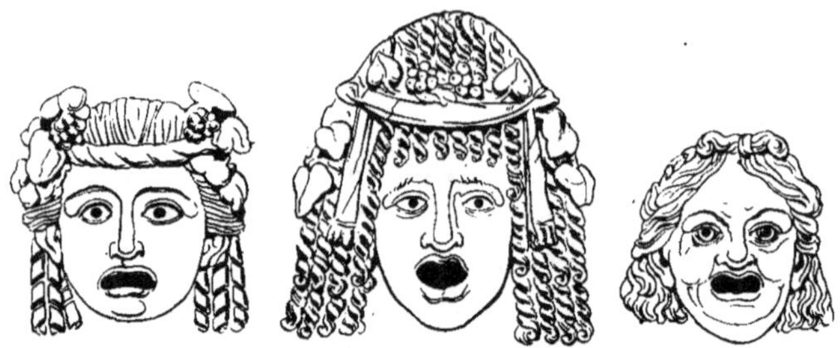

FIG. 85. — MASQUES SCÉNIQUES.

(Pompéi.)

CHAPITRE IX

LA SCULPTURE A ROME.

BRUNN : *Geschichte der griechischen Künstler.* — OVERBECK : *Geschichte der griechischen Plastik.* — FRIEDERICHS : *Bausteine.*

§ I. — LA SCULPTURE SOUS LA RÉPUBLIQUE.

DETLEFSEN : *De arte Romanorum antiquissima.*
Glückstadt, 1867.

L'histoire de la sculpture à Rome sous la république se réduit à peu de chose. Pendant les deux premiers siècles, on peut dire qu'elle n'existe pas. Il n'y a pas plus de statues pour les dieux que pour les hommes. Les anciens signalent hardiment un *Hercule* consacré par Évandre. Ils mentionnent aussi comme se rapportant à l'époque de Numa un *Vertumnus,* un *Janus,* et une *Vénus chauve,* ainsi appelée parce que c'était un *ex-voto* pour obtenir la guérison d'une maladie qui faisait perdre aux femmes leurs cheveux. Toutes ces traditions sont suspectes.

La sculpture ne paraît véritablement à Rome qu'avec les Tarquins, c'est-à-dire avec l'avènement de la civilisation étrusque hellénisée. Des sculpteurs étrusques décorent alors de statues le couronnement du temple de Jupiter Capitolin et font pour l'intérieur du sanctuaire l'image du dieu lui-même. A la même époque et au même art se rapporte sans doute une statue de la femme de Tarquin l'Ancien, Tanaquil, représentée avec une quenouille.

Vers le ve siècle avant notre ère, on commence à dédier dans les temples des statues de métal. La première est celle de Cérès, coulée en bronze, faite avec le produit des biens de Spurius Cassius confisqués après sa condamnation et consacrée précisément dans un temple qu'avait construit Spurius Cassius. Dans la suite, grâce aux relations incessantes de Rome avec la Grande Grèce, surtout au moment de la guerre du Samnium, les deux mythologies grecque et italique tendent à se confondre et l'on reproduit pour les sanctuaires romains les types des divinités helléniques. Bientôt on prend l'habitude d'offrir aux dieux une partie du butin de la guerre sous la forme d'une statue : c'est ainsi qu'après la défaite des Samnites Spurius

Carvilius fera fondre une image colossale de Jupiter Capitolin avec le bronze enlevé à l'ennemi.

Le ve siècle est aussi l'époque où l'on commence à élever des statues à la mémoire des grands hommes. Quoi qu'en dise Pline, les statues de Romulus, de Numa, d'Ancus Martius ne remontent pas au temps des rois. Elles ne sont pas non plus des commencements de la république. Elles datent évidemment d'une période où les haines furieuses jadis soulevées par les excès de l'autorité royale ne sont plus vivaces et où l'on est arrivé à considérer sans passion la gloire des fondateurs de la cité. La nudité même de ces statues, qui nous est attestée par les anciens, prouve qu'elles étaient, sinon des œuvres de main grecque, du moins des œuvres traitées dans le style grec et par conséquent postérieures au commencement du ve siècle. On en peut dire autant des statues de Clélie, d'Horatius Coclès, de Valerius Publicola, et de tous les héros de la légende républicaine.

A partir du ive siècle, les statues honorifiques se multiplient. On en décerne aux magistrats qui ont bien accompli les devoirs de leur charge. On en décerne même à des étrangers, à Hermodore d'Éphèse, par exemple, l'un des adjoints des décemvirs dans la confection des Douze Tables, ainsi qu'à Pythagore et à Alcibiade, sur l'ordre d'un oracle qui avait dit d'honorer d'une statue à Rome le plus sage et le plus courageux des Grecs. On élève des statues aux femmes aussi bien qu'aux hommes. On en élève tant et à des personnages si obscurs qu'en voyant leurs images en public, on cherche pourquoi elles sont là. Aussi Caton ne veut-il pas de cet honneur. « On me demandera, dit-il, pourquoi je n'ai pas de statue? J'aime mieux cela que la question contraire. » Au ii⁰ siècle, les statues honorifiques sont si nombreuses sur le Forum, que les Censeurs sont obligés d'en faire enlever et fondre une partie.

Les anciens ne nous disent rien sur la valeur de cette sculpture. Il est vraisemblable qu'elle n'était pas grande et que les sculpteurs étrusques et grecs qui venaient chercher fortune à Rome étaient plutôt des praticiens que des artistes. Les Romains avaient alors pour le grand art peu de souci. En commandant les statues de leurs membres qui avaient exercé les charges publiques, les familles aristocratiques ne songeaient qu'à satisfaire leur vanité. Elles ne demandaient qu'une chose, c'est que le visage fût ressemblant et que la ressemblance fût complétée par la vérité du costume.

Il n'en fut plus de même dans les derniers siècles de la république. La guerre en Orient fit connaître aux Romains les chefs-d'œuvre de la sculpture grecque. Ces chefs-d'œuvre, qui étaient la gloire des cités qui les possédaient, les généraux les enlevèrent. Chaque fois qu'une ville grecque tomba en leur pouvoir, ils la dépouillèrent, les uns avec l'ardeur d'un goût esthétique naissant, les autres par instinct de pillage, et pour ne rien laisser des choses auxquelles ils voyaient qu'on attachait du prix, tous par vanité de vainqueur, pour augmenter la masse du butin et frapper l'imagination de la foule romaine par la splendeur de leur entrée triomphale. Après la prise de Syracuse, Marcellus avait donné l'exemple qui fut suivi par Fabius Maximus, le vainqueur de Tarente, et Flamininus, le conquérant de la Macédoine. Bientôt s'éleva entre les généraux une sorte d'émulation, chacun s'efforçant de faire défiler devant le peuple le jour de son triomphe le plus grand nombre de statues. Au triomphe de Fulvius Nobilior, après la campagne d'Épire et d'Étolie, on promena à travers les rues de Rome deux cent quatre-vingt-cinq statues de bronze et deux cent trente statues de marbre. A celui de Paul-Émile, on vit deux cent cinquante chariots chargés de statues et de tableaux, et cette magnificence fut encore dépassée par Mummius, le destructeur de Corinthe[1].

Tant de statues apportées à Rome y répandirent dans le public la mode, puis le goût des œuvres d'art. On en exposa partout, dans les temples, les basiliques, les théâtres, les thermes, les portiques. Il y en eut dans les maisons privées et les villas. A la fin de la République, tous les riches de Rome avaient leur collection, parfois un musée véritable, qu'ils augmentaient sans cesse ou bien à prix d'or, ou bien par la guerre, ou bien encore à la façon de Verrès, par des vols administratifs dans les provinces.

L'effet de cet engouement fut de déplacer au profit de Rome le centre d'activité des artistes grecs. L'art est un luxe qui va naturellement où se trouve la richesse. Après la mort d'Alexandre, il s'était porté vers l'Asie mineure, attiré par la magnificence des dynasties macédoniennes que la mort du conquérant avait fait naître et qui mettaient au service de leur goût hellénique

---

1. Sur le transport des chefs-d'œuvre grecs à Rome, voir C. Petersen, *Allgemeine Einleitung in das Studium der Archœologie*. Leipzig, 1829.

l'opulence de l'Orient. Le jour où ces rois vaincus ne furent plus que des sujets de Rome, il se tourna vers la capitale nouvelle de la civilisation où venait affluer l'or du monde entier. Vers le temps de la prise de Corinthe (146 av. J.-C.), plusieurs sculpteurs grecs s'établirent à Rome, Polyclès d'Athènes et ses fils Timarchidès et Timoclès; Philiscos de Rhodes; enfin un autre Timarchidès et son fils Dionysios. Ils furent presque tous à la solde de Métellus le Macédonique et décorèrent les monuments qu'il avait fait bâtir, à savoir un temple de Jupiter, un temple de Junon et le portique intermédiaire appelé depuis portique d'Octavie. Cette première colonie de sculpteurs dut en attirer d'autres après elle. Au Ier siècle avant notre ère, la sculpture hellénique avait pris pied à Rome.

§ II. — LA SCULPTURE GRECQUE CHEZ LES ROMAINS.

L'histoire de la sculpture grecque chez les Romains est encore mal connue. On a pour l'étudier quelques textes épars dans Pline, quelques œuvres conservées et sur ces œuvres des inscriptions avec le nom et la patrie de l'artiste. Mais tout cela est en somme fort peu de chose. D'après les inscriptions, on distingue trois groupes, ou, si l'on veut, trois écoles : 1° l'école asiatique; 2° l'école attique; 3° l'école de Pasitélès.

1° *École asiatique.* — Sous ce titre, on classe quelques sculpteurs d'Asie mineure qui ont travaillé pour les Romains soit à Rome soit dans les provinces. Les principaux sont Agasias d'Éphèse qui a signé la statue connue sous le nom du *Gladiateur combattant;*

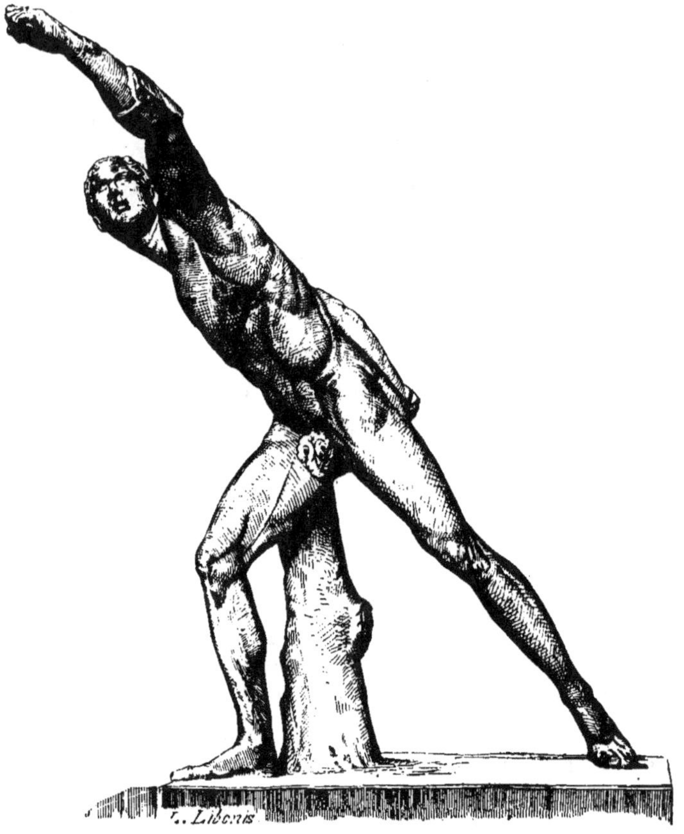

FIG. 86. — LE GLADIATEUR COMBATTANT.

(Louvre.)

Archélaos de Priène, à qui l'on doit un intéressant bas-
relief avec l'apothéose d'Homère; enfin Aristéas et Pa-

pias d'Aphrodisias, auteurs de deux Centaures dont `l'un est au musée du Capitole et l'autre à Paris.

De ces œuvres, la plus célèbre et la plus digne d'attention est le *Gladiateur*, statue d'un mouvement hardi et d'une exécution savante, qui montre à quelle perfection la sculpture grecque avait porté la science du nu. En réalité, ce n'est pas un gladiateur. Suivant une interprétation récente et très plausible, c'est un athlète qui dispute dans le stade le prix de ce qu'on appelait la course armée, c'est-à-dire la course alourdie par un large bouclier. Embarrassé par ce poids, il marche à grandes enjambées plutôt qu'il ne court et tandis qu'essoufflé il fait un dernier effort qui va lui donner la victoire, il se retourne d'un air triomphant vers la foule qui l'applaudit. Cette statue est certainement la copie en marbre d'un original en bronze. Ainsi s'explique l'adjonction malencontreuse du tronc d'arbre qui gâte l'effet de l'ensemble. L'original appartenait sans doute à l'une de ces écoles du IIIe siècle qui, tout en conservant quelques-unes des traditions de la belle époque, recherchaient les postures imprévues, le mouvement et l'expression. On l'attribue avec raison à l'école rhodienne.

2° *École attique.* — A côté de ces artistes d'Asie mineure, nous rencontrons plusieurs noms de sculpteurs originaires de l'Attique. Ceux-ci ne nous sont guère mieux connus que les précédents ; mais ils nous ont laissé plus d'œuvres et des œuvres plus importantes.

Parmi ces œuvres, trois statues sont particulièrement célèbres et méritent d'être mentionnées ici : le torse dit du Belvédère, au Vatican; l'Hercule Farnèse, à Naples et la Vénus de Médicis, à Florence.

Le torse du Belvédère est signé d'*Apollonios, fils de Nestor Athénien* : Apollonios était contemporain de Sylla; ce fut lui qui fut chargé d'exécuter en or et en ivoire la statue de Jupiter pour le temple du Capitole qu'on venait de reconstruire après l'incendie de l'an 84. Ce torse, malheureusement mutilé, a été tour à tour l'objet de l'admiration la plus exagérée et des critiques les plus injustes. Ces contradictions ont leur raison d'être dans l'incertitude du sujet représenté. Chacun prêtant au sculpteur des intentions différentes porte sur la valeur de l'œuvre un jugement différent suivant que l'exécution paraît plus ou moins répondre à ces intentions supposées. Le personnage, assis sur cette peau de lion, était évidemment un Hercule : sur ce point, tout le monde est d'accord. Mais quel Hercule? Était-ce un Hercule dieu, transfiguré après sa mort et prenant part au banquet de l'Olympe? Était-ce, au contraire, le héros, non pas dans la béatitude de son apothéose mais dans les épreuves de sa vie mortelle, fatigué du labeur auquel sa destinée le condamne et se reposant après un pénible travail? Cette seconde interprétation est la plus probable. Le corps penché en avant marque une sorte de détente. La musculature vigoureuse et toute en saillie convient moins à un héros livré aux calmes plaisirs de la vie divine, qu'à un athlète qui sort à peine d'une lutte violente et dont toute l'énergie, surexcitée par l'effort, est encore palpitante. Hercule assis avait fait le sujet d'une statue colossale de Lysippe ; il y a tout lieu de croire qu'Apollonios s'est inspiré de ce modèle. On retrouve, en effet, dans le torse du Vatican l'un des caractères que l'antiquité attribue à Lysippe et à son école, la recherche du détail anatomique et la reproduction minutieuse des reliefs du corps vivant.

L'Hercule Farnèse, de Glycon d'Athènes, procède aussi de Lysippe. Le héros s'appuie avec nonchalance sur sa massue comme sur une béquille et laisse pendre son bras inerte. L'intérêt du sujet est dans le contraste entre la vigueur apparente de ce corps d'athlète et la fatigue que trahit son attitude. Ce contraste, Glycon l'a exagéré. Il y a dans son Hercule quelque chose de lourd et de monstrueux, qu'un art comme celui de Lysippe, si soucieux de la vie et de la vérité, n'eût pas comporté.

La Vénus de Médicis est de Cléoménès, fils d'Apollodoros d'Athènes et contemporain d'Auguste. C'est un chef-d'œuvre de grâce féminine. On l'a souvent considérée comme la meilleure et la plus exacte reproduction de la Vénus de Cnide. Mais il est aujourd'hui prouvé qu'elle n'a qu'une ressemblance lointaine avec cette œuvre célèbre. La Vénus de Praxitèle était représentée au moment d'entrer au bain et tenait encore d'une main sa draperie. Cléoménès a supprimé cet accessoire que le sculpteur grec avait cru nécessaire pour expliquer une nudité insolite. Il ne craint pas de montrer la déesse sans voiles : elle s'avance fière de sa beauté, le front haut, le regard assuré, triomphante et cependant pudique.

Nous ne donnerons pas ici le détail des autres œuvres qui nous restent de l'école attique. Il suffira de mentionner quelques noms : *Apollonios,* fils d'Archias, auteur

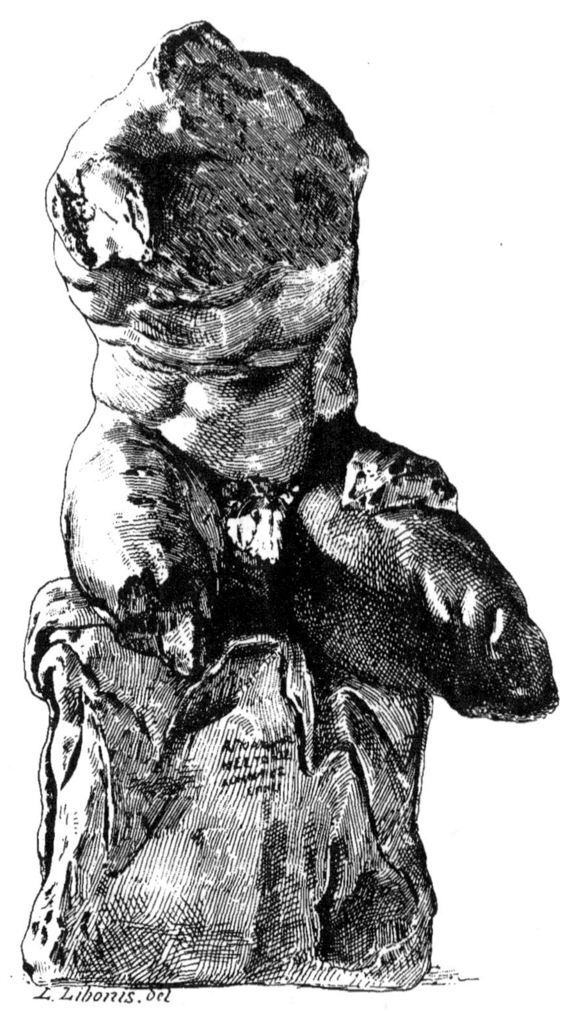

FIG. 87. — TORSE DU BELVÉDÈRE.

(Vatican.)

d'un buste trouvé à Herculanum et qui paraît être une copie du Doryphore de Polyclète; *Cléoménès,* fils du Cléoménès de la Vénus de Médicis; *C. Avianius Evander,* sculpteur et ciseleur, amené à Rome comme prisonnier de guerre, vendu comme esclave, affranchi par M. Æmilius Avianianus, et devenu l'ami de Cicéron et son conseiller dans ses achats d'œuvres d'art; *Diogénès,* qui fit plusieurs statues pour le Panthéon d'Agrippa; enfin *Salpion* et *Sosibios* dont nous avons deux grands vases en marbre sculpté, d'un style élégant.

Par le choix de ses sujets, l'école néo-attique se rattache aux meilleures traditions de la sculpture grecque. Mais elle a peu d'invention. Il est vrai que si, faute d'originalité, elle imite des œuvres de Polyclète, de Praxitèle ou de Lysippe, son imitation n'est pas servile. Par des variantes d'attitude et d'expression, elle marque sa personnalité. Il serait injuste de ne la considérer que comme une école de copistes et de praticiens.

3° *École de Pasitélès.* — Pasitélès naquit dans la Grande Grèce et reçut le droit de cité romaine en 87 av. J.-C., en même temps que tous les Italiens. Il vécut jusque sous Auguste. Il était renommé pour son égale habileté à travailler le marbre, le bronze et l'ivoire et pour le soin qu'il prenait de ne rien sculpter sans avoir au préalable modelé une maquette d'après nature : c'est ainsi qu'étant un jour dans une ménagerie où il faisait une étude de lion, il faillit être dévoré par une panthère échappée. Il était non seulement un artiste mais encore un critique d'art très apprécié.

Nous n'avons rien de lui, mais nous savons quel était son style par l'œuvre d'un certain Stéphanos qui

se déclare fièrement son élève et dont il reste une statue
d'Oreste copiée d'un groupe plus ancien, représentant
Oreste avec Pylade ou avec Électre. Or cette statue
porte des marques non équivoques d'archaïsme. La
structure générale du torse, les larges plans du modelé,
la facture de la tête, l'aplomb solide du corps, tout
nous reporte à la sculpture des contemporains de Phidias. Pasitélès, qui était autant un savant qu'un artiste,
avait cherché à renouveler l'art alangui de son temps
par un retour vers les procédés du passé.

Parmi les contemporains de Pasitélès, il en est un,
Arcésilas, qui sans appartenir à son école, peut être
rapproché de lui, non qu'il affectât l'archaïsme, mais
parce qu'il s'ingéniait à sortir de la banalité et cherchait
à renouveler son art par des études faites d'après nature.
Comme Pasitélès, il commençait toujours par modeler
des maquettes, et ces maquettes étaient si bien venues
qu'on se les disputait à prix d'or. On cite de lui une
Vénus Génitrix qui fut placée dans le Forum de Jules
César. Mais son talent semble s'être surtout complu à
des badinages mythologiques; une de ses statues les
plus admirées représentait une lionne lutinée par de
petits Amours.

Quelle qu'ait pu être la valeur individuelle de tel ou
tel des artistes que je viens de rappeler, il est manifeste
que la sculpture grecque, à l'époque où elle se met au
service de Rome, est bien déchue de son ancienne gloire.
Une chose lui manque, qui jusque-là n'avait jamais
manqué à l'esprit grec, c'est l'imagination. Elle n'a
point ou presque point de conceptions originales. Les
sculpteurs ont la main exercée, ils connaissent à fond les

procédés et les ressources de leur art, ils recherchent volontiers la difficulté, mais ils ne cessent pas d'être des imitateurs. Tantôt ils copient purement et simplement ; tantôt ils interprètent : mais toujours ils s'attachent à un thème connu.

Leur génie était pauvre, cela n'est pas douteux. Mais il faut avouer aussi que les circonstances n'étaient pas favorables à l'invention. La vanité romaine, qu'ils avaient à satisfaire, s'accommodait moins d'œuvres nouvelles et personnelles que d'œuvres célèbres. Ce qu'on voulait, c'était posséder chez soi un Polyclète, un Myron, un Praxitèle, un Lysippe ; et à défaut de statues authentiques, on se contentait d'une copie plus ou moins fidèle.

Cette mode, qui commence à Rome vers la fin de la république, s'exagéra sous l'empire et de la capitale passa dans les provinces. Partout on demanda des faux chefs-d'œuvre pour orner les rues, les places publiques, les basiliques, les théâtres, les thermes, les palais et les villas. Il fallut alors multiplier les reproductions. Telles statues, la Vénus et le Faune de Praxitèle, donnèrent naissance à d'innombrables répliques. Si tous les Musées d'Europe étaient réunis, on serait stupéfait de la quantité de copies qu'inspirèrent les œuvres des grands maîtres de la sculpture grecque, et cependant les copies qui nous sont parvenues ne représentent qu'une faible partie de celles qu'on avait faites.

§ III. — LA SCULPTURE DE STYLE ROMAIN.

A côté de la sculpture grecque, on voit se développer
sous l'empire une sculpture vraiment romaine, originale
sinon dans ses procédés, du moins dans son style et son
esprit. L'histoire de cette sculpture romaine est simple :
aucun nom d'artiste n'a été conservé et l'on n'a point,
comme en Grèce, à étudier à part plusieurs écoles différentes. Il suffit de distinguer deux périodes générales :
1º l'une, la période d'épanouissement, qui embrasse les
règnes des Césars, des Flaviens et des Antonins et s'ar-
rête vers la seconde moitié du iie siècle de notre ère ;
2º l'autre, la période de décadence, depuis la dynastie syrienne jusqu'à la fin du monde romain.

C'est moins dans leur suite chronologique qu'il faut
considérer les marbres romains que dans leurs caractères. Sous ce rapport, ils se classent en plusieurs séries
que nous passerons successivement en revue : 1º les
statues mythologiques ; 2º les figures allégoriques ;
3º les portraits ; 4º les bas-reliefs historiques ; 5º les
bas-reliefs funéraires.

STATUES MYTHOLOGIQUES

Il y a peu de chose à en dire. Les dieux romains se
sont à la longue si bien identifiés avec les dieux grecs,
que les mêmes images peuvent également servir pour
les uns et pour les autres. On consacre dans les temples
de Rome des statues de type hellénique ou de simples

imitations. Ce sont aussi des figures empruntées à la mythologie hellénique qu'on expose sur les places publiques et dans les péristyles des maisons privées. Mais dans cette mythologie qu'on pourrait appeler profane, ce qui domine ce sont les motifs gracieux et riants, des Bacchants et des Bacchantes, des Tritons, des Néréides, des Amours, des Silènes, des Nymphes mutines, des Satyres entreprenants, tout le cycle en un mot des joyeuses divinités.

Vers le milieu du iie siècle après J.-C., les représentations des divinités égyptiennes et asiatiques commencent à se multiplier en raison des progrès que font dans la société romaine les religions orientales. Un type fréquent est celui d'Isis avec son voile, sa longue robe à petits plis qui descend jusqu'à terre et son mantelet à franges noué sur la poitrine. Plus tard, avec les empereurs syriens, arrivent les divinités de la Perse et de l'Assyrie. Le culte de Mithra prend une grande extension et le sacrifice mithriaque, c'est-à-dire Mithra égorgeant un taureau qu'il tient affaissé sous son genou et dont il relève la tête, devient un thème banal. On le retrouve sur toute l'étendue du monde romain. Les statues et bas-reliefs qui le reproduisent se comptent par centaines. Mais la plupart n'ont aucune valeur d'art et je ne les signale ici que pour mémoire.

FIGURES ALLÉGORIQUES

L'idée de personnifier des abstractions et de les traduire aux yeux sous la forme humaine et avec des attributs caractéristiques n'est pas propre aux Romains.

L'art grec en offre des exemples, surtout sur les vases peints. Parmi les œuvres de la sculpture, on ne cite guère que la *Paix*, de Képhisodotos, l'*Occasion*, de Lysippe; la *Vertu* et la *Grèce*, d'Euphranor, la ville d'*Antioche*, d'Eutychidès, et le *Nil*, œuvre d'un sculpteur alexandrin, qui nous est connue par une copie exécutée sous l'empire.

Dans la sculpture romaine, l'allégorie est plus fréquente. On s'en sert surtout pour représenter des villes et des nations. Pour décorer un portique situé près de son théâtre, Pompée fait sculpter par Coponius les quatorze nations vaincues par lui. Auguste, qui restaure ce portique dit *ad Nationes*, y ajoute une série nouvelle de figures. L'autel d'Auguste à Lyon offrait l'image en bas-relief de soixante peuplades gauloises. Sur une base votive trouvée à Pouzzoles se voient les villes de Temnos, de Kibyra, de Myrina, d'Éphèse, d'Apollonidea, d'Hyrcania et de plusieurs autres villes d'Asie mineure qui avaient été détruites par un tremblement de terre et que Tibère avait fait rebâtir.

Les monnaies montrent jusqu'où les Romains poussaient le goût de l'allégorie. Non seulement ils donnaient un corps aux sentiments et aux vertus, à la clémence, à la pudicité, à la justice, à l'espérance, à la concorde, mais encore ils appliquaient ces sentiments et ces vertus à des êtres de raison et personnifiaient des quintessences d'abstraction, la *Concorde des armées*, la *Fidélité des Cohortes*, la *Gloire du Siècle*, la *Sécurité du Siècle*, la *Félicité du Temps*. Il est vrai qu'aucune de ces figures n'a un type bien particulier : c'est presque invariablement une femme vêtue d'une longue robe, avec une couronne sur la tête et une corne d'abondance à la main ; on ne reconnaît guère le sujet qu'à l'inscription qui l'accompagne.

PORTRAITS

Le portrait est un genre qui est toujours resté secondaire chez les Grecs et qu'ils n'ont guère cultivé qu'après Alexandre. Au contraire, dans la sculpture romaine, il joue un rôle prépondérant. Elle en a reçu la tradition de la sculpture étrusque.

De bonne heure, à Rome, les grandes familles prennent soin de fixer par une image matérielle les souvenirs de leur gloire domestique. Elles font faire des masques de cire qui reproduisent avec fidélité les traits de leurs ancêtres, et dont quelques-uns peut-être sont moulés sur le cadavre. Ce sont ces masques qui paraissent aux funérailles, portés par des acteurs auxquels on donne, avec les traits d'un illustre personnage, le costume de sa dignité. Plus tard, la vanité de l'aristocratie romaine ne se contente plus de ces images de cire. Nous avons vu qu'elle élève à ses membres, fameux ou non, des statues en public. A l'époque de César, le Forum en est encombré.

Sous l'empire, c'est moins la vanité des familles que l'adulation universelle qui multiplie les portraits. Chaque fois que le pouvoir passe aux mains d'un empereur nouveau, Rome et les provinces veulent avoir le portrait

---

1. J. Bernouilli : *Rœmische Iconographie*. Stuttgart, 1882, 1ʳᵉ partie.

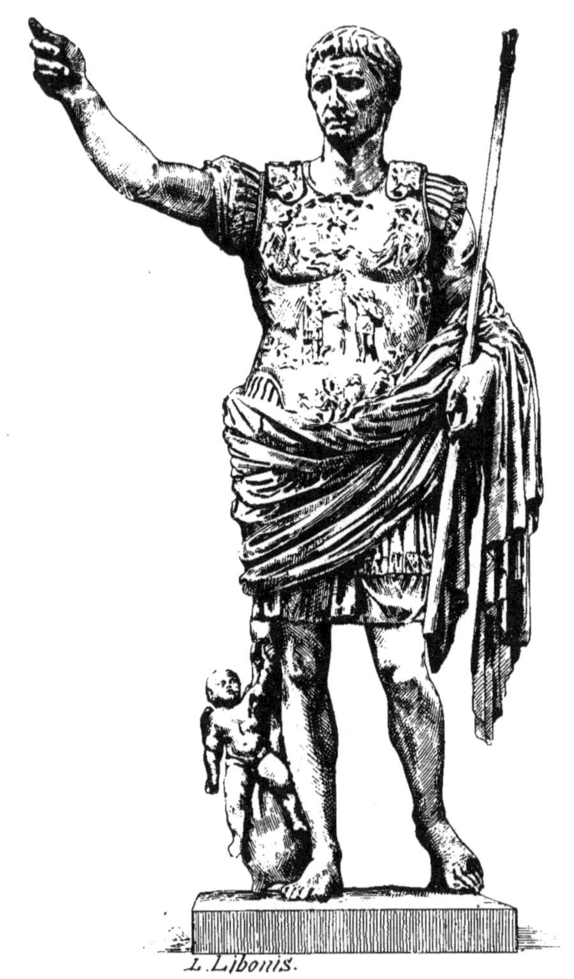

FIG. 88. — STATUE D'AUGUSTE.

(Vatican.)

du prince, de sa femme et de toute sa famille. Les gouverneurs des provinces, les magistrats municipaux, les bienfaiteurs des villes ou des corporations, les simples particuliers même reçoivent souvent les honneurs d'un portrait. De là une profusion inouïe de bustes et de statues. Il en a beaucoup péri, mais il en reste encore des milliers, et presque tous les jours on en découvre.

Les portraits romains sont de deux sortes : les portraits idéalisés, où la personne est représentée avec les traits de son visage, mais sous l'aspect d'un dieu ou d'un héros ; les portraits ordinaires, qui s'attachent à exprimer l'individualité, non seulement du visage, mais de l'attitude et du costume.

Parmi les portraits idéalisés, les uns, appelés achilléens *(simulacra achillea)* sont des statues nues ou presque nues ; le personnage, debout, armé d'une lance ou d'une épée, a l'air d'un athlète ou d'un héros, mais sans qu'il rappelle, par sa posture ou ses attributs, aucun type héroïque célèbre. Les autres sont des statues d'empereurs et d'impératrices déifiés. Le prince est ordinairement en Jupiter avec un sceptre et un foudre ; les princesses sont en Cérès, en Vesta, en Diane, en Muses ou même, surtout vers la fin de l'empire, en Vénus et nues. Aux portraits idéalisés il faut joindre les statues et bustes d'Antinoüs, Bithynien fameux par sa beauté, dont Adrien avait fait son favori, qui mourut jeune et qu'on représenta en Bacchus, en Apollon, en Hercule ou en Ganymède. Quelques-uns de ces Antinoüs sont remarquables par une élégance qui est rare dans l'art romain et qui donne une idée avantageuse de ce qu'était encore la sculpture au temps d'Adrien.

Les portraits ordinaires *(simulacra iconica)* présentent l'individu tel qu'il est dans sa vie habituelle et

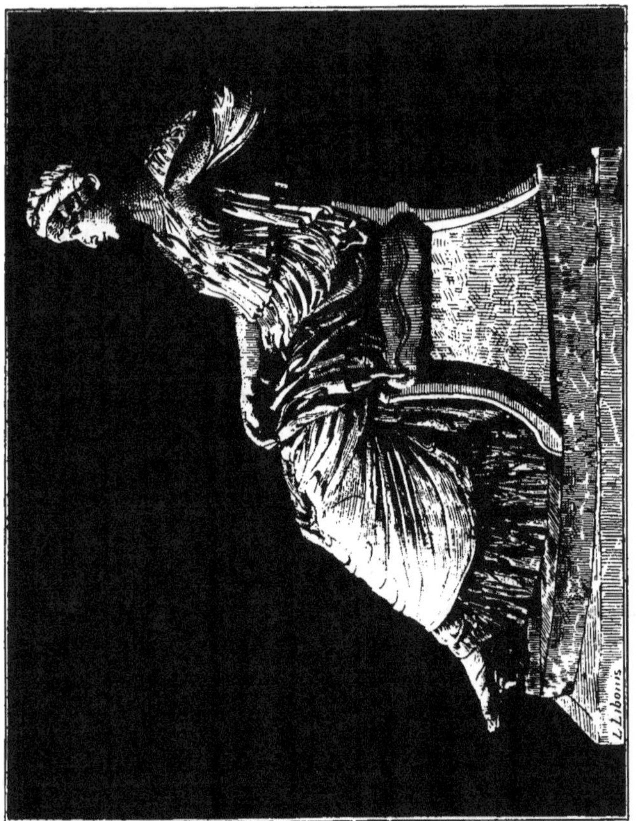

FIG. 89. — AGRIPPINE. (Musée du Capitole.)

dans l'exercice de ses diverses fonctions. Celles-ci peuvent être civiles ou militaires : de là des statues *civili*

ARCHÉOL. ÉTRUSQUE. 14

habitu ou *togatæ*, et des statues *militari habitu* ou *tho-racatæ* (*thorax,* cuirasse). Comme exemple de statues *togatæ,* on peut citer l'Auguste de la basilique d'Otricoli, aujourd'hui au Vatican; il est en costume de grand prêtre, la tête voilée et le bras droit dégagé pour faire une libation.

Les statues militaires sont en majorité, ce qui est naturel chez un peuple aussi belliqueux que les Romains. Le plus beau portrait que l'on ait conservé d'Auguste le montre revêtu de sa cuirasse d'apparat et dans l'attitude d'un général qui harangue ses sol-dats (fig. 88). Quelquefois le personnage est à cheval,

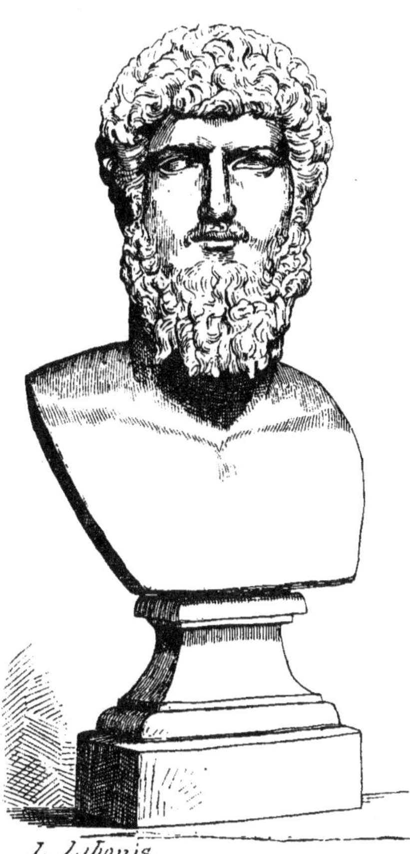

FIG. 90. — LUCIUS VÉRUS.

(Louvre.)

prêt à commander, comme le Balbus d'Herculanum et
le Marc-Aurèle de la place du Capitole. Quant aux
femmes, lesquelles n'ont pas de fonctions civiles ou
militaires, elles sont représentées en matrones : telle
est l'Agrippine assise du musée du Capitole (fig. 89).

Parmi les bustes, comme
parmi les statues, on distingue les portraits idéalisés
et les portraits ordinaires.
Les premiers sont assez rares. L'un des plus curieux
est le buste de Commode,
en Hercule, avec la peau de
lion sur la tête et dans les
mains (car le buste ne s'ar-
rête qu'à mi-corps) la massue et les pommes du jardin
des Hespérides. Les bustes
non idéalisés sont de beaucoup les plus nombreux et
les plus intéressants. Il
nous en reste de presque
tous les empereurs, des impératrices, de leurs parents
et d'une foule de person-
nages connus et inconnus.

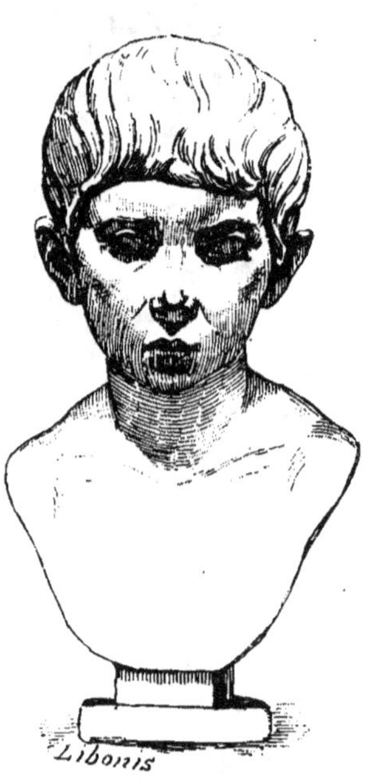

FIG. 91. — MARCELLUS.

Certains d'entre eux, tels que ceux d'Agrippa, de
Néron, de Vitellius, sont dans toutes les salles de
dessin et je ne les reproduis pas ici. En voici trois
que je cite parce qu'ils sont d'un caractère très différent et que par la pureté de l'exécution, par la vé-

rité vivante de l'expression, ils peuvent être classés parmi les belles œuvres de l'art romain : l'un est le portrait de Lucius Verus, frère adoptif de Marc - Aurèle ; l'autre est une tête d'enfant dans laquelle on a cru pouvoir reconnaître Marcellus, le neveu d'Auguste, chanté par Virgile ; le troisième offre la physionomie d'une jeune et jolie Romaine, dont le nom nous a échappé (fig. 92).

Dans le nombre des bustes romains, il y en a quelques-uns qui n'appartiennent ni à la catégorie des portraits idéalisés ni à celle des portraits ordinaires. Ce sont

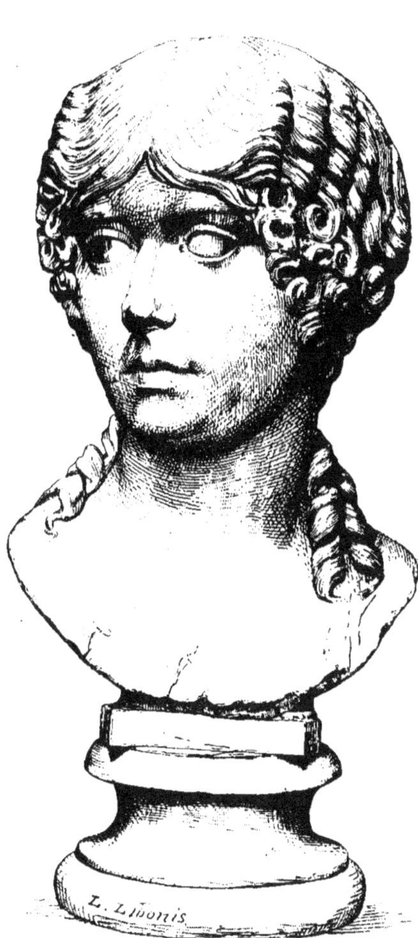

FIG. 92. — BUSTE DE FEMME INCONNUE.

(Trouvé à la Farnésine, Rome.)

ceux qui représentent certains personnages historiques,
en particulier les sages de la Grèce et les grands
poètes d'autrefois : Homère, Solon, Lycurgue, Bias,
Pittacus, Périandre, Eschyle, Sophocle, Aristophane,
Socrate, Zénon, Épicure, etc. Ce sont des portraits de
fantaisie et d'une ressemblance conventionnelle. La
mode en avait été apportée à Rome par Asinius Pollion,
qui l'avait empruntée aux Alexandrins. On exposait ces
bustes dans les bibliothèques, au lieu même, dit Pline,
où parlaient les âmes immortelles de ces grands hommes.
La villa d'Adrien à Tivoli en contenait un grand
nombre. Le musée du Capitole en possède une riche
collection.

Lorsqu'on parcourt une galerie de portraits romains,
il est difficile de ne pas être frappé du réalisme de toutes
ces têtes. Il y a là des œuvres d'une valeur bien
inégale, dont les unes sont dues à la main d'un artiste et
les autres au ciseau d'un simple praticien. Mais toutes,
les plus communes comme les plus soignées, témoignent
d'un même effort pour atteindre non seulement à la
ressemblance générale, mais encore à la vérité vivante
du visage. Les traits distinctifs de la personne sont tous
accusés avec une complaisance scrupuleuse; plis de la
bouche, froncements des sourcils, fossettes, rides, rien
n'est omis, et aucun apprêt, aucun artifice ne vient atté-
nuer ou l'énergique fermeté, ou la molle et niaise
bonhomie, ou la vulgarité, ou la laideur, ou même la
férocité de la physionomie. Le portrait n'a jamais rien
de flatté; il est toujours d'une sincérité brutale.

Une chose encore est à remarquer dans les portraits
romains, c'est l'art avec lequel sont traitées les draperies.

Les Romains faisaient consister le luxe de la toilette
dans le port d'une toge ou d'une robe très ample, à
tissu très souple, dont les pans devaient descendre
jusqu'à terre et se distribuer autour du corps en une
masse d'ondulations savamment composées et en une
profusion de plis, les uns lâches et les autres serrés. On
connaît l'anecdote de l'orateur Hortensius : dans sa
vanité d'élégant orateur, il préparait devant un miroir
et fixait par des nœuds cachés la chute de l'étoffe autour
de sa personne ; et un jour il voulut, dit-on, intenter un
procès à l'un de ses confrères, qui, en le frôlant dans un
passage étroit, avait dérangé par mégarde les plis de son
vêtement. Une sculpture curieuse de l'exactitude matérielle devait chercher à reproduire l'effet de ces figures
si artistement drapées. Aussi dans beaucoup de statues
l'imitation de la toge et de ses plis est-elle parfaite.
Le chef-d'œuvre en ce genre est la statue connue sous le
nom de *la Pudicité,* au Vatican.

Les plus beaux portraits romains sont de l'époque
des Césars (1er siècle de notre ère). La facture est excellente. La coiffure du temps étant simple et l'usage
n'étant pas de porter la barbe, l'artiste donne toute son
attention au modelé du visage, qu'il traite avec sou-
plesse et dont il marque les détails sans tomber dans
la minutie. Le style se gâte à partir des Antonins et
devient lourd et banal. La barbe, qu'il est de mode de
porter depuis Adrien, envahit presque tout le visage et
ce qui reste est à peine modelé. Le sculpteur ne s'attache guère qu'aux menus traits ; il reproduit avec un
soin exagéré les rides du front, les poils des sourcils,
les plissements de la peau autour de la bouche et des

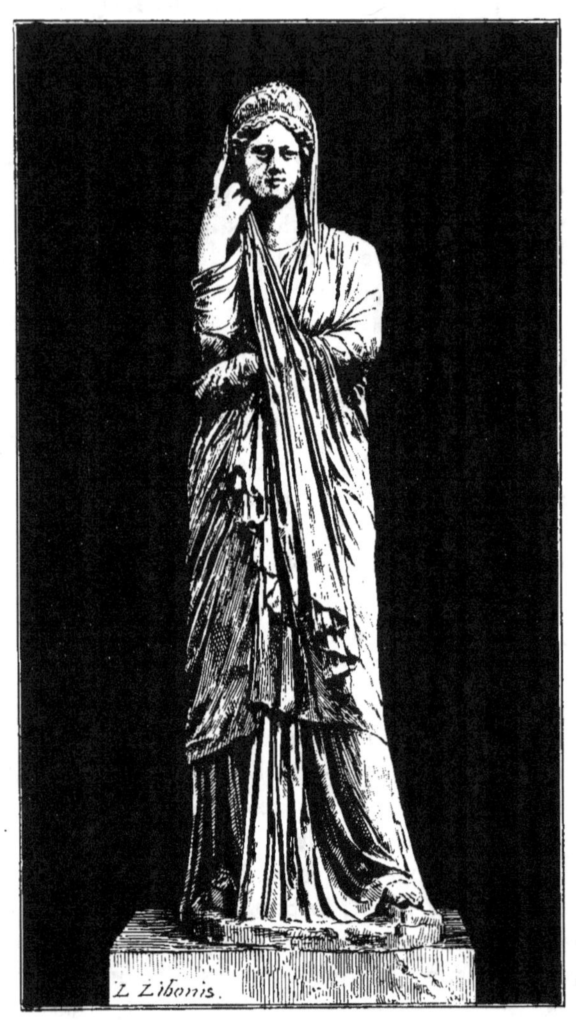

FIG. 93. — LA PUDICITÉ.

(Vatican.)

paupières; il dessine non seulement la prunelle de l'œil, mais encore le petit cercle des pupilles qu'il creuse. Son triomphe c'est la chevelure et la barbe. Les Antonins étant presque tous frisés, il s'agit de fouiller et de refouiller le marbre pour rendre l'effet de leurs boucles touffues : chacune de ces boucles est traitée à part et profondément évidée à l'aide du trépan. Et que dire des coiffures des impératrices? Ce ne sont que bandeaux gonflés et relevés, échafaudages compliqués de crépons tuyautés qui se dressent sur le front, et s'épanouissent en éventail, fouillis de frisures qui bouillonnent comme des éponges, poèmes capillaires d'un goût saugrenu et ridicule. Pour reproduire d'aussi savantes combinaisons il faut toutes les ressources d'une grande habileté technique et les instruments les plus délicats. Nous nous étonnons que le sculpteur ait été attentif à ces accessoires; mais ces accessoires étaient la chose principale aux yeux des personnes dont il faisait le portrait. Il importait avant tout que l'impératrice fût coiffée au goût du moment. Coûte que coûte, il fallait se conformer à ce goût, et qui plus est, il fallait souvent s'arranger pour que la coiffure pût être modifiée suivant les variations de la mode. De là ces chevelures mobiles que présentent un grand nombre de bustes romains, véritables perruques de marbre qu'on enlevait ou remettait à volonté.

A vrai dire, les portraits romains ne sont que par exception des œuvres d'art. Ils étaient pour la plupart fabriqués par des praticiens qui tenaient boutique de bustes et de statues à l'effigie du prince vivant et de sa famille. L'assortiment se renouvelait à chaque changement de gouvernement. Et comme les révolutions de

palais et les coups d'État militaires étaient nombreux,
que les règnes étaient souvent très courts et que pour
profiter du courant de popularité qui portait la foule
vers son nouveau maître il fallait pouvoir en peu de
temps achever son portrait et le mettre en vente, les sculpteurs avaient imaginé de simplifier leur besogne. Ils
avaient dans leurs magasins des statues toutes prêtes,
statues à pied et à cheval, statues d'hommes, de femmes
et d'enfants, statues de guerriers ou de divinités avec
leurs attributs, mais toutes sans têtes : la place était vide
et l'on n'avait qu'à y adapter ce qu'on pourrait appeler
les têtes du jour, celles du prince vivant, de sa femme,
de ses enfants. Celles-ci changeaient avec les circonstances politiques et se succédaient sur les épaules de
marbre dans le même ordre et avec la même rapidité
que les empereurs sur le trône.

Cette pratique eût toujours été délicate si les statues
avaient été taillées dans un seul bloc de marbre ; mais
elle devenait toute simple et toute naturelle du moment
qu'elles étaient composées de plusieurs morceaux, et
cela arrivait souvent. D'abord beaucoup d'entre elles
avaient de grandes dimensions. Les Romains aimaient,
aussi bien en sculpture qu'en architecture, tout ce qui
était massif et gigantesque. Le goût du colossal, qu'ils
avaient emprunté aux sculpteurs de l'époque macédonienne, avait pris dans leur art un développement considérable : il n'y a guère de musée qui ne possède plusieurs
portraits d'empereurs ou d'impératrices en proportions
énormes. Ensuite les statues polychromes étaient à la
mode et pour les faire on rapprochait plusieurs marbres de couleur différente, des marbres blancs pour le

visage, les bras et les pieds, c'est-à-dire pour tous les nus, et des marbres plus ou moins colorés pour les vêtements. Tel buste de Commode qui est au Louvre porte une cuirasse en marbre noir sous laquelle on aperçoit les bords d'une tunique en marbre rose, et que recouvre un pan de manteau en porphyre rouge retenu par une broche en marbre jaune. Les pieds sont parfois chaussés de sandales dont les courroies sont en marbre vert. Les yeux étaient formés par des matières précieuses enchâssées, pierres rares ou argent ciselé, et comme ces matières précieuses étaient pour les voleurs une tentation, beaucoup de statues romaines ont aujourd'hui les orbites vides.

BAS-RELIEFS HISTORIQUES[1]

On a vu plus haut, dans le chapitre de l'architecture, que les Romains avaient pris l'habitude de perpétuer par des monuments le souvenir de leurs victoires et de leurs conquêtes, ou plutôt des victoires et des conquêtes de leurs empereurs, et qu'ils élevaient à Rome ou dans les provinces des arcs de triomphe et des colonnes commémoratives. Ces monuments furent d'abord assez simples ; mais bientôt on les fit plus ornés, on y épuisa toutes les ressources de l'architecture décorative et l'on finit par les charger de bas-reliefs offrant en une série de tableaux l'image de la gloire impériale. Ainsi se forma une sculpture d'un genre tout nouveau, la sculpture historique.

1. Philippi : *Über die römischen Triumphalreliefs* (*Abhandl. d. sächslichen Gesellschaft der Wissensch.*, 1872, t. VI, p. 275).

Ces bas-reliefs historiques sont conçus dans un esprit particulier et dans un style tout à fait contraire aux meilleures traditions du bas-relief hellénique. Les sculpteurs de la belle époque grecque, se servant du bas-relief comme d'un accessoire décoratif destiné à relever par quelques profils l'uniformité d'une paroi monumentale, les traitaient d'une manière simple et claire : les figures étaient peu nombreuses et par suite bien distinctes ; elles avaient peu de saillie, la saillie qui convenait à des ornements d'architecture ; enfin elles se présentaient dans le même plan ou à peu près, ce qui était naturel. puisqu'elles étaient censées appliquées contre un mur ; la composition était comme limitée en profondeur par une surface plane. Rien de pareil dans les bas-reliefs historiques romains. Ici les figures se détachent presque toutes en ronde bosse sur le fond et sont si nombreuses, si pressées, qu'elles remplissent, encombrent le cadre. A considérer, par exemple, le sacrifice ci-joint, emprunté à l'arc de Marc-Aurèle, il semble qu'on se soit ingénié à entasser dans le plus petit espace possible le plus grand nombre possible de personnages, comme pour donner l'impression de la foule qui entourait l'empereur dans cette cérémonie solennelle et faire de la scène un tableau d'une réalité plus saisissante. On ne voit plus le fond, mais qu'importe ? Le fond n'est plus en effet, comme au Parthénon, cette surface plane, image du mur, devant laquelle défilaient d'élégantes silhouettes d'hommes, de femmes et de chevaux, c'est une perspective ouverte. Voici au dernier plan le temple du Capitole et les monuments voisins. Nous sommes en plein air, nous avons sous les yeux non pas une zone décorative de figures, mais une composition qui comporte, comme une peinture, des profondeurs successives et n'a d'autre limite que celle d'un horizon fictif. On peut faire les mêmes remarques sur les bas-reliefs de la colonne Trajane. Chacune des 114 scènes, dont la suite s'enroule en spirale autour du fût, est un tableau qui se développe sur une vaste étendue de pays. Il y en a qui embrassent les deux rives du Danube, ainsi que les combats livrés sur chaque bord : la distance réelle des figures du premier plan et de celles du dernier serait parfois de plus d'un kilomètre. En un mot, la composition est pittoresque.   .

Il ne faudrait pourtant pas s'attendre à y voir observées toutes les lois de la perspective. Le sculpteur n'a pas eu la prétention de produire un effet d'optique ni de donner l'illusion vraie de la distance par des lignes fuyantes et des figures graduellement décroissantes. Les plus lointaines n'auraient pas été suffisamment distinctes. Il s'est donc contenté d'une perspective conventionnelle, laquelle consistait simplement à faire un peu plus petits les personnages les plus éloignés et à les placer dans la partie supérieure du cadre, au-dessus de la tête des plus rapprochés.

Si la perspective est conventionnelle, la manière de représenter chaque épisode l'est aussi. Point de mêlées confuses, comme on pourrait s'y attendre dans un tableau militaire. Au contraire, quelques groupes bien choisis, des cavaliers, des fantassins, des archers, des barbares fuyant ou combattant, des blessés, des femmes, des enfants qui demandent grâce ; une bicoque dans un coin, pour simuler une ville assiégée, et au-dessus de la crête du mur quelques têtes de soldats qui passent;

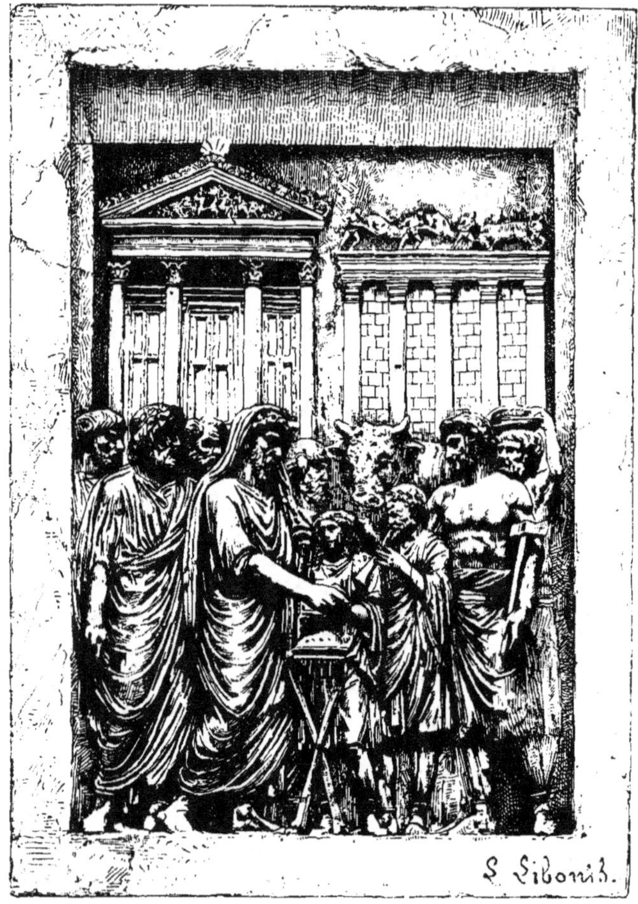

FIG. 94. — BAS-RELIEF D'UN ARC DE MARC-AURÈLE.

ici, pour rappeler la construction d'ouvrages importants,

quelques maçons qui apportent des briques et les mettent
en place; là, le Danube figuré sous les traits d'un vieillard
couché à l'entrée d'une grotte et quelques ondulations
pour indiquer le courant du fleuve sur lequel un pont
a été jeté et livre passage à l'armée romaine; plus loin,
deux ou trois bateaux, qui font songer à toute la flottille
des approvisionnements. Les autres épisodes sont traités
avec la même simplicité sommaire. Sans être chargées de
détails et d'accessoires, réduites au strict nécessaire, les
diverses compositions nous font assister aux moments
successifs de l'expédition, depuis le jour où la frontière est
franchie jusqu'à la conquête définitive. On suit les légions
dans leurs marches, aux camps, aux quartiers d'hiver,
sur les champs de bataille; on voit tous les actes de
l'empereur, tantôt haranguant ses soldats, tantôt combattant à leur tête, tantôt offrant un sacrifice, tantôt
pardonnant à ses ennemis désarmés et pacifiant le pays,
tantôt rentrant en triomphe.

Au point de vue de l'art, cette façon de concevoir le
bas-relief n'est pas très heureuse, parce qu'elle fausse les
proportions relatives des choses et déforme les figures;
mais pour le sculpteur historiographe elle a un avantage:
elle permet de condenser dans un espace limité une
multitude de scènes et d'exposer en quelques images
claires les péripéties multiples d'une longue campagne.
Le pittoresque de l'ensemble est sacrifié; mais chaque
épisode, présenté en quelques traits essentiels, est d'une
vérité frappante. On s'attache à la précision du détail :
les attitudes sont toutes significatives; les visages ont
leur caractère ethnographique et jusqu'à leur expression propre. Quant aux costumes, aux armures des

hommes et des chevaux, et à tous les accessoires maté-
riels, ils sont si fidèlement reproduits qu'on pourrait
recueillir sur la colonne Trajane les éléments d'un musée
militaire romain. Ce sont toutes ces qualités qui donnent

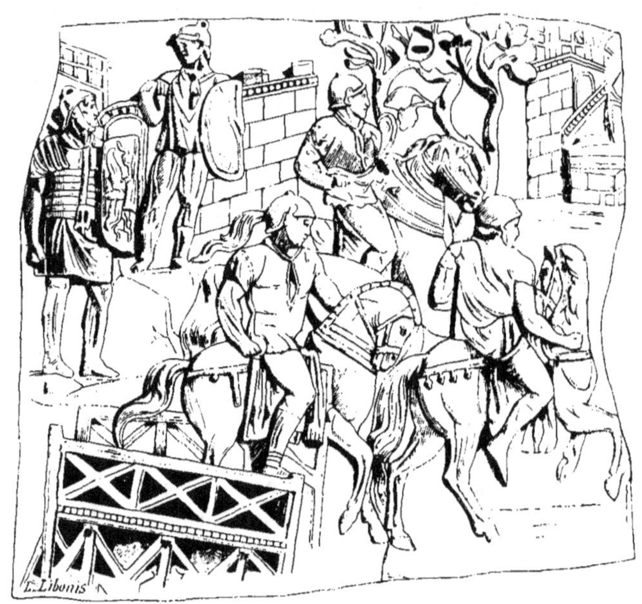

FIG. 95. — BAS-RELIEF DE LA COLONNE TRAJANE.

tant de valeur à ces bas-reliefs, d'ailleurs médiocres
comme œuvres de sculpture.

Les mêmes principes conventionnels de composition
se retrouvent sur les bas-reliefs de la colonne Antonine.
La figure 96, qui représente l'un des bas-reliefs du socle

et où se voient des jeux hippiques exécutés aux funérailles d'Antonin, fait penser à certains produits de notre imagerie populaire où l'on montre dans une série de lacets superposés les groupes successifs d'une longue procession.

Sur les bas-reliefs de l'arc de Septime Sévère au Forum, la convention pittoresque est poussée à ses dernières limites. Un même cadre embrasse non plus, comme tout à l'heure, quelques centaines de mètres d'horizon, mais un pays entier, toute une province. Quatre ou cinq scènes qui n'ont entre elles aucun lien sont disposées les unes au-dessus des autres en zones plus ou moins régulières et représentent chacune une étape distincte de la campagne de l'empereur contre les Parthes dans le bassin du Tigre et de l'Euphrate. On a de moins en moins le souci de la vraisemblance. Mais il faut dire aussi qu'à cette époque l'art est bien déchu. Ces bas-reliefs sont dus à de vulgaires manœuvres.

La décadence ainsi commencée au iiiᵉ siècle se précipite et s'achève au siècle suivant. On ne peut citer que pour mémoire les bas-reliefs de l'arc de Constantin. Là, les traditions les plus élémentaires de la sculpture sont méconnues. Non seulement on ne sait plus composer un bas-relief, mais encore on ne sait plus modeler la plus simple figure. Les têtes sont grosses, aplaties, sans expression; les corps trapus et disproportionnés, les attitudes lourdes et uniformes, les draperies grossières. Les personnages ressemblent à des magots et ils sont si serrés les uns contre les autres qu'à l'exception du premier rang on n'aperçoit plus que des têtes. La plastique est retombée en enfance.

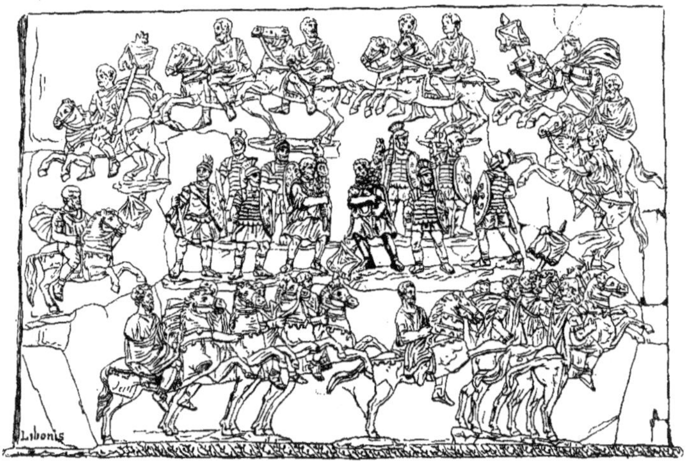

FIG. 96. — BAS-RELIEF DE LA COLONNE ANTONINE.

LES MONUMENTS FUNÉRAIRES

Suivant un usage commun à toute l'antiquité, les
Romains décoraient de bas-reliefs les parois extérieures
de leurs monuments funéraires. Il va sans dire que ces
bas-reliefs n'étaient pas des œuvres d'art. Sauf de rares

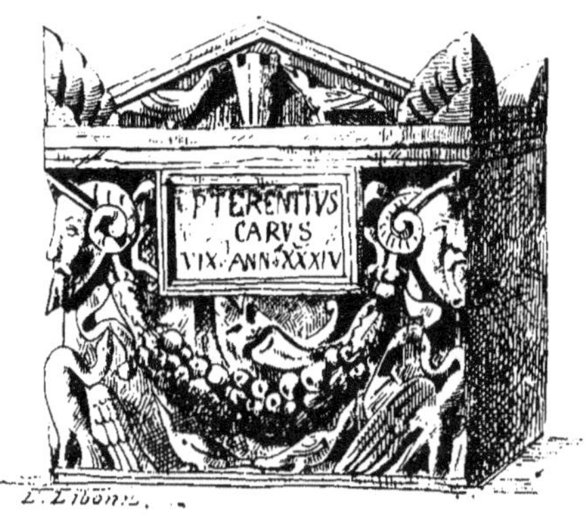

FIG. 97. — CIPPE FUNÉRAIRE.
(Louvre.)

exceptions, ils étaient soit exécutés à la hâte pour satisfaire le zèle empressé d'un héritier ou la douleur impa-
tiente d'un parent, soit confectionnés à l'avance par de
vulgaires marbriers préoccupés de garnir leur boutique
et d'offrir à leur clientèle un assortiment de tombeaux
variés où chacun pùt faire un choix conforme à ses goûts,
à sa condition et à sa fortune. Si les sculptures funéraires méritent quelque attention, ce n'est donc pas

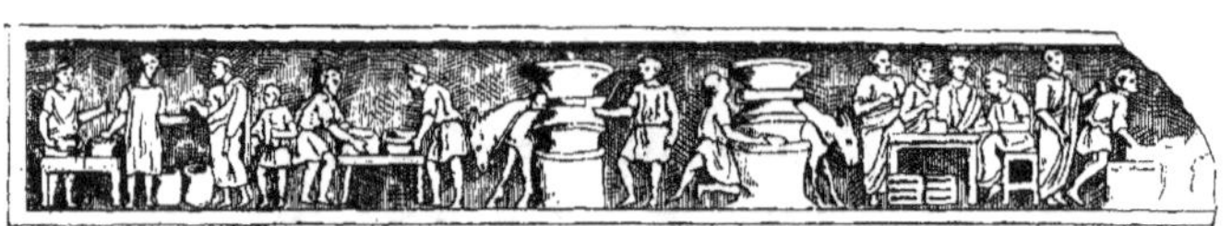

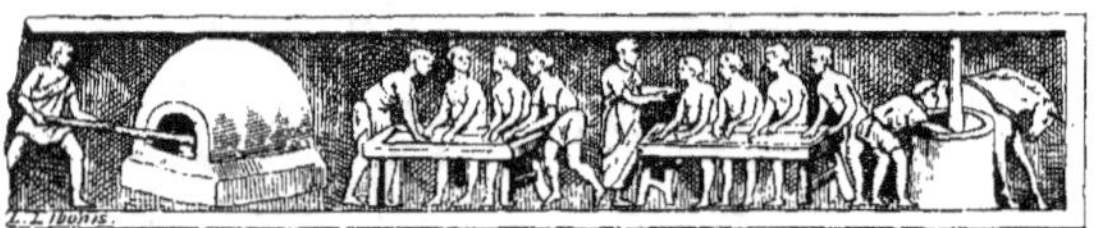

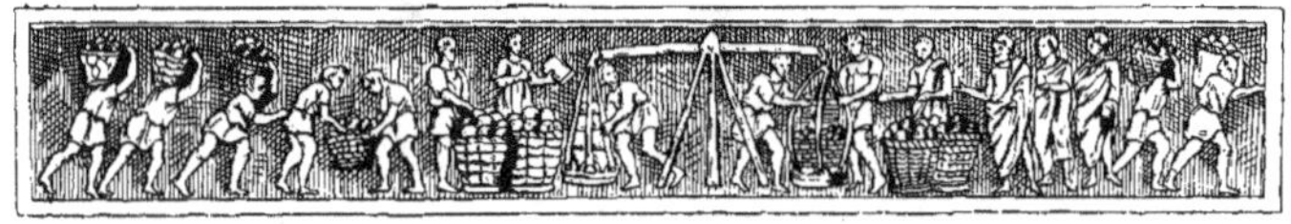

FIG. 98. — BAS-RELIEFS DU TOMBEAU DU BOULANGER À ROME.

pour leur style, qui est presque toujours insignifiant et se rattache au style banal des ıı^e et ııı^e siècles ; c'est seulement pour les sujets qu'elles présentent. Ceux-ci sont de diverses sortes :

a. Les motifs de pure ornementation. Tels sont, par exemple, sur les sarcophages, les cannelures droites ou ondulées en S, les têtes de lion avec anneaux, les guirlandes, et, sur les urnes en forme d'autel ou *cippes*, les têtes de bélier, les festons de feuillage, les fruits, les oiseaux.

b. Le portrait du défunt. Ce portrait est ordinairement un buste qui se détache du fond d'un médaillon, porté en l'air par deux génies volants, deux Victoires, deux Centaures où deux Tritons. Les marbriers avaient dans leurs boutiques des bas-reliefs avec médaillons tout prêts à recevoir une figure, et dans lesquels la pierre avait été réservée pour être taillée, le cas échéant, à la ressemblance d'une personne déterminée. Parfois un même médaillon contient deux têtes, celles du mari et de la femme; parfois, au contraire, le mari et la femme occupent chacun un médaillon séparé. Les portraits en pied sont assez rares. Ce sont des soldats en armes ou des magistrats en costume officiel.

c. Sujets empruntés à la vie ordinaire. On représente souvent les occupations ou le métier du défunt. Un personnage de Pétrone, au moment de mourir, donne des instructions pour la décoration de son tombeau : « Je veux, dit-il, qu'on mette sur mon monument des navires voguant à pleines voiles et que, d'autre part, on me montre revêtu de la robe prétexte et assis à mon tribunal. » Il a été, en effet, magistrat et

armateur ; cette flotte sera là pour rappeler l'importance de ses affaires. Sur le tombeau d'un habitant de
Pompéi, Munatius Faustus, qui avait aussi fait le
commerce maritime et rempli des fonctions officielles,
on voit de même un navire chargé de marchandises et
un *bisellium* ou siège d'honneur. Le tombeau dit « du
Boulanger » à Rome est célèbre. Plusieurs bas-reliefs y
font voir toutes les opérations de la boulangerie, depuis
la mouture du blé jusqu'à la mise en vente du pain.

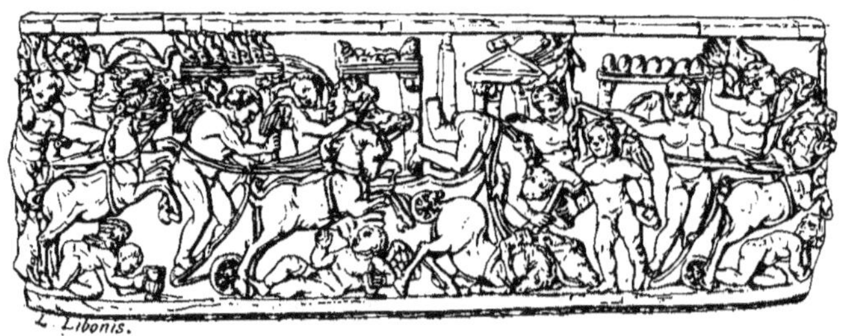

FIG. 99. — AMOURS DANS LE CIRQUE.

Toutes les sculptures funéraires du même genre ne
sont pas si explicites : il arrive que l'on se contente
d'une simple allusion au métier d'ailleurs indiqué dans
l'inscription funéraire : c'est ainsi qu'on représente
pour un boucher un étal, pour un charpentier les outils
de sa profession, pour un géomètre des instruments
d'arpentage, pour un affranchi qualifié de *pullarius,*
une cage à poulets.

d. Sujets de la vie ordinaire idéalisés. Un certain
nombre de sarcophages, qu'à leurs dimensions il est
facile de reconnaître pour des tombeaux d'enfants, sont

décorés de scènes familières, où les acteurs, au lieu d'être des hommes et des femmes, sont des Amours et des Psychés. On en voit sur des nacelles, occupés à ramer, à pêcher ou à jouer de la musique. D'autres, sur de plus lourds bateaux, sont matelots et font toutes les manœuvres d'un équipage. D'autres courent dans le cirque, montés sur des chevaux ou des chars. La sculpture funéraire applique là un genre de compositions pour lequel l'art gréco-romain a un goût très prononcé et dont les peintures de Pompéi nous offriront beaucoup d'exemples.

e. Jeux de mots figurés. Je range sous ce titre quelques représentations qui ne sont que la traduction plastique d'un nom ou d'un surnom. Sur le tombeau d'une enfant appelée *Nabira* et par sobriquet *Nabe,* on a mis un bateau (*navis*). Le même symbole est appliqué au tombeau d'une certaine famille *Naucellia*. A côté des épitaphes faisant connaître les noms de *Daphne, Vitulus, Onager, Porcella, Aper,* on trouve un laurier, un veau, un âne, une petite truie, un sanglier. C'est par un procédé analogue que plus tard, au moyen âge, on illustrera les blasons.

f. Symboles, métaphores et motifs allégoriques. Chaque peuple a quelques symboles traditionnels par lesquels il éveille l'idée de la mort. Les plus usités sur les bas-reliefs funéraires romains sont les masques, les génies endormis ou tenant une torche renversée, les génies des saisons, les monstres marins, les griffons. Ils sont tantôt isolés, tantôt combinés avec d'autres sujets. Il faut y joindre certains motifs que l'on rencontre sur les cippes communs, la corbeille renversée et les fruits répandus, l'oiseau ou le lièvre qui les mange, l'hirondelle qui attrape et dévore un papillon, et autres images analogues qui expriment d'une manière détournée les ravages de la mort.

g. Sujets mythologiques. C'est surtout par des sujets mythologiques que la sculpture funéraire des Romains traduit l'idée de la mort. En cela elle ne fait que continuer la tradition de l'Étrurie. Nous avons vu quelle place tenaient sur les sarcophages étrusques les scènes empruntées aux légendes helléniques. Les mêmes scènes reviennent sur les sarcophages romains. La mort d'Actéon, Achille et les Amazones, les amours de Vénus et d'Adonis, de Diane et d'Endymion, la mort d'Alceste, le départ de Protésilas pour Troie où il doit mourir le premier, Ariane à Naxos enlevée par Bacchus, les cortèges bachiques, la chasse de Méléagre, Phèdre et Hippolyte, Psyché et l'Amour, le rapt de Proserpine par Pluton, d'Europe par Jupiter, la mort d'Œnomaüs, les Tritons et les Néréides, les Nymphes et les Centaures, tels sont les motifs ordinaires. Tous sont des allusions plus ou moins directes à l'épreuve de la mort. Ce sont des combats sanglants, des massacres, qui nous en montrent la sombre réalité. Ce sont des légendes dont les héros ou les héroïnes sont de beaux jeunes gens, de belles jeunes filles, morts avant l'âge, ou, ce qui revient au même, aimés par quelque divinité et ravis par elle. Ce sont enfin des scènes bachiques, joyeuses en apparence, mais qui touchent au monde infernal, car de vieilles croyances associent Bacchus aux déesses de la terre, à Cérès et à Proserpine, et le confondent presque avec Pluton. Le sens funéraire est plus ou moins enveloppé, mais il est partout. Toutes ces images sont là pour faire penser au mystérieux pouvoir par qui tout est brisé, force, vertu, courage, jeunesse, beauté.

A Rome, la sculpture des tombeaux procède de la même façon que les philosophes. Comme eux, elle aime à familiariser les imaginations populaires avec l'inévitable nécessité de la mort, en leur offrant le spectacle des plus illustres catastrophes et des trépas les plus fameux. Sur les marbres populaires comme dans les traités de morale, le langage est le même ; c'est l'éternel refrain de la loi commune : nous mourons tous, comme sont morts les héros du temps passé, les Hercule, les Thésée, les Méléagre, les Achille, comme sont morts les rois puissants et les grands capitaines, les Alexandre et les Scipion, comme sont mortes toutes les héroïnes, les Hélène, les Alceste et les Iphigénie.

Ainsi, ce qu'il faut surtout chercher sur les bas-reliefs mythologiques des sarcophages romains, c'est l'énoncé de la grande loi qui pèse sur l'humanité. Il n'y a guère qu'un rapport très général entre la scène figurée et la personne du défunt. En allant acheter un sarcophage chez les marbriers, on se préoccupait peu de la convenance du sujet. Les modèles exposés étaient tous au même titre des symboles funéraires, consacrés par l'usage et devenus banals, dont on ne songeait pas à analyser le sens, pas plus que de nos jours tous ceux qui arborent des immortelles ne songent à l'immortalité. On jetait bien souvent son dévolu au hasard, sans autre considération que celle du prix. Il arrivait cependant que tel sujet fût choisi de préférence, parce qu'il

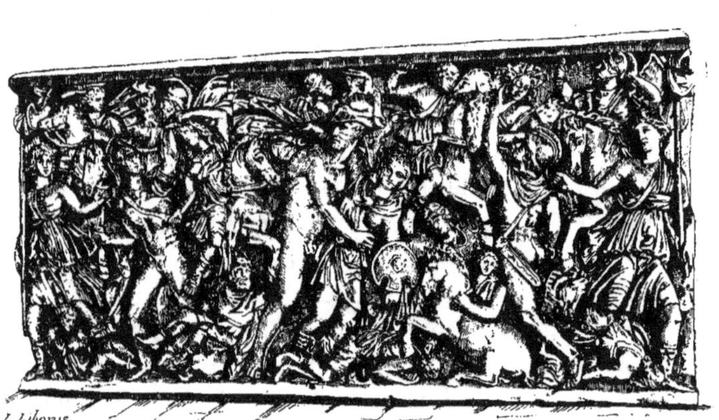

FIG. 100. — ACHILLE ET PENTHÉSILÉE.

était plus ou moins approprié à l'âge et au sexe du défunt, à son genre de vie ou à son genre de mort. Sur des tombeaux de femmes on rencontre des scènes comme la mort d'Alceste, le rapt de Proserpine, le sommeil d'Ariane, le cortège des Nymphes, des Muses ou des Néréides, au lieu que les Méléagre, les Adonis, les Achille, les Hippolyte, les Endymion se trouvent sur des tombeaux de jeunes gens. La règle, il est vrai, est loin d'être absolue. Mais le rapprochement est si naturel qu'il a dû se faire souvent. Ce qui sur ce point ne laisse aucun doute, c'est que parfois on donne à l'un des personnages mythologiques du bas-relief les traits de la personne ensevelie. Sur un sarcophage qui représente le combat des Grecs et des Amazones devant Troie et la compassion d'Achille pour la reine Penthésilée qu'il a blessée mortellement, les figures d'Achille et de Penthésilée sont évidemment des portraits; Penthésilée est coiffée comme une Romaine du IIIe siècle. Les marbriers avaient eu soin de réserver les deux têtes jusqu'au jour de l'achat, pour les approprier sur commande à la ressemblance des défunts. Le procédé était assez ordinaire; et de là vient que, sur plus d'un sarcophage, les têtes ne sont qu'ébauchées. La dernière adaptation ayant paru trop coûteuse, on s'en est passé, et le bas-relief est resté inachevé comme il l'était dans la boutique.

CHAPITRE X

LA PEINTURE ROMAINE.

I. — LA PEINTURE A ROME SOUS LA RÉPUBLIQUE.

URLICHS : *Die Malerei in Rom vor Cæsar's Dictatur.*
Würzbourg, 1876.

Les principes et les procédés de la peinture grecque,
que les hypogées étrusques nous montrent naturalisés
dans l'Italie centrale à partir du vᵉ siècle avant
notre ère, avaient pénétré à Rome aussi bien qu'à Clusium, Volci, Cæré et Tarquinies, témoin le temple de
Cérès, construit en 493 avant J.-C. près du cirque
Maxime et décoré de peintures et de bas-reliefs par Gorgasos et Damophilos. Rome était alors, pour les mœurs,

l'industrie et les arts, comme une cité toscane. Mais tandis qu'en Étrurie de nombreuses fresques nous ont été conservées, à Rome, pour toute la période qui va jusqu'à l'empire, rien n'a survécu que quelques rares souvenirs, épars dans les textes anciens.

La première chose que ces textes nous font connaître, c'est que la plupart des peintres de Rome étaient des Grecs. Je viens de citer Gorgasos et Damophilos. Névius parle d'un peintre de son temps, que, dans des vers moqueurs, il nous représente assis au milieu d'une petite baraque derrière des toiles et, sous cet abri, peignant des figures de Lares pour la fête des *Compitalia* : ce peintre est un Grec, *Théodotos*. C'est un Grec aussi ce *Métrodoros,* philosophe et peintre à la fois, aussi estimé parmi les artistes que dans l'école, que Paul-Émile fit venir d'Athènes à Rome pour en faire le précepteur de ses enfants et le peintre de son triomphe. Plus tard, on rencontre les noms de *Démétrios*, d'Alexandrie, de *Laia*, de Cyzique, de *Simos*, de *Sopolis,* de *Dionysios*, de *Sérapion,* dont l'origine grecque n'est pas douteuse.

Pourtant, tous les peintres de Rome n'étaient pas Grecs. Quelques Romains s'étaient certainement formés à l'école de ces maîtres étrangers. Deux noms sont restés célèbres. C'est d'abord celui de Fabius Pictor, l'historien de la deuxième guerre punique, membre d'une des plus illustres familles de Rome, qui, au grand scandale des fiers patriciens, ne crut pas déroger en cultivant la peinture et qui couvrit de fresques, fort admirées depuis, les murs d'un temple consacré à la déesse *Salus*. L'autre nom est celui du neveu d'Ennius, Pacuvius, qui vint de Brindes à Rome exercer son double talent de peintre et de poète dramatique et décora le temple d'Hercule sur le *Forum boarium.*

Sauf Gorgasos et Damophilos, qui d'ailleurs semblent avoir été surtout des enlumineurs de figures en terre cuite et de bas-reliefs, les plus anciens de ces peintres grecs et romains ne sont pas antérieurs au iiiᵉ siècle avant J.-C. Si donc on veut se faire une idée de leur style, c'est parmi les peintures étrusques de style récent qu'il faut chercher des points de comparaison. Tout au plus pourrait-on remonter jusqu'à la fin de ce que nous avons appelé le style sévère, s'il est vrai, comme le rapporte un critique ancien, que les fresques de Fabius Pictor, qui, par la vivacité et la richesse du coloris témoignaient d'un art avancé, avaient dans le dessin quelque chose de la raideur archaïque.

Une grande partie des sujets étaient, comme ceux des peintures étrusques, empruntés à la mythologie et à l'épopée helléniques. Un passage de Quintilien le laisse clairement entendre. Il dit avoir copié sur les murs de plusieurs temples très anciens les noms de *Alexanter, Cassantra, Hecoba, Pulixena,* etc., et il les cite comme des exemples curieux de la vieille orthographe latine. Pour qui connaît les usages de l'art grec et de l'art étrusque, il paraîtra évident que ces noms, *lus sur des murs,* n'étaient pas autre chose que des légendes destinées à distinguer les divers personnages d'une peinture murale. Ainsi, tandis que la poésie avec Livius Andronicus, Névius, Ennius, Pacuvius, popularisait chez les Romains les fables homériques, les peintres représentaient dans les sanctuaires les principales scènes du cycle troyen.

Cette peinture épique a laissé dans les souvenirs des
Romains peu de traces. Il n'en est pas de même d'un
autre genre de peinture qui les intéressait davantage,
je veux parler de la peinture historique ou commémorative. D'illustres généraux, pour fixer le souvenir
de leur gloire militaire, faisaient représenter soit sur
les parois d'un temple, soit sur un panneau mobile
destiné au *tablinum* de leur famille, l'image de leur
triomphe ou bien la bataille même qu'ils avaient gagnée.
C'est ainsi qu'au temple de Vertumnus et Consus on
voyait, dans tout l'éclat de leur appareil triomphal, T.
Papirius Cursor, le vainqueur des Samnites, et M. Fulvius Flaccus, le vainqueur des Vulsiniens; c'est ainsi
que Métrodore avait peint Paul-Émile triomphant de
Persée; c'est ainsi que M. Valérius Maximus Messala et
L. Scipion Asiaticus avaient exposé, l'un dans la Curie
le tableau de sa victoire sur Hiéron et les Carthaginois
en Sicile, l'autre, au Capitole, la défaite d'Antiochus.
Il arrivait aussi qu'au lieu d'une bataille on se contentait de figurer tel ou tel épisode d'une expédition.
Dans la deuxième guerre punique, après Cannes, alors
que tout semblait perdu, une petite armée, composée en
grande partie d'esclaves enrôlés et commandée par le
consul Sempronius Gracchus, ayant livré un combat
heureux sous les murs de Bénévent, les habitants l'avaient
accueillie avec des transports d'enthousiasme, courant
au-devant des soldats, leur offrant l'hospitalité, dressant
de toutes parts des tables dans les rues et servant un
repas devant chaque maison. L'excès de cette allégresse
populaire montrait de quel prix avait été un succès, en
apparence modeste, et pouvait être considéré comme un

hommage rendu au général qui avait su tirer parti d'une troupe improvisée : aussi Sempronius Gracchus, de retour à Rome, fit-il peindre dans le temple de la Liberté le tableau de cette touchante manifestation. D'autres fois, après une campagne importante, pour mettre sous les yeux du public l'ensemble des opérations, on dessinait sur un mur les contours et le plan du pays conquis, et, comme sur les vieilles cartes du xvie siècle, on marquait par de petites scènes de bataille les diverses localités où l'on avait rencontré l'ennemi. Une pareille peinture n'était pas autre chose qu'une carte murale illustrée. Après la conquête de la Sardaigne, Sempronius Gracchus consacra dans le temple de Mater Statuta une carte de ce genre. De même, après la prise de Carthage, un des compagnons de Scipion, L. Hostilius Mancinus, revenu à Rome avant l'armée et voulant profiter de la curiosité populaire, fit peindre un plan de Carthage avec les principaux épisodes du siège et de l'assaut, puis vint exposer ce tableau sur la place publique, prit la peine d'en expliquer lui-même les détails à la foule et mit à cette sorte de démonstration foraine une complaisance qui lui valut le consulat l'année suivante.

Tant qu'il y eut à Rome des familles patriciennes fières de leurs traditions et jalouses de leur gloire héréditaire, cette peinture commémorative ne dut pas être abandonnée. Mais il est probable qu'elle finit par rester confinée dans les maisons privées : au déclin de la république, personne n'en parle plus. La vogue est à la peinture de genre, aux paysages, aux vues architectoniques, aux portraits. Dans les guerres d'Orient, les

généraux romains ont appris à goûter un art frivole et
raffiné, qui a toutes les habiletés et toutes les élégances,
qui aime à piquer la curiosité par l'imprévu, à relever
la vulgarité d'un sujet par la grâce des détails, à tromper
les regards par des jeux de couleur et d'amusantes
illusions. Séduits par ces nouveautés, ils ont à l'envi
rapporté des tableaux de leurs expéditions asiatiques ; à
l'imitation des rois de Pergame ou d'Alexandrie, ils ont
eu leurs galeries, et la vanité passionnée de ces amateurs
de fraîche date a bientôt attiré une foule d'artistes au
talent léger, délicat, spirituel, dont la mode s'est vite
emparée : Jaia ou Laia de Cyzique, une femme peintre
renommée pour ses portraits ; Dionysios et Sérapion,
qui ne faisaient l'un que des figures, l'autre que des
paysages ; Sopolis, Antiochus, Gabinius et beaucoup
d'autres dont le nom n'a pas survécu. A l'époque de
César, la peinture alexandrine règne en souveraine à
Rome.

§ II. — LA PEINTURE SOUS L'EMPIRE.

Raoul Rochette : *Peintures antiques*, 1836. — Letronne : *Lettres
d'un antiquaire à un artiste*, 1836. — W. Helbig : *Die Wand-
gemälde Campaniens, nebst einer Untersuchung über deren
Technik*, von O. Donner. Leipzig, 1868, avec un atlas de planches ; *Untersuchungen über die campanische Wandmalerei*,
1873. — Mau : *Geschichte der decorativen Wandmalerei in Pompei*. Berlin, 1882 ; avec un atlas de planches. — Perrot : *Les
Peintures du Palatin (Mélanges d'archéologie)*. — Boissier : *Les
Peintures de Pompéi (Promenades archéologiques)*.

Si l'on consulte les écrivains de l'empire sur la
peinture de leur temps, ils disent ou qu'elle va mourir

ou qu'elle est morte. Faut-il ajouter foi à leurs doléances ?
Il est certain que peu de peintres paraissent dignes d'être
mentionnés. On cite quelques noms, *Ludius,* contemporain d'Auguste, peintre de paysages, remarquable par
la vérité, la vie et le mouvement de ses compositions ;
Turpilius, célèbre surtout parce qu'il peignait de la
main gauche ; *Dorothéos,* qui fut choisi par Néron pour
faire une copie de la Vénus Anadyomène d'Apelles ;
Cornelius Pinus et *Accius Priscus,* qui décorèrent le
temple de l'Honneur et de la Vertu sous Vespasien ;
Publius, peintre d'animaux ; enfin *Aétion,* contemporain
d'Adrien, fort vanté par Lucien. Parmi les œuvres, on
signale quelques tours de force : un portrait de Néron,
sur toile, haut d'environ 40 mètres, et la *Pallas* de la
Maison dorée de Néron, qu'on admirait beaucoup,
parce qu'elle tournait toujours ses yeux vers ceux qui
la regardaient. Tout cela est peu de chose. Il faut
reconnaître que la peinture a dégénéré.

D'où vient cette décadence ? C'est la suite d'une
révolution technique accomplie en Égypte, à Alexandrie
sans doute, vers le 1ᵉʳ siècle avant notre ère, révolution ingénieuse, trop ingénieuse, qui a substitué à la
peinture de chevalet une pratique nouvelle plus commode, plus expéditive et surtout plus économique.
Posséder des tableaux de maîtres était un luxe rare; jusque-là réservé à quelques heureux, aux riches qui
pouvaient les disputer à prix d'or. Pour mettre ces jouis-
sances si enviées à la portée des fortunes plus modestes,
on imagine de reproduire au moyen de la fresque, et
par des procédés dont le détail nous échappe encore, les
œuvres les plus célèbres et les plus admirées. Les

fresques ne tardent pas à se multiplier dans les édifices
publics et privés ; bientôt elles ont conquis la mode et
font tort à la peinture originale. Comme elles n'exigent
qu'une certaine légèreté de main, qu'elles dispensent de
toute invention et de tout effort, qu'elles offrent enfin
l'attrait toujours tentant d'une exécution rapide, les
artistes en viennent insensiblement à s'abandonner à ces
banalités faciles ; les talents s'usent peu à peu, l'art
décline et la peinture devient une industrie.

Cette industrie, qui a passé en Italie avec la civilisation alexandrine, y est florissante dès le commencement
de l'empire. A Rome et aux environs, elle a laissé de
nombreux vestiges. Des fresques ont été retrouvées dans
les thermes de Titus, dans les thermes de Trajan, dans
le caveau de la pyramide de Cestius, dans les *columbaria*
de l'Esquilin, dans plusieurs sépultures de la voie
Latine, dans la maison dite de Tibère au Palatin, dans
une maison récemment déblayée au bord du Tibre au
milieu des jardins de la *Farnésine,* dans la villa de Livie ad *Gallinas,* à 9 milles de Rome, enfin dans plusieurs
chambres sépulcrales découvertes à Ostie. Quelques-
unes de ces fresques se voient encore sur les murs
qu'elles décoraient autrefois ; d'autres ont été détachées
et transportées dans des musées ; d'autres enfin laissées
en place et mal préservées contre le vandalisme des
touristes, ne nous sont plus connues que par des copies
modernes. Ce que nous ont ainsi conservé les ruines de
Rome n'est presque rien en comparaison des innombrables fresques qu'on a recueillies et qu'on recueille
encore à Pompéi. On en compte aujourd'hui plus de
2,000 ; il n'y a guère de maison dont les parois n'en

soient comme tapissées. C'est à Pompéi qu'est vraiment
pour nous la peinture impériale.

Pour en avoir une impression juste, il faut bien
comprendre tout d'abord que c'est une peinture décorative. Elle a ses lois particulières, qui ne sont pas
celles de la peinture de chevalet. Il s'agit pour elle non
d'enfermer quelque sujet dans les limites d'un cadre
restreint, mais de se développer sur une large surface.
Elle s'adresse moins à l'esprit qu'aux yeux. Elle comporte une infinie variété d'ornements et mille combinaisons de lignes et de couleurs. Mais tous ces éléments
ne sont pas jetés au hasard : ils sont fondus dans une
harmonieuse unité. Dans les maisons pompéiennes chaque panneau de mur est comme un seul tableau, toujours
composé avec art, si libre que paraisse la fantaisie du
peintre. Marquons tout d'abord les principaux traits
de cette composition avant d'en démêler les détails et
d'en analyser le style.

1° *Principes généraux de la décoration pompéienne.*
— J'ai montré plus haut comment les revêtements de
marbre ou de stuc que les architectes romains appliquaient contre leurs maçonneries de briques, à l'intérieur des appartements, reproduisaient souvent en relief
les formes de l'architecture grecque. L'échelle variait
naturellement suivant qu'il s'agissait d'un palais ou
d'une habitation modeste. Dans les maisons privées,
cette architecture rapportée se réduisait à un soubassement jusqu'à hauteur d'appui, à quelques pilastres
et à une frise avec corniche. Le principe de la décoration pompéienne n'est pas autre chose que l'imitation
en couleur, en trompe-l'œil, de ces reliefs architecto-

niques. Dans les plus anciennes fresques de Pompéi
l'imitation est évidente. Mais peu à peu elle devient
moins fidèle. On dessine toujours des colonnes, des
pilastres et des frises parce que ce sont des motifs consacrés, mais on ou-
blie qu'ils doivent
représenter quel-
que chose de réel.
On les transforme,
on les multiplie, on
les combine avec
fantaisie, sans se
soucier de la vrai-
semblance ni de l'il-
lusion. Ce ne sont
plus que des sujets
de décoration pure,
et comme tels ils se
prêtent à tous les
caprices, à toutes
les improvisations
plus ou moins heu-
reuses du décora-
teur. On vous peint,

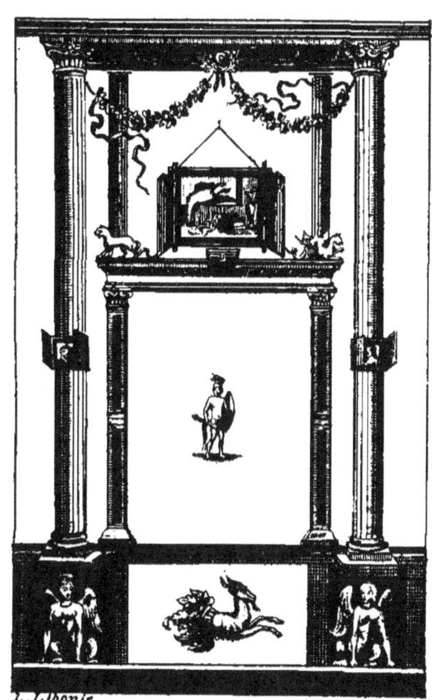

FIG. 102. — PEINTURE DE POMPÉI.

par exemple, des
galeries entrecroisées ou superposées, des terrasses,
des balcons, des colonnades, des frontons, des voûtes;
mais dans ces échafaudages étranges et compliqués
tout est faux, les détails comme l'ensemble, les proportions comme la perspective; les lois les plus élémentaires de la construction et de la stabilité sont

ridiculement méconnues. Vous voyez des colonnes comme il n'en existe pas dans la réalité, grêles comme des tiges de roseaux, élancées comme des piliers de cathédrales ou des pieds de candélabres, et, sur ces frêles appuis, des couronnements qui rappellent les formes connues de l'architecture gréco-romaine, mais dont la légèreté insolite a quelque chose de flottant, qui semblent peser aussi peu que des lianes et dont les lignes ténues se perdent dans les enroulements imprévus d'une arabesque, qui elle-même s'achève en corolles d'où s'échappent enfin un cheval, un lion, un griffon, un Génie, un Triton, une Chimère. Les menus ornements surabondent : un ruban noué, une bandelette tombante, une guirlande, un feston, une touffe de feuillage, un bouquet de fleurs, des fruits, un oiseau qui se pose, un dauphin, un masque, une flûte, une lyre, une coupe. Partout les pilastres sont parés comme des thyrses; ici ou là, on voit suspendus à un balcon ou à une colonne de petits tableaux semblables à des médaillons et qui représentent soit une scène mythologique, soit quelque nature morte, soit un paysage en raccourci, une campagne avec rivières et bois, une villa, des cascades, un site sauvage et des chasseurs, un port de mer avec le va-et-vient des navires. Rien ne peut mieux donner l'idée de cette architecture transparente et aérienne que les kiosques à balustres, arcades, coupoles, colonnettes et clochetons où l'on enferme les oiseaux.

Quelques personnages animent ces vues architectoniques. Une femme attend appuyée contre une colonne ; une autre se penche avec curiosité sur un balcon ; une troisième sort rapidement d'une galerie et paraît s'em-

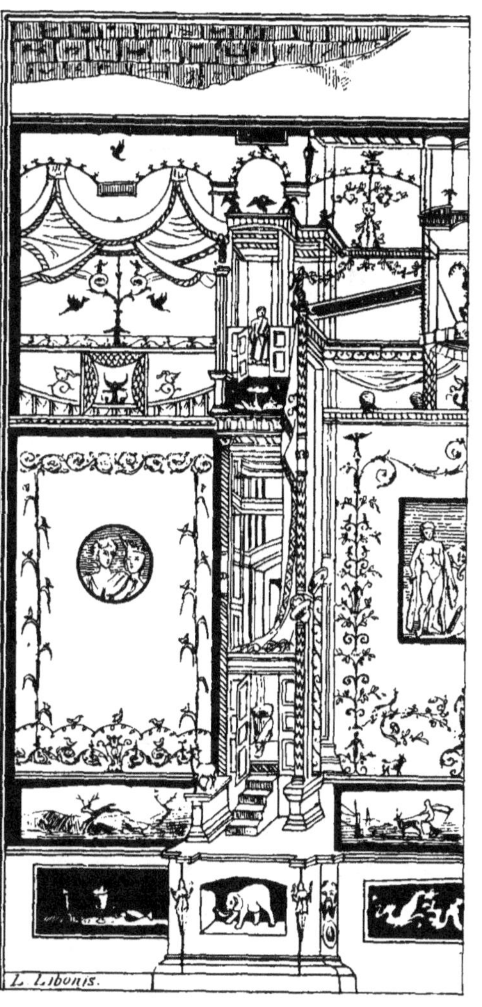

FIG. 103. — PAROI DÉCORÉE DE PEINTURES
(Pompéi.)

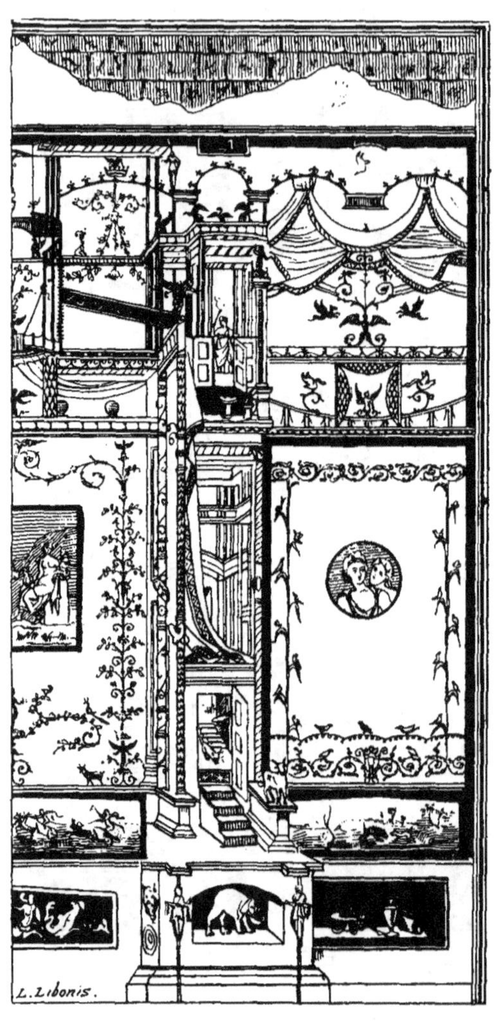

MOITIÉ DROITE DE LA MÊME PAROI.

presser au-devant d'un visiteur; ici un chien se précipite en aboyant; là des promeneurs circulent sur une corniche comme des chats sur une gouttière, et près d'eux passent des panthères et des tigres; plus loin, ce sont des figures plus ou moins allégoriques assises sur le rebord d'une cimaise ou perchées sur la spirale d'une arabesque à la façon d'un oiseau sur une branche; sur les terrasses qui ressemblent à des baldaquins, tant elles sont ornées et comme brodées, vous voyez des cavaliers, des chars lancés au galop et des chasses; des animaux féroces sautent à travers des pampres comme des bêtes de cirque à travers des cerceaux. Hercule même s'y rencontre avec le lion de Némée qui bondit d'un balcon voisin. L'invraisemblance conventionnelle de l'art décoratif autorise ces imaginations bizarres. Parfois ces faux portiques laissent entre eux une large ouverture d'où la vue s'étend sur les perspectives fuyantes d'un jardin, d'un paysage ou d'une rue. Ce sont des échappées sur l'extérieur, mais des échappées trompeuses : ces horizons sont peints avec cette adresse merveilleuse dont l'Italie moderne a conservé le secret et qui réserve aux voyageurs de si amusantes surprises. De près, l'illusion ne dure pas. Mais on conçoit que, sortant de la pleine lumière et entrant dans le demi-jour d'un appartement, le regard encore ébloui et incertain fût aisément dupe de ces artifices. Un trompe-l'œil de ce genre a été retrouvé dans la maison de Livie, au Palatin. Par une fenêtre ouverte on aperçoit une rue de Rome bordée de maisons et animée par quelques passants.

Si développées que puissent être ces images, elles ne

couvrent jamais tous les murs d'une maison ; il reste
toujours des panneaux à décorer. On les garnit de diverses manières. Dans certains cas, on se contente d'un
fond uni, tout entier d'une seule nuance : on l'encadre
de quelques pilastres ou de tresses végétales, et pour
relever la monotonie de cette grande surface où rien
n'attire l'œil, on peint au milieu du champ un petit motif isolé et comme suspendu dans l'espace, un Génie qui

vole, par exemple, une ou plusieurs femmes qui dansent, un
Satyre armé du thyrse, une
Néréide sur un monstre marin, un Centaure au galop,
un Amour sur un lion, une
Nymphe enlevée par un taureau, une Bacchante abreuvant une panthère, presque
toujours des figures empruntées au cycle de Bacchus
(fig. 104).

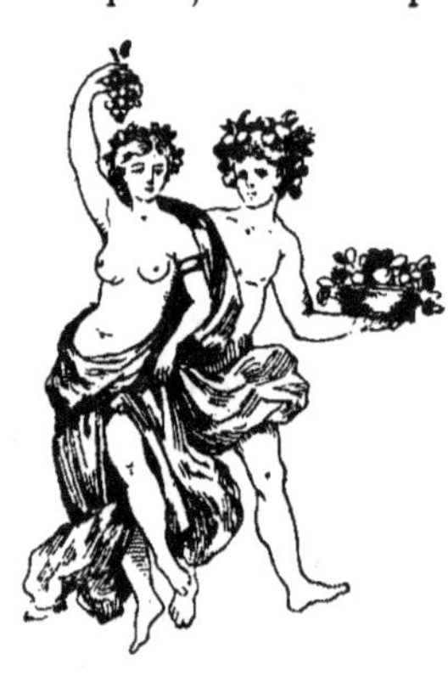

FIG. 104.

PEINTURE DE POMPÉI.

Mais, en général, la décoration est plus chargée. Le
peintre réserve sur le fond du panneau un ou plusieurs
compartiments rectangulaires qu'il remplit soit d'un
paysage, soit d'une scène populaire, soit d'une aventure
mythologique, en un mot, d'une composition ; il l'entoure d'un beau cadre bien peint, et vous avez l'illusion
d'un mur auquel sont accrochés des tableaux de maîtres.
La vanité du bourgeois romain est ainsi satisfaite. Il
n'est pas assez riche pour se donner, comme les grands
seigneurs, le luxe envié d'une collection d'œuvres origi-

nales; mais au moins il a chez lui l'apparence flatteuse d'un petit musée.

On voit de quelles ressources décoratives dispose le peintre de Pompéi. Sans parler ici de la richesse, de la variété et de l'harmonie des tons, qu'il est impossible d'analyser et de décrire, quel art de plaire aux yeux et quels artifices, tantôt pour reposer le regard sur des fonds d'une seule nuance et l'éveiller ensuite par la surprise d'un détail inattendu et vivement coloré ; tantôt pour le charmer par le jeu d'une image décevante et l'entraîner dans des perspectives plus ou moins lointaines ; tantôt enfin pour le retenir sur des scènes ou dramatiques, ou piquantes, ou seulement pittoresques !

2° *Sujets et style.* — Les sujets des tableaux dont la peinture gréco-romaine entremêle ses compositions décoratives n'ont été jusqu'ici indiqués qu'en passant : ils doivent être considérés de plus près ; il faut montrer d'où on les a tirés et comment on les traite ; quelles sont, par conséquent, les prédilections des peintres à l'époque impériale, quel est l'esprit de leur art et quel est leur style.

La faveur est évidemment à la mythologie et à l'épopée : c'est à cet ordre de sujets que se rapportent les deux tiers des peintures qui ont été recueillies tant dans les villes campaniennes qu'à Rome et dans les environs. Mais, chose curieuse, dans tout cela il n'y a presque rien qui touche au passé religieux ou héroïque de l'Italie. Les dieux indigènes sont à peine représentés : ici ou là, dans quelque chapelle domestique, quelques Lares et Pénates, et c'est tout ! Quant aux légendes italiques, elles n'inspirent que de rares tableaux : à Herculanum, une parodie de la fuite d'Énée après la prise de Troie ; à

Pompéi, cinq ou six scènes, la plupart fort incertaines et dont l'une montre Énée blessé guéri par Vénus ; enfin à Rome, dans un colombaire découvert sur l'Esquilin, plusieurs épisodes qui paraissent se rapporter à la légende d'Énée. Au contraire, la mythologie grecque est partout ; l'Olympe est là tout entier avec son cortège varié de dieux, de déesses et de héros. Tous les tableaux importants reproduisent des scènes de l'épopée hellénique : le sacrifice d'Iphigénie, la mort de Laocoon, la fureur meurtrière de Médée, les voyages d'Ulysse, la reconnaissance d'Achille par Ulysse au milieu des filles de Lycomède, Oreste et Pylade en Tauride.

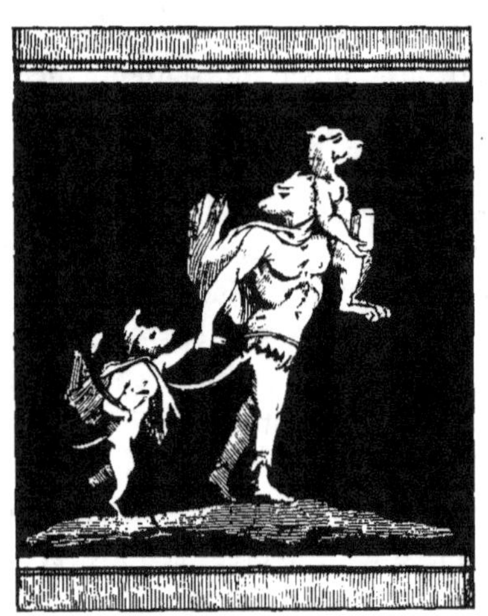

FIG. 105.

PARODIE DE LA FUITE D'ÉNÉE.

(Herculanum)

D'où vient cette étrange inégalité entre les légendes helléniques et les légendes italiques ? Est-ce dédain pour les traditions nationales ? Non, car depuis les efforts d'Auguste, on aime et l'on connaît plus que jamais le passé de l'Italie. Les coutumes de la vieille religion romaine revivent ; les vieilles légendes sont réveillées ; l'*Énéide*, qui les chante, est dans toutes les mains et dans toutes les mémoires, et telle est sa popularité qu'à Pompéi même les murs conservent, tracés à la pointe, des vers de Virgile. Non, les sentiments sont bien romains, mais les imaginations sont toutes grecques. C'est la Grèce et la Grèce seule qui depuis plusieurs siècles les a nourries et formées. C'est avec les fables grecques que le Romain est tout d'abord familiarisé, puisque Homère est le premier livre qu'on lui met entre les mains dans son enfance. Ce sont ces mêmes fables grecques que célèbrent autour de lui les poètes et que sculpteurs et peintres présentent à ses regards. Elles l'environnent de toutes parts et l'assiègent; il en est comme possédé et n'échappe pas à leur prise. Dès qu'il s'agit d'art ou de littérature, en dépit de son patriotisme, il est Grec; de même que plus tard les premiers écrivains chrétiens resteront païens d'esprit et de forme jusque dans les émotions sincères de leur foi nouvelle; de même qu'au xviᵉ siècle nos poètes, épris de l'antiquité, ne pourront jamais dépouiller, dans les sujets les plus modernes, l'appareil d'une froide et ridicule mythologie.

Si la peinture impériale s'inspire surtout des légendes helléniques, elle paraît avoir eu pour certaines d'entre elles une préférence marquée. Elle ne touche guère aux légendes qui ont quelque chose de grave et de religieux et qui trahissent sous la fiction une pensée philosophique ou morale, telles que les légendes de Saturne détrôné, de Jupiter et des Titans, de Neptune en compétition avec Minerve, de Prométhée, d'Œdipe ou de Proserpine. Toute cette mythologie, qui est précisément celle à laquelle s'attache l'art sévère de Phidias, de Polygnote et d'Eschyle, est pour les Romains de l'empire une lettre morte. A cette société sceptique et frivole, ce qui plaît surtout, c'est la mythologie dans ce qu'elle a de gracieux. Les fables qu'elle aime sont celles qui racontent les amours divines, les scandales de

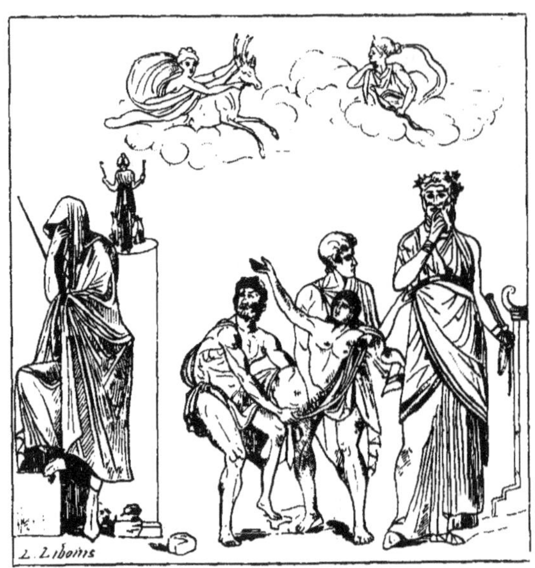

FIG. 106. — SACRIFICE D'IPHIGÉNIE.

(Peinture de Pompéi.)

l'Olympe, les ruses de l'amoureux Jupiter pour séduire les pauvres mortelles, les entreprises galantes d'Apollon, de Neptune et de Bacchus, les coquetteries de Vénus au milieu de ses Amours, les faiblesses d'Hercule, les aventures de Diane et d'Endymion, d'Œnone et de Pâris, de Polyphème et de Galatée, de Circé et d'Ulysse, de

Léandre et de Héro. Elle représente volontiers les beaux adolescents, Narcisse, Adonis, Ganymède ; les belles victimes, Danaé, Io, Europe, Léda. Il semble que les peintres gréco-romains ne connaissent point d'autres sujets que des sujets aimables. Sauf de rares exceptions, qui tiennent à ce qu'ils reproduisent parfois des œuvres célèbres, leurs tableaux mythologiques ne sont guère que des anecdotes sentimentales ou voluptueuses. On ne voit que des héros soupirants ou des héroïnes désolées, mais héros charmants dans leurs élégies, héroïnes délicieuses dans leur désespoir. C'est la mythologie en madrigaux.

Souvent le peintre a l'air de craindre que les scènes ne parlent pas assez d'elles-mêmes. De peur qu'on ne prenne sa mythologie trop au sérieux et pour bien faire voir qu'il n'y a là qu'un déguisement piquant jeté sur des galanteries humaines, il y ajoute un ou plusieurs Amours qui, par leur grâce légère, leurs agaceries, leurs impertinences et leurs malices, mettent en lumière les plus fines intentions de l'artiste. Ce sont autant de traits d'esprit, autant de sourires, qui volent à travers le sujet. L'un, à cheval sur un dauphin, porte un doux message attendu ; un autre conduit Bacchus vers Ariane ; un troisième encourage Diane qui n'ose pas aimer Endymion ; d'autres s'empressent autour d'Adonis blessé. Le géant Polyphème, le terrible Cyclope qui a fait tant de mal à Ulysse, est comme un enfant depuis qu'il poursuit la dédaigneuse Galatée : il est tenu en laisse par un Amour debout sur ses épaules. Hercule lui-même est désarmé par les Amours et leurs faibles bras emportent son carquois et sa massue.

Les Amours ne sont pas plus nombreux au xviiie siècle chez Watteau, Boucher ou Fragonard que sur les fresques de la peinture gréco-romaine. De toutes les figures allégoriques, il n'y en a point que cet art affadi multiplie davantage. Non seulement il les répand au milieu de toutes ses compositions mythologiques, mais

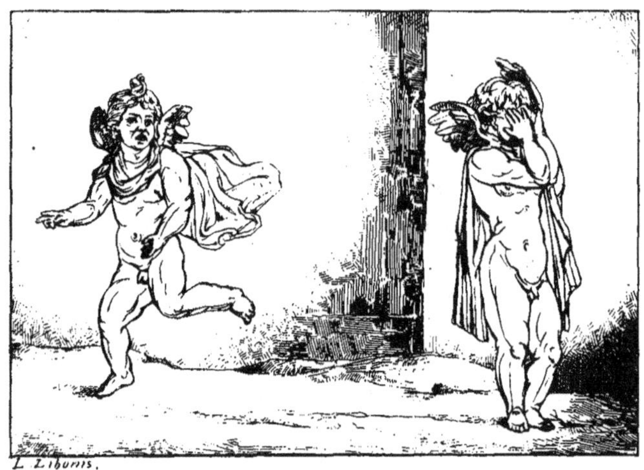

FIG. 107. — PEINTURE DE POMPÉI.

encore il aime à les peindre pour eux-mêmes et se plaît à saisir dans la grâce fugitive de leurs mouvements ces jolis petits êtres sautillants et volages. Il imagine des tableaux dont ils font presque tous les frais. Voici, par exemple, une nichée d'Amours : elle vient d'éclore et tout alentour un groupe de jeunes gens et de jeunes filles la considère avec une curiosité souriante. Voici plus loin une vendeuse d'Amours qui les colporte comme des oiseaux, captifs dans une cage. Enfin les voici tous émancipés et vivant en liberté : les uns jouent à cligne-musette et se livrent à toutes sortes de divertissements, à la musique, à la danse, à la chasse, à la pêche, aux festins, aux courses du cirque ; les autres travaillent et sont cordonniers, fleuristes, meuniers, cordiers, menuisiers, moissonneurs, vendangeurs, marchands. Tout est petit autour d'eux. Ils ont de petits chevaux, de petits chars, de petits bateaux ; ils attellent des chevreaux, des papillons, des colombes. C'est l'image en raccourci de la vie humaine, mais l'image idéalisée. La banalité des scènes les plus vulgaires est relevée par la gentillesse surnaturelle de ces acteurs ailés, d'autant plus amusants que leur air mutin et leurs enfantillages contrastent davantage avec la gravité de leurs occupations.

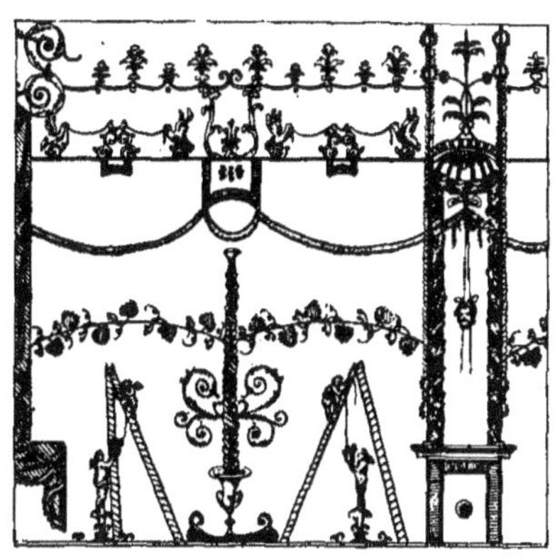

FIG. 108.

AMOURS VENDANGEURS.

(Peinture de Pompéi.)

Remplacez tous ces Amours par des hommes et vous aurez des tableaux de genre. Ces tableaux se retrouvent en grand nombre dans la peinture campanienne : ce sont ceux qui, après les sujets mythologiques, paraissent avoir eu le plus d'attraits pour le public romain. Ils

représentent surtout des scènes empruntées à la vie populaire. Ils nous montrent les mœurs de la rue, les
charlatans, les danseurs de corde, les portefaix, les cavaliers et les charretiers, les jeux des gamins, les conver-
sations des promeneurs oisifs. Ils nous font pénétrer
dans les théâtres de tragédie et de comédie, dans les
cirques, dans les bou-
tiques. Nous voyons à
l'œuvre tous les métiers :
le foulon qui blanchit les
toges, le boulanger qui
vend son pain, le maçon
qui étale son mortier sur
un mur (fig. 109).

Les tableaux de
paysage ne manquent pas
dans la peinture impé-
riale. Les anciens n'é-
taient pas aussi insensi-
bles qu'on le croit souvent
aux charmes de la nature
On sait avec quel bon-

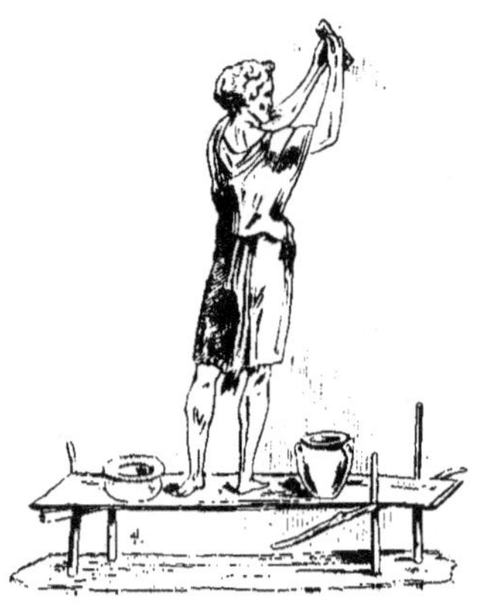

FIG. 109.

PEINTURE DE POMPÉI.

heur ils choisissaient l'emplacement de leurs maisons
de campagne : il n'y a guère dans le monde d'horizons
pareils à ceux dont jouissaient les innombrables villas
du golfe de Naples. Mais si les Romains aimaient la
nature, ils l'aimaient autrement que nous, et par suite
la représentaient d'une autre manière. Nous autres
modernes, nous cherchons surtout dans la nature l'écho
de nos propres sentiments, de nos tristesses et de nos
joies: nous goûtons les paysages qui font penser ou

rêver; nous demandons aux peintres qu'ils nous laissent
entrevoir l'âme des champs, des ruisseaux et des bois.
Les anciens se contentaient, en général, de considérer
la nature comme un beau décor, sur lequel ils reposaient leurs yeux. Aussi leurs tableaux de paysage ne
sont-ils guère que des vues agréables, mais insigni-
fiantes : des champs, des prés avec leurs troupeaux, un

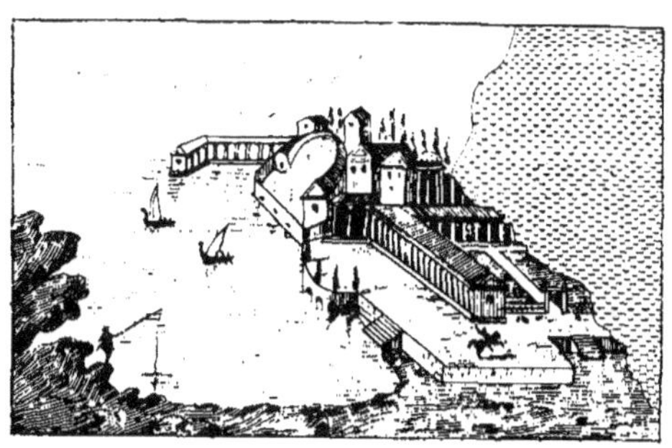

FIG. 110. — PEINTURE DE POMPÉI.

sanctuaire entouré d'arbres, un parc avec des cascades, un village, une ville dont les quartiers s'étagent
en amphithéâtre, un port avec ses magasins. ses môles
et tout le mouvement de son commerce, une villa au
bord de la mer, un coin de jardin avec une mare où
s'ébattent des canards, quelques joncs et sur un arbre
un perroquet. Parfois, c'est un paysage exotique,
imité des peintures égyptiennes, une vue du Nil, par
exemple, avec des temples et des maisons d'une architecture bizarre, des marécages peuplés de crocodiles et

d’hippopotames et toute une végétation de lotus et de palmiers.

La plupart des tableaux mythologiques comportent un fond de paysage. Il va de soi que ce paysage est plus ou moins en harmonie avec le sujet et que le même ne saurait convenir à la mort d’Hylas ravi par des Nymphes, au jugement des déesses par Pâris sur le mont Ida, à la chute d’Icare, à la délivrance d’Andromède et à la descente d’Ulysse aux enfers. Il ne faudrait pas croire pourtant que le peintre en le composant s’efforce d’ajouter une impression désolée ou riante à l’impression triste ou gaie que peut provoquer chez le spectateur l’épisode mythologique lui-même. Non ; le paysage est là, non pour éveiller en nous un sentiment déterminé, mais pour indiquer le lieu de la scène : il n’est pas autre chose qu’un cadre.

Pour achever l’énumération des sujets de la peinture gréco-romaine, signalons encore les *natures mortes* et les *caricatures.* Les natures mortes (gibier, volailles, poissons, fruits, fleurs, vaisselle) ne sont que des accessoires dans l’ensemble de la décoration murale : de là vient que si habilement qu’elles soient traitées, elles ne le sont jamais pour elles-mêmes et ne présentent pas ces artifices de lumière et de couleur par lesquels les peintres de nos jours cherchent à produire l’illusion de la réalité.

Les caricatures, nombreuses et variées, témoignent non seulement d’une verve ingénieuse, mais encore d’un fin talent d’observation. La plupart sont des scènes prises sur le vif. Quelques-unes sont des parodies de légendes, la parodie de la fuite d’Énée, par exemple, ou, ce qui est plus curieux encore, la parodie, récemment découverte, du jugement de Salomon.

Ainsi nous avons sous les yeux tous les genres, depuis les plus nobles jusqu'aux plus populaires. Quelle richesse d'imagination si tout cela était original ! Mais

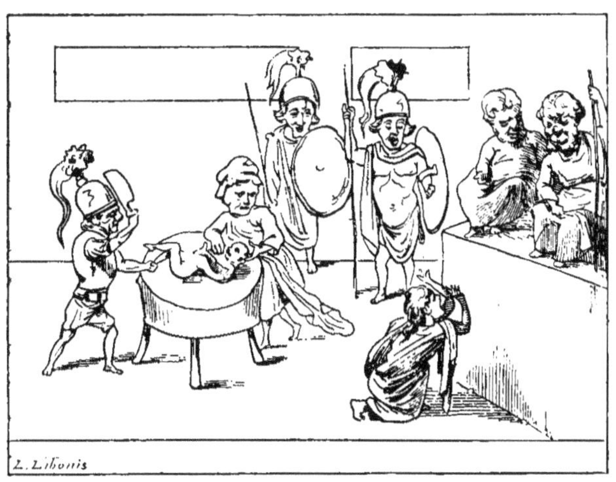

FIG. 111. — PARODIE DU JUGEMENT DE SALOMON.

(Peinture de Pompéi.)

il est certain que la plupart des peintures grécoromaines sont des copies. Les scènes mythologiques ou épiques sont empruntées à l'art alexandrin. Les seules peintures qui témoignent d'une certaine liberté d'invention sont les scènes de genre, les paysages et les caricatures. Là, les peintres gréco-romains montrent ce dont ils sont capables lorsqu'ils sont abandonnés à eux-mêmes. Leur art est loin d'être parfait. Mais ils ont une précieuse qualité : ils savent voir et observer ; ils savent saisir un geste, un mouvement, une attitude, d'un trait rapide et précis ; surtout ils joignent à cette sûreté du coup d'œil une merveilleuse habileté de main.

Original ou non, leur œuvre n'est pas à dédaigner. Il a au moins un mérite, c'est de n'avoir point péri. Il nous montre ce qu'est devenu l'art après les grandes écoles. C'est une peinture facile, frivole, raffinée, mais après tout charmante, où l'imagination antique, non encore épuisée par une fécondité séculaire, a mis ce qui lui restait de grâce, de gentillesse et d'esprit.

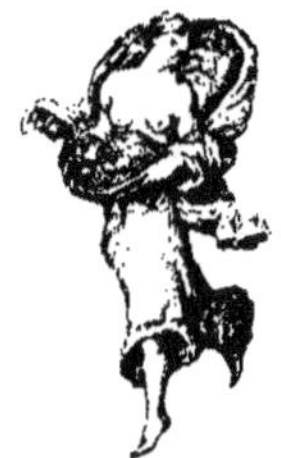

FIG. 112. — PEINTURE DE POMPÉI.

CHAPITRE XI

LA MOSAÏQUE.

GERSPACH : *La Mosaïque.* Paris, Quantin, 1881.

L'art, inventé par les Grecs, d'assembler de petits
cubes multicolores de pierre ou de verre pour en composer des dessins fut d'assez bonne heure pratiqué par
les Romains. Au IIe siècle avant notre ère, Lucilius en
parle comme d'une chose connue. Mais l'emploi n'en
devint tout à fait courant qu'à la fin de la république
et au commencement de l'empire. A partir de cette
époque, les architectes ne cessèrent d'en faire usage pour
la décoration des édifices publics et privés. On s'en
servait pour couvrir d'un revêtement à la fois solide,
léger et brillant, la nudité des colonnes, des parois, des
plafonds, des voûtes, mais surtout pour varier l'uniformité des pavements. Les mosaïques de pavement
étaient les plus étendues et les plus belles. Ce sont à peu
près les seules qui nous aient été conservées.

Les plus simples étaient en deux couleurs seulement, blanc et noir. Le sujet en était ordinairement
peu compliqué et ne comportait guère un grand nombre

de figures. J'en donne ici un spécimen emprunté au vestibule d'une maison de Pompéi : le chien de garde aboie au visiteur qui entre.

Les mosaïstes romains s'en tenaient rarement à ces deux couleurs élémentaires. Les marbres précieux que Rome faisait venir à grands frais de tous les points du monde pour les besoins de ses constructions leur offraient une riche variété de couleurs et jusqu'aux nuances les plus délicates. L'emploi de ces ressources nouvelles, combiné avec l'emploi des pâtes de verre coloré donna naissance à un genre de mosaïques beaucoup plus éclatant, qui devint fort à la mode surtout vers le temps d'Adrien et

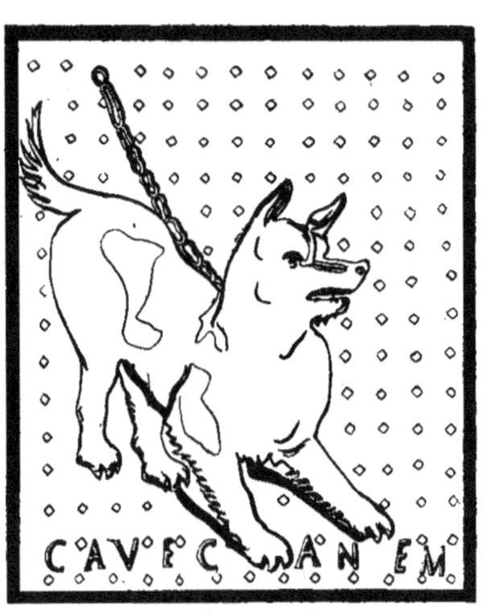

FIG. 113.
PAVEMENT EN MOSAÏQUE.
(Pompéi.)

dont il subsiste dans les musées d'Europe un grand nombre d'exemples. Elles sont de deux sortes, ornementales ou pittoresques.

Les mosaïques ornementales se composent uniquement de dessins géométriques dont l'apparence rappelle celle d'un tapis. Ce sont de larges bandes formées de torsades, de tresses, d'entrelacs, de feuillages enca-

drant un motif principal symétriquement répété. Le
type le plus simple de ce genre de mosaïques est le
seuil de Pompéi avec l'inscription *Salve*. Quelques
pavements trouvés dans les Basses-Pyrénées offrent plusieurs arrangements plus compliqués et d'un caractère
plus décoratif, où l'intention d'imiter une étoffe historiée est évidente[1].

Le genre que les Romains paraissent avoir préféré
est celui de la mosaïque pittoresque, c'est-à-dire repro-
duisant non pas la surface plane d'un tapis à figures,
mais les profondeurs, les perspectives, le clair-obscur,
le coloris d'un tableau peint. Les sujets d'un grand
nombre de leurs mosaïques sont ceux que nous avons
déjà signalés dans le chapitre de la peinture, des scènes
mythologiques et surtout des scènes empruntées au
mythe d'Amphitrite, de Bacchus ou de Vénus, des
épisodes historiques, des allégories, des chasses, des
jeux, des courses de chars, des combats de gladiateurs,
des paysages, des natures mortes, des sujets de genre.
Certaines compositions sont célèbres : on cite souvent
la bataille d'Arbelles du musée de Naples, et surtout
la fameuse mosaïque trouvée à Palestrina où l'on voit
un paysage égyptien, le Nil en pleine crue se répandant dans la vallée et sillonné de barques ; de distance
en distance, des îlots bordés de roseaux, couverts de
temples, de maisons et sur lesquels court un peuple de
chasseurs et de soldats ; et au milieu de cette nature
bizarre un monde fantastique d'animaux terrestres et
aquatiques, des lions, des panthères, des tortues, des

____

1. Voir Gerspach : *La Mosaïque,* p. 12 et suiv.

serpents, des chameaux, des crocodiles, des hippopotames, les uns poursuivis à coups de flèche, les autres
harponnés du haut des bateaux. Une mosaïque d'Ostie
représente des convives couchés sur des lits de festin
autour d'une table. Une autre nous donne le spectacle

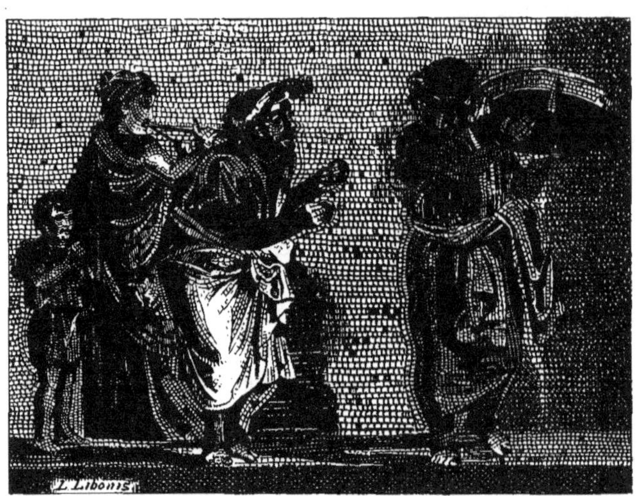

FIG. 114. — SCÈNE DE COMÉDIE.

d'une course de chars dans le cirque. Une troisième,
trouvée à Populonia, nous montre un naufrage, un
navire battu des flots, désemparé, près de sombrer, et
sur le pont un matelot qui se cramponne au mât. Celle
dont le dessin est ci-joint vient de Pompéi; on y voit
une scène de comédie.

Tous ces tableaux dénotent de la part des mosaïstes

romains une grande habileté, mais aussi un oubli singulier des exigences décoratives et du caractère même
de leur art. Qu'un pavement reproduise les ornements
multicolores d'un tapis, rien de plus. naturel. Mais
qu'il présente une composition en profondeur, c'est là
un contresens. Il y a quelque chose de choquant à
marcher sur une surface pour ainsi dire sans consistance, où les artifices de la perspective, de la lumière et
de la couleur nous font voir des horizons qui se déro-
bent, des transparences aériennes, des précipices, des
vides enfin, et à piétiner des hommes et des animaux
peints avec assez de naturel pour donner dans une
certaine mesure l'illusion de la vie.

CHAPITRE XII

LES MONNAIES ET LES MÉDAILLES.

Mommsen : *Histoire de la monnaie romaine.* Parìs, 1865-1875, 4 vol.—Lenormant : *La Monnaie dans l'antiquité, 3 vol., 1879.* — Saglio : *Dictionn. des antiq.* as, aureus. — Imhoof-Blumer : *Porträtköpfe auf römischen Münzen der Republik und der Kaiserzeit.* Leipzig, 1879. — Froehner : *Les Médaillons de l'empire romain.* Paris, 1878. — Ch. Robert : *Étude sur les médaillons contorniates.*

Dans le cours de sa longue histoire, Rome changea souvent de monnaie. Nous n'avons pas à exposer ici les divers systèmes qu'elle adopta successivement. Ce qui doit seulement nous intéresser dans cette revue rapide de l'art romain, c'est le progrès de l'industrie monétaire et la transformation graduelle des types gravés sur les pièces.

§ I. — LES PREMIÈRES MONNAIES EN BRONZE COULÉ.

Les Romains ne connaissaient pas à l'origine d'autre valeur d'échange que le bétail. On payait avec un

bœuf ou avec un mouton, et telle était la puissance de
ce primitif usage que la trace en subsista dans la langue
latine et ne s'effaça jamais : de tout temps, on désigna
la monnaie par le mot *pecunia*, dérivé de *pecu* (bétail).

Un jour vint, on ne sait à quelle époque, où le
métal, devenu de moins en moins rare, se substitua au
bétail dans l'évaluation du prix des choses. Pour
acheter les objets il fallut donner une certaine quantité
de bronze; mais ce bronze circulait à l'état de lingots
informes et de morceaux irrégulièrement découpés
(*æs rude*), dont le poids n'était guère appréciable à vue
d'œil et qu'il était nécessaire de peser à chaque trans-
action. Par un nouveau progrès et pour simplifier les
opérations d'échange, que compliquait encore l'emploi
répété de la balance, on imagina de donner aux lingots
une forme régulière, de les peser une fois pour toutes
et, leur poids ainsi constaté, de le garantir par une
marque. L'*æs rude* devint l'*æs signatum*. Ce fut le
commencement de la monnaie.

Les traditions romaines attribuaient à Servius
Tullius l'honneur de cette importante innovation. Mais
il est certain qu'elle est de près d'un siècle postérieure
à l'établissement de la république. Elle date du temps
où les Romains entrèrent pour la première fois en
relations directes avec les Grecs. La loi Julia Papiria
consacre définitivement l'emploi légal et officiel du
bronze estampillé, l'an 430 avant J.-C. .

L'*æs signatum* avait cours sous deux formes dont
nos collections possèdent des échantillons, l'une quadrangulaire et l'autre circulaire. L'*æs signatum* quadrangulaire était un lingot d'environ 5 livres romaines

(un peu plus de un kilogramme et demi), régulièrement aplati de manière à figurer un carré long et
portant une empreinte sur chaque face. Le type de ces
empreintes était un bœuf, un mouton, ou un porc,
image des animaux qui avaient servi aux transactions
primitives et que le bronze avait remplacés.

L'*æs signatum* circulaire avait l'apparence d'une

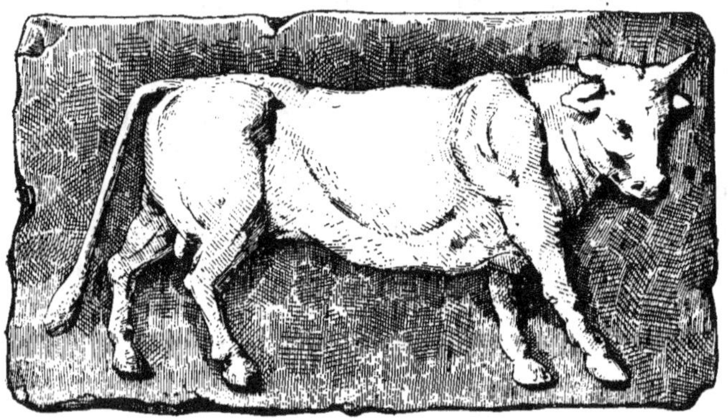

FIG. 115. — ÆS SIGNATUM QUADRANGULAIRE.

monnaie véritable. C'était l'unité monétaire par excellence, l'*as*. On l'appelait *as libralis* ou *librarius* parce
qu'il pesait une livre (325 grammes environ). Il comportait plusieurs divisions, telles que le *semis*, le *triens*,
le *quadrans*, le *sextans* et l'*uncia* équivalant à la moitié,
au tiers, au quart, au sixième et au douzième de l'as.
Toutes ces divisions avaient le même type au revers,
une proue de navire avec la légende ROMA; mais sur
la face chacune portait une tête différente, celle de

Janus, ou de Jupiter, ou de Minerve, ou d'Hercule, ou
de Mercure, ou de la déesse Rome.

Des deux formes de l'*æs signatum,* la plus ancienne
était la forme carrée : mais elle ne disparut pas quand
la forme ronde eut prévalu. On a des lingots rectangulaires d'une époque assez récente : tels sont ceux où se
voit l'image d'un éléphant et qui sont, par conséquent,

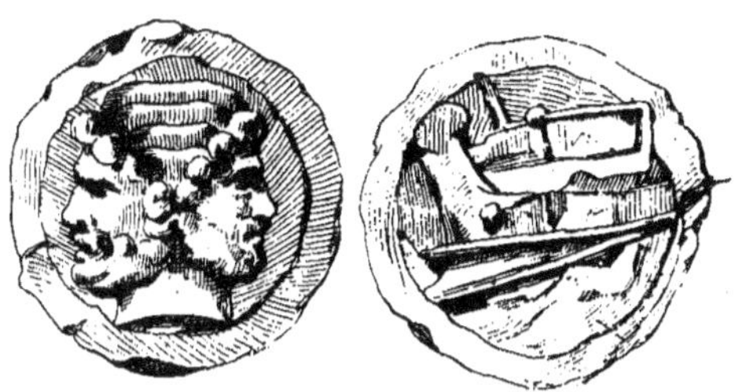

FIG. 116. — ÆS SIGNATUM CIRCULAIRE.

contemporains de la guerre de Pyrrhus. (275 avant
J.-C.)

Rondes ou carrées, toutes les pièces de l'*æs signatum,*
sauf les fractions les plus petites, étaient fondues et
coulées dans un moule. Le style des reliefs a de la
rudesse, mais une rudesse qui semble voulue. Les
traits sont gros, les saillies épaisses, mais l'ensemble
du dessin est correct et le modelé, pour être élémentaire,
est loin d'être informe. C'est l'œuvre non point d'une
plastique en enfance, mais d'une plastique déjà perfectionnée, sûre d'elle-même et qui simplifie par système.
Ces pièces sont dues sans doute à des ouvriers grecs.

Les types de la monnaie de bronze se conservèrent

sans grandes modifications jusqu'au temps de l'empire, où les têtes de divinités et les proues de navire disparurent pour faire place à l'effigie de l'empereur et à divers symboles. Mais si les types subsistèrent longtemps, les dimensions des pièces changèrent considérablement. L'as normal de une livre était lourd et incommode; les Romains l'appelaient la monnaie lourde, *æs grave*. Quand les transactions se furent multipliées, il fallut l'alléger en lui donnant, au lieu d'une valeur réelle, une valeur nominale. Il subit plusieurs réductions successives et n'eut plus que le tiers, puis le sixième, puis le douzième, puis le vingt-quatrième, puis le trente-sixième de son poids primitif; et la progression descendante ne s'arrêta pas là. Il est vrai que dans l'intervalle le bronze avait cessé d'être l'étalon monétaire et ne servait plus que comme appoint à la monnaie d'argent.

§ II. — LES MONNAIES D'ARGENT.

Les plus anciennes monnaies d'argent qui aient circulé à Rome n'y étaient pas fabriquées. Elles venaient de la Campanie et de l'Italie méridionale, avec lesquelles les Romains entretenaient des relations commerciales. Au milieu du IVe siècle, le gouvernement de la république, comprenant l'avantage d'une monnaie moins pesante que l'*æs grave*, et voyant le marché de plus en plus envahi par les pièces d'argent italo-grecques, eut l'idée de faire frapper en Campanie, principalement dans les ateliers de Capoue, des pièces du même métal marquées au nom de Rome. Ces pièces romano-campaniennes portèrent la légende ROMA ou ROMANO, mais eurent le poids et les types du système campanien. Ce n'est qu'en 269-268 av. J.-C. que commence la frappe officielle de la monnaie d'argent à Rome. L'unité est le denier (*denarius*) équivalant à dix as et comportant deux divisions, le *quinarius* ou demi-denier et le *sestertius* ou quart de denier. Le type est à peu près uniforme. C'est au

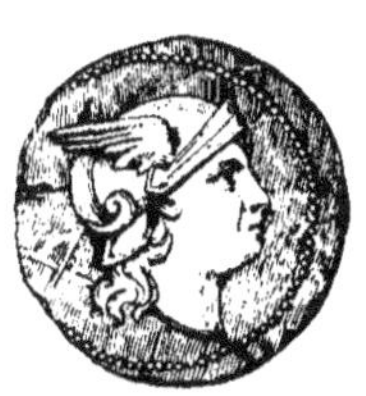
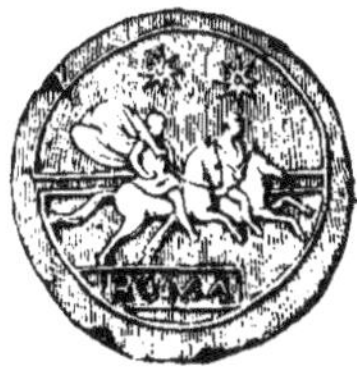

FIG. 117.

DENIER AVEC LES DIOSCURES.

droit une tête de femme coiffée d'un casque ailé et au revers les Dioscures à cheval, galopant, la lance en arrêt et le manteau flottant. Un peu plus tard on trouve souvent, au lieu des Dioscures, une figure de Diane dans un char à deux chevaux. A peu près à la même époque et jusque vers la fin du iie siècle, par suite de circonstances dont

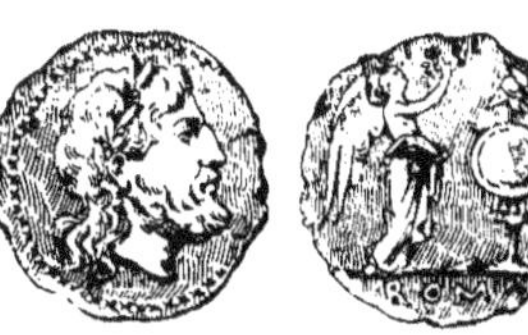

FIG. 118. — VICTORIAT.

il est assez difficile de se rendre compte, la république émet à côté du denier légal une pièce empruntée au système monétaire de l'Illyrie, le *victoriat*. L'abondance de ces pièces montre que pendant un siècle environ elles ont été d'un emploi très usuel. Le type en est au droit une tête barbue et laurée de Jupiter, au revers une Victoire qui couronne un trophée avec la légende ROMA.

Les types des premiers deniers subsistent à peu près invariables jusque vers la fin du iie siècle avant notre ère. A ce moment une innovation se produit. A la faveur des désordres civils, les magistrats responsables de la fabrication et du contrôle des monnaies modifient les empreintes au gré de leur caprice et aussi de leur vanité. Ils ne se contentent pas de marquer les pièces de leur monogramme, ils y mettent leurs noms et des images qui font allusion soit à leur nom, soit au culte, aux traditions, aux gloires, aux prétentions légendaires de leur famille. Dès lors les types varient à l'infini. Quelques-uns sont de véritables rébus, le marteau (*malleus*), par

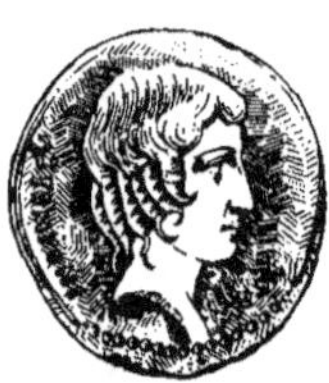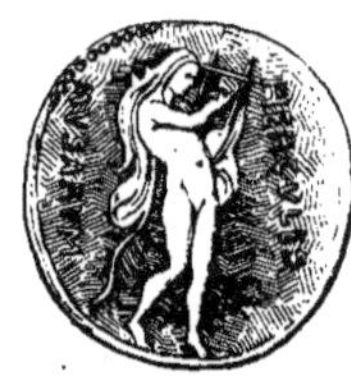

FIG. 119.

DENIER DE POMPONIUS MUSA.

exemple, sur les deniers de *Poblicius Malleolus,* la fleur (*flos*) sur ceux d'*Aquillius Florus,* le pied (*pes*) sur ceux de *Furius Crassipes,* le coquillage à pourpre (*murex*) sur ceux de *Furius Purpureo,* les Muses ou Hercule Musagète sur ceux de *Pomponius Musa.* La plupart se rapportent à quelque épisode d'un passé fameux, plus ou moins authentique, auquel le magistrat monétaire est tout fier de pouvoir associer l'un de ses ancêtres. Ainsi, sur un denier de la *gens Pompeia,* signé Sex. Pompeius Fostlus, on voit Romulus et Rémus allaités par la louve et découverts par le berger Faustulus. La *gens Tituria,* originaire de la Sabine, a des deniers avec l'enlèvement des Sabines.

Ceux de la *gens Junia* présentent la tête de la Liberté ou bien un consul avec ses licteurs, ou bien le bonnet de la Liberté entre deux poignards, souvenirs des Brutus dont l'un chassa les rois et l'autre tua César. Énée emportant Anchise et le Palladium se voit au revers des monnaies de la famille *Julia,* qui prétendait descendre du héros troyen.

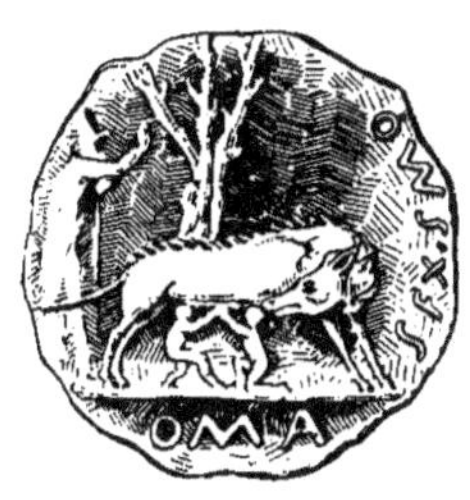

FIG. 120.

DENIER DE POMPEIUS

FAUSTULUS.

Les deniers d'argent sont frappés et non pas coulés comme les as de bronze, et ce seul fait implique une facture moins grossière. Mais le style est encore très médiocre. La gravure du coin a été faite sans la moindre délicatesse. L'empreinte est presque plate et le modelé sommaire. La tête de femme casquée est d'un profil vulgaire; l'œil, l'aile du nez, les lèvres sont marqués d'un trait dur et comme d'un seul coup de burin. Sur le revers, où les figures sont plus petites que sur le droit, la négligence est plus frappante encore.

Ce n'est que tout à fait à la fin de la république, vers le temps de César, qu'on rencontre quelques monnaies d'un beau style. C'est, du reste, le moment où la plastique romaine approche de la perfection. Les Romains ont pris le goût des arts et ne se contentent plus, comme au iiie ou au iie siècle, d'une image banale négligemment dessinée par un artiste grec de quatrième ordre. Les magistrats monétaires, qui sont de grands personnages et, comme tels,

des amateurs, s'adressent à de bons artistes et font
frapper leurs deniers avec des coins finement gravés.

§ III. — LES MONNAIES IMPÉRIALES.

C'est à l'époque de César que commencent véritablement les monnaies impériales. Jusque-là, une seule
autorité préside à l'émission des monnaies à Rome,
c'est le sénat, et il ne fait frapper que des pièces d'argent
et de cuivre; l'or est réservé pour la monnaie des armées,
que les généraux ont le droit de frapper à leur nom
hors de Rome. César et après lui les triumvirs apportent
dans la ville même leurs privilèges d'*imperator* et y
émettent aussi bien des pièces d'or que des pièces d'argent ou de cuivre. L'abus est entretenu par les troubles
et finit par prendre force de loi sous Auguste. L'or devient l'étalon officiel, avec le denier d'or (*aureus*) pour
unité[1]. En même temps le monnayage de l'or et de l'argent est réservé exclusivement à l'empereur et le sénat
ne garde plus son droit de frappe que pour les pièces
de bronze.

Les types gravés sur les monnaies impériales d'or,
d'argent ou de bronze se rapportent tous plus ou moins
directement à la personne de l'empereur régnant.
Sur la face on voit son portrait ou parfois le portrait
d'un membre de sa famille auquel il a conféré, par
une faveur spéciale, le droit d'effigie : ainsi certaines
monnaies d'Auguste portent la tête d'Agrippa. A partir

---

1. Il équivaut à 25 deniers d'argent ou 100 sesterces.

des Flaviens, l'usage s'établit de frapper des pièces au nom et à l'effigie de l'héritier présomptif, du César. Plus tard, sous les Antonins, les portraits de femmes paraissent sur les monnaies. L'ensemble de ces types est curieux pour l'histoire de l'iconographie romaine. Mais ce qui est surtout intéressant dans les monnaies impériales, en particulier dans les bronzes, ce sont les revers. Ils nous présentent en une série de petites com-

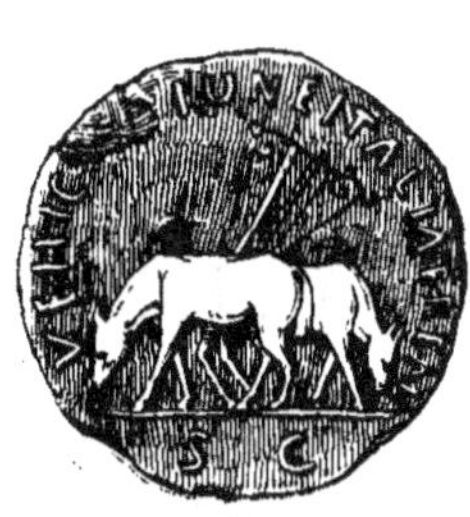

FIG. 121.

REVERS D'UN BRONZE

DE NERVA.

positions une sorte de journal de la politique impériale. Ils font allusion à l'événement du jour, à la promulgation d'une loi, à un voyage de l'empereur, au succès de ses armées, à ses traités de paix, à une remise d'impôts, à une distribution d'argent ou de vivres. Ici, c'est une femme avec une corne d'abondance, symbole de la prospérité de l'empire, avec de la prospérité de l'empire, avec la légende *Securitas sæculi*. Là, c'est une nation vain-cue qui pleure auprès d'un trophée ou un char de triomphe escorté de prisonniers. Sur un bronze de Nerva on remarque deux mules paissant, souvenir d'un décret bienfaisant qui avait délivré les populations de l'Italie de l'obligation de fournir, sur réquisition, des moyens de transport au service de l'État (fig. 121). A partir des Flaviens, les revers des monnaies se rap-portent souvent à de grandes constructions. Un bronze de Titus montre le Colisée vu à vol d'oiseau; un bronze de Trajan offre l'image de la basilique Ulpia. A l'époque d'Adrien, l'empereur artiste, certaines œuvres de la sculpture sont reproduites, par exemple, des statues d'Hercule, de Jupiter et d'Esculape. Au IIIe et au IVe siècle, les figures mythologiques sont nombreuses et comme, en ces temps de confusion et de compétitions militaires, les empereurs sont souvent les empereurs d'une province, les médailles nous font connaître la mythologie de cette province.

La belle époque, pour les monnaies impériales, est celle qui va d'Auguste aux Antonins. Elle correspond à l'apogée de la plastique romaine. Les têtes gravées au droit des pièces sont d'un beau style. On y retrouve toutes les qualités des bustes contemporains : même sûreté, même finesse d'exécution, même vérité de modelé, même recherche heureuse de la physionomie individuelle, mais

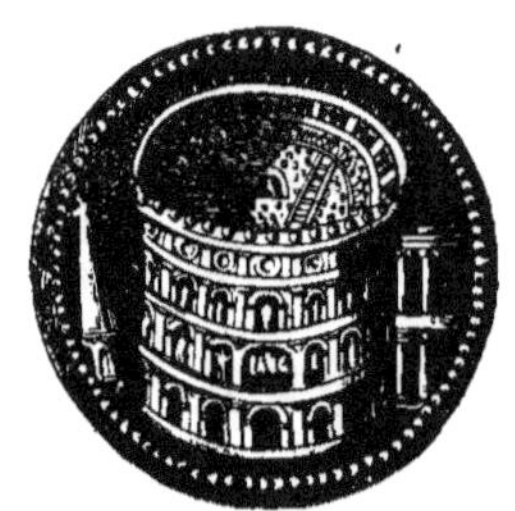

FIG. 122. — LE COLISÉE.
(Sur un bronze de Titus.)

sans inutiles exagérations de détail. Les revers, quoique d'une facture moins soignée, sont nets. Après les Antonins, la pureté du style s'altère. La gravure est négligée. Le dessin devient lourd et incorrect, le relief presque plat et sans nuances, le modelé à peu près insignifiant. Les traits du visage sont à peine indiqués, mais en revanche on n'oublie pas de marquer les boucles des cheveux et les poils de la barbe, comme aussi de creuser un petit trou à l'endroit des pupilles. Ce n'est plus guère qu'aux détails de leur coiffure qu'on reconnaît les portraits des empereurs. Quant aux revers, ils sont de moins en moins distincts. Vers les IIIe et ive siècles, la décadence se précipite. Sans les légendes, il serait souvent impossible de se rendre compte du sens des types. La gravure en médailles est retombée dans l'enfance, en même temps que la sculpture. On n'est pas loin des monnaies barbares que frapperont les empereurs byzantins.

§ IV. — LES MÉDAILLONS.

Les pièces qui nous restent de l'époque impériale n'étaient pas toutes des monnaies au sens propre de ce mot, c'est-à-dire qu'elles n'étaient pas toutes destinées à servir d'espèces circulantes. A partir d'Adrien, on en rencontre qui correspondent à ce que nous appelons des médailles. On les désigne en numismatique sous le nom de *médaillons*. Leurs dimensions dépassent celles des monnaies ordinaires; ils sont plus épais, d'un diamètre plus grand et leurs légendes sont gravées en lettres plus grosses. Mais ce qui les distingue surtout, c'est leur exécution soignée et la finesse de leur relief.

Leurs types sont à peu près les mêmes que ceux des monnaies. Ils sont seulement moins variés et d'un caractère moins historique. Parmi ceux qui reviennent le plus souvent, on remarque les scènes de l'*adlocutio ad cohortes*, du *congiarium*, du *donativum*, c'est-à-dire les allusions aux discours et aux libéralités de joyeux avénement, ainsi que les allégories relatives à la prospérité de l'empire, comme, par exemple, les quatre Sai-

sons. Sous Antonin, lors du neuvième centenaire de
la fondation de Rome, les types sont comme des illus-
trations populaires des légendes nationales ; on y
voit la cabane de Romulus, Évandre, Énée, Horatius
Coclès.

Les circonstances dans lesquelles les médaillons
étaient frappés ne sont pas bien connues. On croit
que ceux d'or et d'argent étaient faits sur l'ordre de
l'empereur pour être distribués en son nom, comme
cadeaux officiels et comme marques
de sa faveur, soit aux princes alliés,
soit aux grands personnages de l'empire, soit aux légions. Ceux d'or sont
souvent munis d'une bélière qui permettait de les porter au cou comme
une décoration. Quant aux médaillons de bronze, ils étaient frappés par
le sénat, comme un hommage à l'empereur, à l'occasion de certaines circonstances solennelles, en particulier

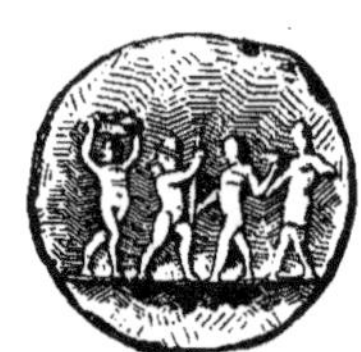

(Sur un médaillon
de Commode.)

à l'occasion des vœux publics que l'on faisait tous les
ans, le troisième jour des calendes de janvier, pour
la santé du prince et de sa famille. Ils ne portent
jamais les deux lettres S. C. (*senatus consulto*) qui
caractérisent les bronzes ayant cours. Quelques-uns
sont entourés d'une sorte d'anneau, en bronze aussi,
mais en bronze fondu et ciselé, non frappé. Ainsi
montés, ils servaient à décorer les enseignes militaires.

Au IVe siècle, à l'époque de Constantin, apparaît une
catégorie toute spéciale de médaillons, les médaillons

dits *contorniates*, d'un sillon circulaire (*contorno*) qui
les borde. Ce sont des disques du diamètre des médaillons, mais beaucoup plus minces et dont les reliefs
sont obtenus non par la frappe, mais par le moulage. Ils ont, comme les monnaies, des types au droit
et au revers. Ceux du revers sont les plus importants.
Ils représentent des sujets mythologiques, héroïques,
parfois même historiques. Mais ce qui domine ce
sont les sujets relatifs aux représentations du théâtre,
aux jeux du cirque et de l'amphithéâtre, concours
de musique, tours d'adresse, naumachies, combats
de bêtes, luttes de gladiateurs, jeux hippiques surtout : on y retrouve les célèbres factions du cirque,
la blanche (*alba*), la rouge (*russata*), la bleue (*veneta*),
la verte (*prasina*), avec les portraits des chevaux et
des cochers fameux, avec des légendes donnant les
noms de ces favoris et exprimant des vœux de victoire. Quant aux types du droit, ils présentent la
tête d'un empereur, mais d'un empereur du temps
passé, Néron ou Trajan, populaires sans doute parmi
le monde des hippodromes, pour avoir favorisé les
jeux hippiques. On y voit aussi des portraits de
personnages célèbres, Alexandre, Socrate, Salluste,
Horace, Anacharsis; le choix de ces portraits est d'ailleurs inexpliqué.

On ne sait rien de certain sur la destination des
médaillons contorniates. La seule chose qu'on puisse
affirmer, c'est qu'ils n'émanaient pas de l'autorité publique et n'avaient aucune valeur monétaire. Tel a
pensé qu'ils avaient pu servir de jetons d'entrée aux
représentations du cirque et de l'amphithéâtre. Tel

autre a cru y reconnaître des médailles données aux
vainqueurs dans les jeux. Ces hypothèses sont aujour-
d'hui abandonnées. On incline à les regarder comme
de simples talismans.

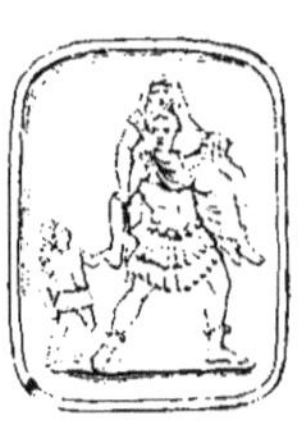

FIG. 124. — LA FUITE D'ÉNÉE.

(Pierre gravée de Florence.)

CHAPITRE XIII

King : *Antique Gems, their origin, uses.* Londres, 1872. — Chabouillet : *Catalogue général des camées et pierres gravées de la Bibliothèque impériale.* — Deville : *Histoire de l'art de la verrerie dans l'antiquité.* Paris, 1873.

Sous la dénomination générale de *pierres gravées* on désigne les *camées* et les *intailles*. Le camée est en relief. On le taille sur une pierre à plusieurs couches alternativement sombres et claires; la plus belle est une des variétés de l'agate, l'onyx, ainsi nommée parce que sur un fond rougeâtre elle présente une sorte de taie laiteuse qui a les transparences de l'ongle sur la chair (ὄνυξ, onglé). Le graveur tire parti de ces couches superposées pour varier la couleur des reliefs et du fond. Par la manière dont il les entame ou les ménage, il détache la figure qu'il a dessinée, en marque les plans, en accuse les détails. Au rebours du camée, l'intaille est en creux et sur une pierre d'une seule nuance, telle que l'améthyste, la chalcédoine ou la cornaline. Les cachets sont des intailles.

Les Romains ont eu beaucoup de goût pour les

pierres gravées. Ils aimaient à les enchâsser dans leurs
bijoux : bien souvent, leurs colliers et leurs bracelets
ne se composaient que d'une série de camées montés
en or, tantôt suspendus à une chaîne, tantôt joints
entre eux par des charnières. Certains vases de luxe
offraient sur leurs parois extérieures une garniture
continue de camées. Les chatons des bagues étaient des
intailles. On peut affirmer que le plus grand nombre
des pierres gravées qui nous restent de l'antiquité appartient à l'époque romaine. Nous savons d'ailleurs que
sous les·premiers Césars il y avait à Rome une florissante école de glyptique représentée par Dioscouridès,
le graveur du cachet d'Auguste, et ses fils Érophilos
et Eutychès, par Agathopous et Épitynchanos dont on
a retrouvé les épitaphes dans le *columbarium* des affranchis de Livie, par Agathangélos, Solon, Évodos et
quelques autres dont nous avons encore les signatures.

Romaines par la date, ces pierres gravées sont
grecques de style et d'esprit. Les artistes, on le voit par
leurs noms, sont tous Grecs et les sujets qu'ils traitent
le sont aussi. La tradition de la glyptique a consacré
un certain genre de motifs et l'on s'y tient. La mythologie hellénique en fait presque tous les frais et non la
mythologie sérieuse et convaincue du siècle de Phidias,
mais la mythologie légère et galante de l'époque alexandrine, cette mythologie que nous connaissons par les
peintures. L'anthologie grecque est là tout entière,
avec son imagination délicate, souvent spirituelle,
toujours raffinée.

Au milieu de tout cet hellénisme, les sujets romains
sont rares. On rencontre quelques scènes tirées de l'his-

toire légendaire de Rome, la fuite d'Énée avec son père et son fils, la louve allaitant les jumeaux, Horatius Coclès défendant le pont du Tibre, Mucius Scævola devant Porsenna. Plus fréquents sont les portraits des empereurs, des impératrices et des membres de leurs familles.

Ce qui caractérise les pierres gravées romaines et en particulier les camées, c'est l'énormité de leurs

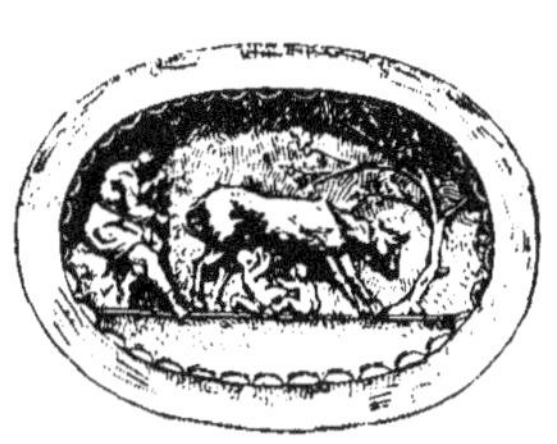

FIG. 125. — RÉMUS ET ROMULUS ALLAITÉS PAR UNE LOUVE.

(Pierre gravée de Florence.)

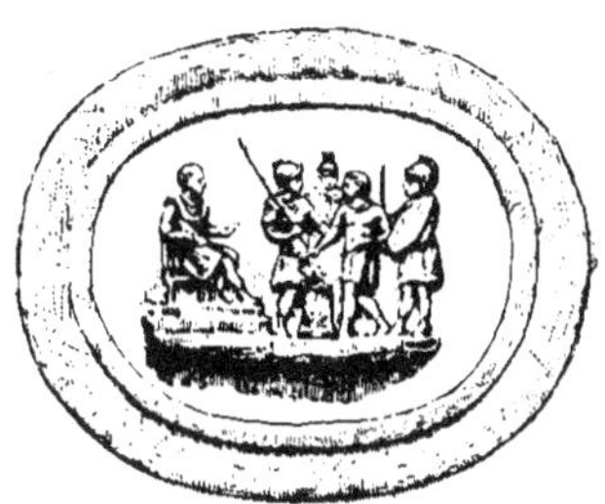

FIG. 126. — MUCIUS SCÆVOLA DEVANT PORSENNA.

(Pierre gravée de Florence.)

dimensions. Ici encore se manifeste le goût des Romains pour la somptuosité : comme les gros morceaux d'onyx étaient rares et que c'était un luxe qui coûtait fort cher, on ne manquait pas de les rechercher. Et quel sujet de vanité quand, sur une pierre aussi précieuse, un artiste fameux avait réussi à tirer parti des couches polychromes et à tailler, à force d'adresse et d'ingénieuses combinaisons, un ensemble compliqué de figures ! Les grands camées sont assez nombreux dans les collections de pierres gravées. Mais trois sont hors de pair : le camée de Vienne, onyx à trois couches, admirablement travaillé, et représentant la famille d'Auguste en l'an 12, avec trois figures allégoriques, la Terre, l'Océan, l'Abondance, qui couronnent l'empereur; le camée de Hollande, sardonyx à trois couches d'une exécution moins parfaite; on y voit le triomphe de Claude en Jupiter et, dans un char, Messaline, Octavie et Britannicus; enfin le plus beau de tous, le camée de Paris, sardonyx à

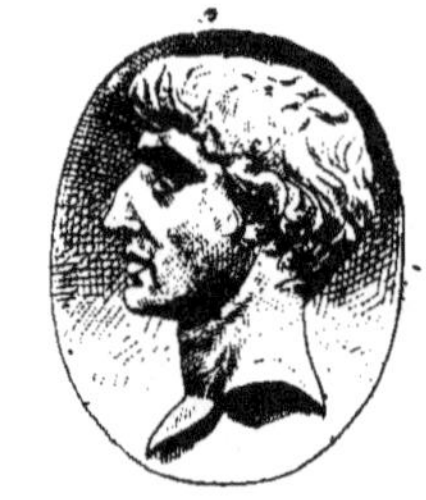

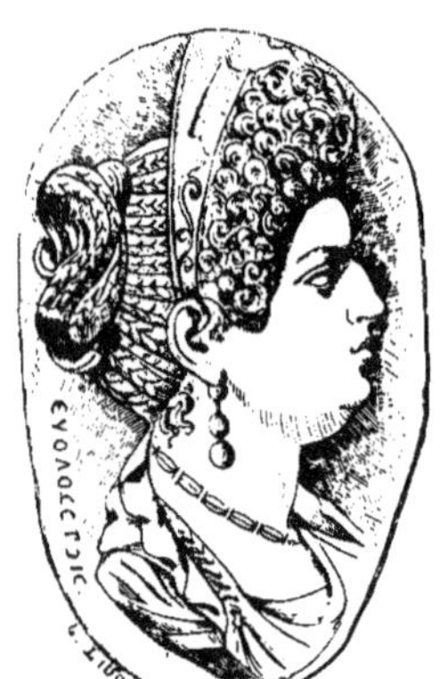

FIG. 127. — AUGUSTE.
(Pierre gravée de Florence.)

FIG. 128.
JULIE, FILLE DE TITUS,
INTAILLE SIGNÉE D'ÉVODOS.

(Cabinet des médailles.)

cinq couches rapporté de Constantinople à l'époque des croisades et donné par saint Louis à la Sainte-Chapelle[1]. La composition de ce dernier camée se divise en trois parties ou registres. En haut, l'apothéose d'Auguste; l'empereur, dans le costume des héros et monté sur Pégase, est reçu dans le ciel par ses ancêtres, Drusus l'Ancien, Jules César et le père de sa race, Énée. Au milieu, la famille d'Auguste, en l'an 19 de notre ère, Tibère en Jupiter, Livie en Cérès, Drusus jeune, fils de Livie, Livilla, femme de Drusus, Germanicus,

1. Dimensions : hauteur, 0,30; largeur, 0,26.

neveu et fils adoptif de Tibère, enfin, Antonia, Agrip-

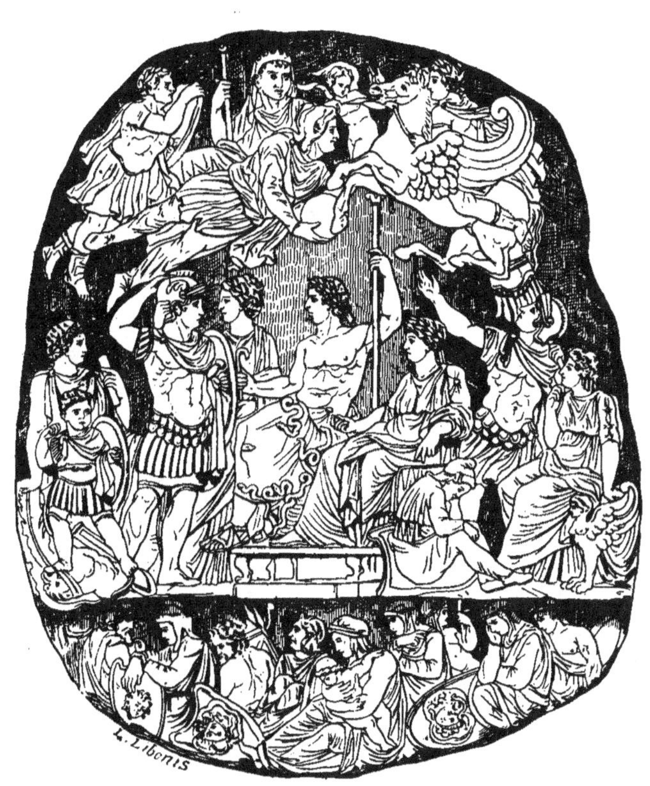

FIG. 129. — L'APOTHÉOSE L'AUGUSTE.

(Camée de Paris.)

pine et Caligula, c'est-à-dire la mère, la femme et le fils
de Germanicus. En bas, les peuples vaincus de la Ger-

manie et de l'Orient, allusion aux victoires de Germanicus et de Drusus.

Des pièces de glyptique aussi précieuses étaient des joyaux réservés aux empereurs. Il en était de même de ces blocs d'agate ou d'onyx taillés en forme de coupes et décorés de figures gravées, dont la tasse Farnèse au musée de Naples et la coupe dite des Ptolémées au Cabinet des médailles sont les plus brillants exemplaires. C'étaient là des morceaux uniques, auxquels un prince seul pouvait mettre le prix.

On voit jusqu'où les Romains poussaient le luxe des gemmes. Il va de soi que ce luxe n'était pas toujours accessible. Tout le monde n'était pas en état d'acheter, je ne dis pas un beau camée, mais une simple améthyste ou une cornaline. Aussi vit-on naître une industrie nouvelle qui offrit de fausses pierres gravées à la vanité des petites gens.

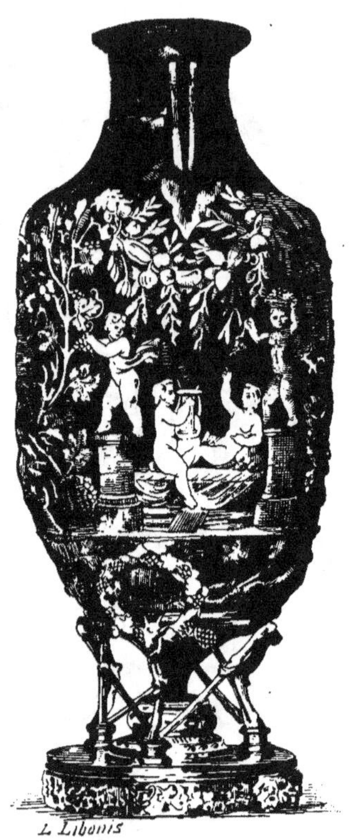

FIG. 130.

VASE EN VERRE HISTORIÉ.

(Pompéi.)

Ces contrefaçons, très habilement exécutées, étaient en
pâte de verre, imitant par une coloration artificielle
l'aspect d'une pierre naturelle. Les pâtes de verre sont
très nombreuses dans les collections de glyptique.
Quelques-unes sont intéressantes par les sujets qu'elles
nous ont conservés.

Les progrès de l'industrie du verre furent tels qu'on
ne s'en tint pas à la confection de ces joyaux populaires.
On alla jusqu'à fabriquer en cette matière des objets de
luxe. Tel est, par exemple, le fameux vase Portland,
conservé au Musée Britannique. Le dessin ci-contre
reproduit une petite amphore trouvée à Pompéi. Comme
le vase Portland, elle se compose de deux couches de
verre superposées, l'une bleue transparente, l'autre
blanche opaque répandue à l'extérieur comme une taie.
Le sujet, qui représente une scène de vendange, est
gravé comme sur un camée, c'est-à-dire que les figures
ménagées dans la couche superficielle se détachent en
blanc sur un fond d'azur.

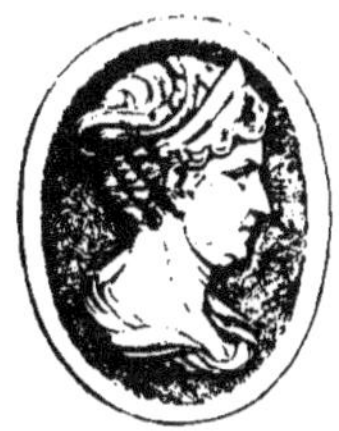

FIG. 131. — PORTRAIT D'IMPÉRATRICE.

(Pierre gravée de Florence.)

CHAPITRE XIV

LES BRONZES ET LES ARMES.

§ I. — BRONZES.

GUILLAUME : *La Sculpture en bronze,* conférence faite à l'*Union
centrale des Beaux-Arts,* le 29 avril 1868.—FRIEDERICHS : *Kleinere
Kunst und Industrie in Alterthum.* Berlin, 1871. — OVERBECK :
Pompéi. Leipzig, 1875 — LONGPÉRIER : *Notice des bronzes antiques du Louvre.* 1879.

On ne sait à quel moment les Romains commencèrent à pratiquer l'industrie du bronze. Comme toutes
les autres, elle leur fut évidemment enseignée par les
Étrusques et par les Grecs. Dès le v⁰ siècle avant notre
ère, les textes mentionnent une statue de bronze à Rome,
celle de Cérès, faite avec le produit des biens de Spurius
Cassius. A partir du iii⁰ siècle, l'emploi du métal se
généralise. La technique, perfectionnée par une longue
tradition dont les Romains venus tard à la civilisation
recueillent le bénéfice, permet de travailler vite et à bon
marché. Aussi à l'époque impériale les faiseurs de

portraits officiels, obligés par la courte durée des règnes
à une main-d'œuvre expéditive, n'ont-ils garde de négliger une matière d'un traitement aussi rapide. Empereurs, impératrices, favoris, tous les puissants du jour
sont coulés en bronze, pour être rejetés à la fonte au
moment de leur chute et servir aux portraits non moins
éphémères de leurs successeurs.

Ce qu'étaient toutes ces statues, pour la plupart
détruites, on se le figure aisément d'après les statues de
marbre qui nous ont été conservées. La matière était
différente, mais le style ne changeait pas. Il n'y a donc
pas lieu de revenir sur des observations qui ont trouvé
place dans le chapitre de la sculpture. Considérons
seulement ici les petits bronzes et les bronzes industriels,
statuettes, ornements, appliques, ustensiles de ménage
et de toilette, instruments, armes, objets d'usage journalier et objets de prix, ex-voto populaires, amulettes,
bronzes d'étagère, etc. La variété en est infinie. Et
quelle richesse d'imagination, quelle dextérité de travail,
quelle délicatesse exquise parfois ! Il faudrait pouvoir
promener le lecteur à travers les collections de Naples,
collections admirables, uniques au monde et sans cesse
renouvelées par les découvertes de Pompéi. Il faudrait
aussi lui montrer dans le détail les collections de Paris,
de Berlin et de Londres, sans compter tant de bronzes
curieux dispersés dans les cabinets des amateurs. Mais
je dois me borner à quelques types remarquables, choisis de préférence parmi les bronzes de la belle époque
gréco-romaine, c'est-à-dire du 1er siècle après J.-C. Ils se
répartissent de la manière suivante : 1° Statuettes ;
2° Ustensiles.

1º *Statuettes.* — Parmi les statuettes, la série la plus abondante est celle des images mythologiques. Les unes étaient consacrées dans les temples comme le prouvent les inscriptions dédicatoires qu'elles portent quelquefois; les autres ornaient de petites chapelles domestiques. Elles reproduisaient, en général, les images traditionnelles des divinités et n'étaient guère que les réductions plus ou moins exactes des statues adorées dans les sanctuaires publics. L'illusion serait grande si l'on s'imaginait y trouver beaucoup de chefs-d'œuvre. Les beaux morceaux sont rares. Les besoins de la dévotion populaire faisaient naître une multitude de figurines d'un style lourd, d'une facture médiocre, parfois même presque informes, et qui ne valaient que par le sentiment qu'on y attachait. La fig. 132 représente un Génie ou peut-être un Mercure trouvé près d'Annecy et appartenant à la collection Dutuit. Comme sur la plu-

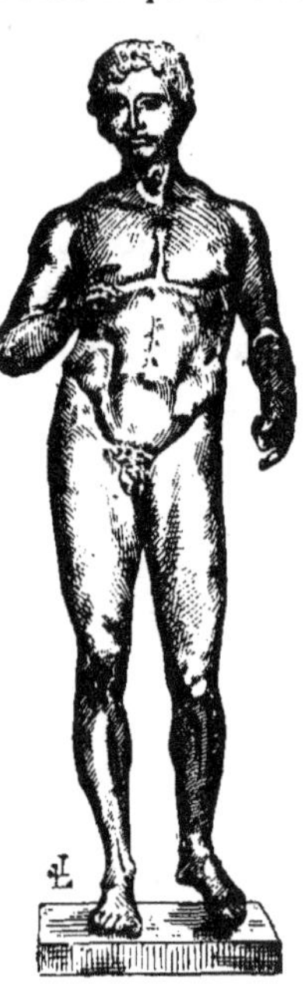

FIG. 132.
BRONZE DE LA COL-
LECTION DUTUIT.

part des statuettes de prix, les yeux étaient incrustés d'argent.

Des figurines mythologiques nous passons aux figurines portraits : ces deux genres, très éloignés en apparence, se touchent de très près, par suite de l'usage romain d'assimiler les personnages impériaux aux divi-

nités, usage avec lequel la sculpture en marbre nous a
déjà familiarisés. Les portraits idéalisés de la sorte
sont assez nombreux parmi les bronzes comme parmi
les marbres. Il en est de même des portraits d'empereurs en guerriers et en grands pontifes, et enfin des
bustes. ·

La série des statuettes de genre n'est pas moins
importante. Je range sous cette rubrique non seulement
les scènes empruntées à la vie familière, mais encore
certains sujets mythologiques traités avec fantaisie, tels
que Silènes ivres, Faunes dansants, Bacchants et Bacchantes, Nymphes, Amours et autres motifs analogues
qui n'ont plus dans l'art gréco-romain qu'une valeur
décorative, et qu'on aime à représenter pour amuser le
regard par une attitude gracieuse ou piquante, par une
expression plus ou moins comique. Le musée de Naples
en possède une curieuse collection qui provient presque
tout entière d'Herculanum et de Pompéi. Parmi ces
figurines, les unes font corps avec quelque ustensile dont
elles relèvent la banalité : c'est, par exemple, au pied
d'un candélabre, un Silène assis sur un rocher, un enfant
à cheval sur une panthère; ou bien, sur un couvercle
de lampe, un enfant accroupi et qui embrasse une oie
à l'étouffer; ou bien encore un Silène debout qui s'arc-
boute et se cambre avec effort pour porter au-dessus de
sa tête un cercle de bronze destiné à recevoir et à main-
tenir en équilibre la panse arrondie d'un vase (fig. 133). Les
autres figurines de genre garnissaient les jardins et les
péristyles. Elles étaient disposées au milieu des rocailles,
des mosaïques et de la verdure, sur le bord des bassins et
des cascades qui entretenaient dans les maisons une

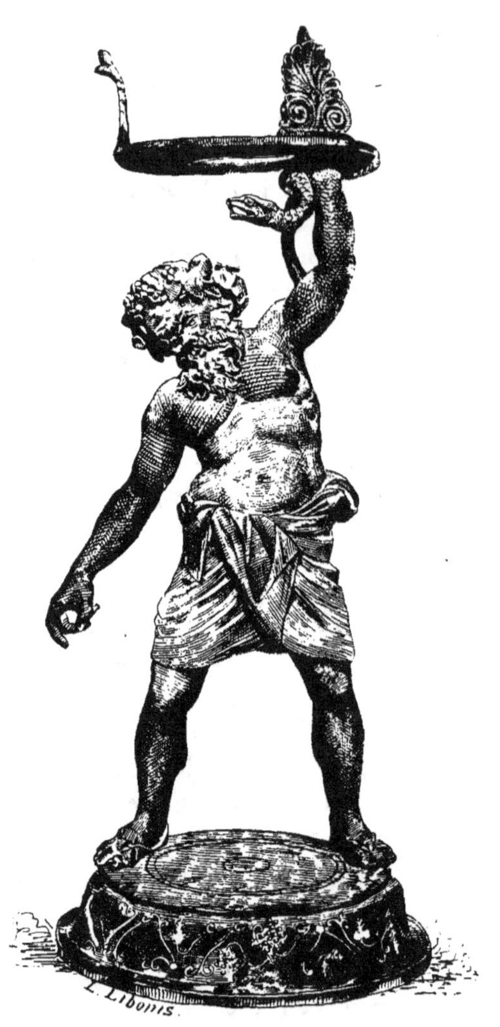

FIG. 133. — PIED DE VASE EN BRONZE.

(Musée de Naples.)

riante fraîcheur et que les bourgeois de Pompéi paraient avec tant de coquetterie. La plupart servaient à orner l'orifice des fontaines et ne sauraient mieux être comparées qu'à des sujets de pendules. Tels sont tous ces enfants portant dans leurs bras un oiseau, une outre, ou un poisson. Tel est ce pêcheur à la ligne qu'on voit assis sur un rocher, d'où l'eau s'échappait par la bouche d'un masque comique (fig. 134).

2° *Ustensiles divers.* — Un volume suffirait à peine à décrire tous les ustensiles de bronze qui nous restent de l'époque gréco-romaine. Il y en a pour tous les usages domestiques, depuis les plus humbles jusqu'aux plus raffinés. Ici vous avez des lits de festins et des sièges de luxe, montés sur des pieds de bronze et décorés de figures; là ce sont des plaques à reliefs, des plaques ciselées et parfois des plaques incrustées d'or ou d'argent, destinées à servir d'appliques sur le bois d'un char, d'un meuble ou d'un coffret. Voici plus loin des garnitures d'essieu, des pièces de harnachement, des boucles, des mors. Voici maintenant les ustensiles de ménage, les chaudrons, les vases grands et petits, les aiguières, les plateaux, les trépieds et les réchauds, les candélabres, les lampes, les balances. Voici enfin les objets de toilette, les miroirs, les cassettes, les fioles à parfums, les boîtes à fard, les broches, les fibules, les épingles à cheveux, les peignes, les chaînettes, les bracelets. Et encore que de fragments détachés et dépareillés, pieds, anses, manches et couvercles, parmi lesquels se trouve plus d'un morceau intéressant! Aucune énumération, si complète qu'on la suppose, ne peut donner l'idée d'une pareille diversité. Les anciens emplovaient le bronze pour la confection d'une foule d'objets et d'instruments

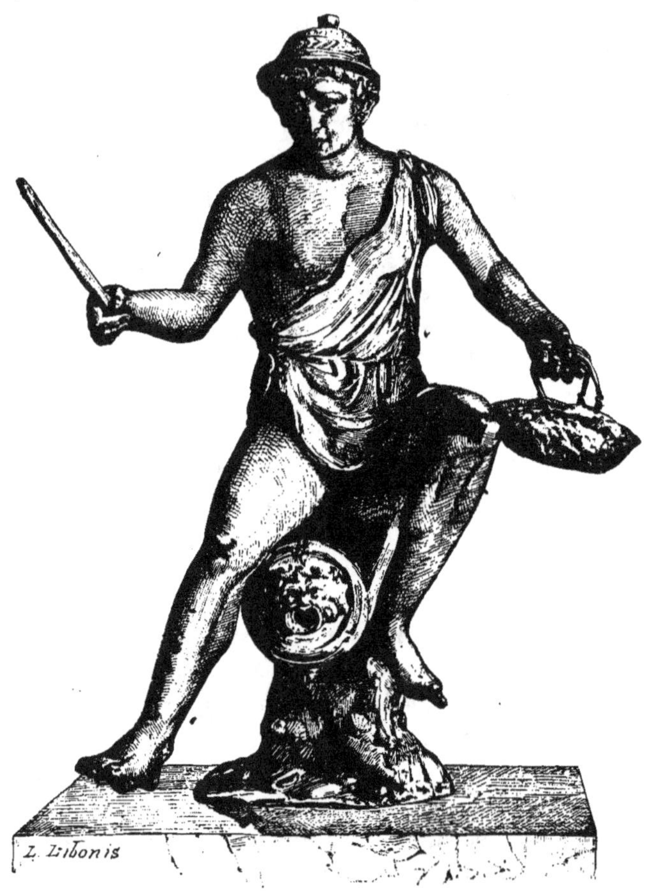

FIG. 134. — PÊCHEUR A LA LIGNE.
(Bronze du musée de Naples.)

que les ressources de l'industrie moderne permettent de

fabriquer en une autre matière plus économique, et que nous sommes habitués à voir en bois, en os, en corne, en laiton, en verre ou en fer blanc. Je donne ici le dessin de deux plaques de bronze incrustées d'argent qui étaient autrefois appliquées sur le bois d'un meuble.

Quand on parcourt les musées de bronzes, on n'a ordinairement d'attention que pour les jolies statuettes et pour quelques pièces rares et l'on ne jette qu'un regard distrait sur tout l'attirail des bronzes domestiques. J'engage ceux de mes lecteurs qui iront au Louvre ou au musée de Naples à ne pas se laisser aller à cette indifférence. Ces menus objets leur réservent toutes sortes de surprises. A force d'étudier la littérature, nous ne voyons plus l'antiquité que comme un monde où tout n'est que poésie, éloquence et philosophie. Nous sommes trop tentés d'oublier que les anciens ont vécu, qu'ils ont été comme nous aux prises avec les mille difficultés de l'existence matérielle, qu'ils ont eu comme nous leur intérieur, qu'ils ont aimé comme nous à le parer, et que, comme nous, ils ont cherché leurs aises. Avec les petits bronzes, nous pénétrons dans leur intimité. Nous les surprenons chez eux, à leur table de famille, au milieu de leur confortable domestique.

§ II. — ARMES.

Il est impossible de parler d'un peuple aussi belliqueux que les Romains sans dire quelques mots de ses armes. Au point de vue de l'art qui seul nous occupe ici, l'armure romaine est conçue d'après les

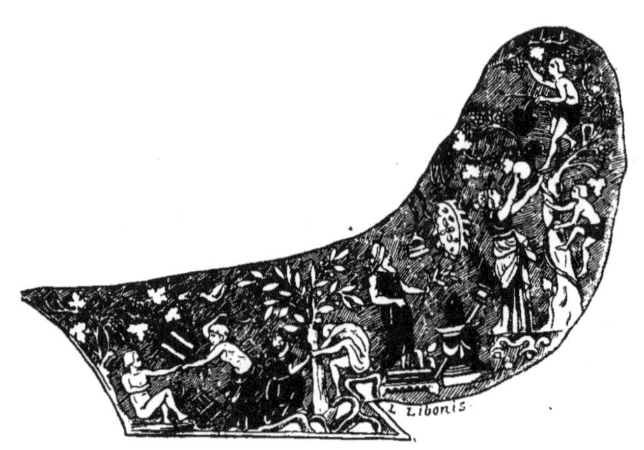

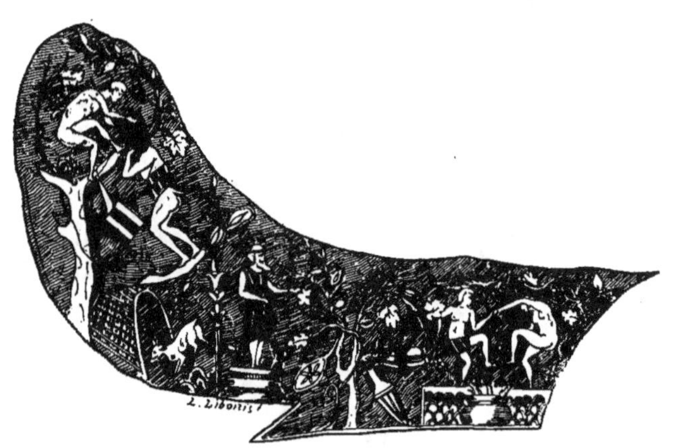

FIG. 135.

PLAQUES DE MEUBLE EN BRONZE INCRUSTÉ D'ARGENT.

(Musée du Capitole.)

mêmes principes que l'armure grecque, en ce sens qu'elle est comme moulée sur le corps lui-même et qu'elle en dessine les contours et les reliefs. La cuirasse est une poitrine de bronze, le casque une tête et la jambière une jambe. Le guerrier romain n'est pas enharnaché et

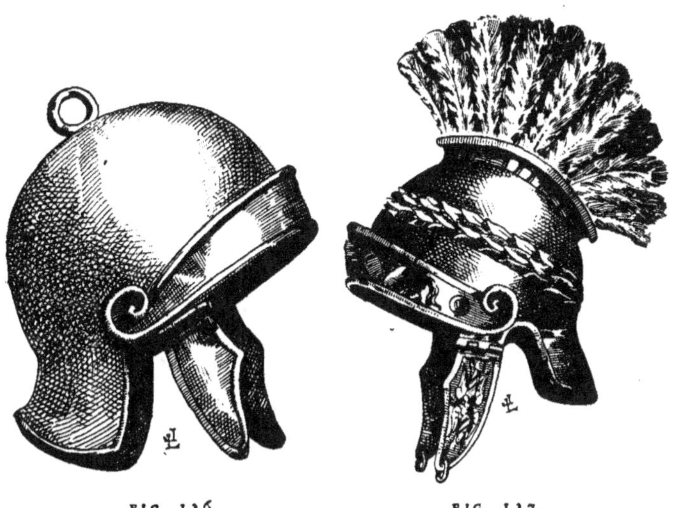

FIG. 136.

CASQUE DE LÉGIONNAIRE.

FIG. 137.

CASQUE DE CENTURION.

empaqueté comme le chevalier du moyen âge dans une enveloppe de métal, d'une silhouette bizarre, parfois informe, qui réduit l'homme à l'état de lourde machine. Il conserve figure humaine et reste maître de ses mouvements. La cuirasse est composée tantôt de deux moitiés qui se bouclent sur le côté, tantôt de plaques flexibles ajustées les unes dans le sens vertical et les autres dans le sens horizontal, tantôt d'une multitude de pièces en forme d'écailles cousues sur un fond de cuir ou de toile. Le casque est peu chargé et prend bien la tête. Pour les armes de luxe, on relevait la nudité du métal par quelque figure en relief et par des ciselures d'or et d'argent. Telle devait être la cuirasse qu'a cherché à

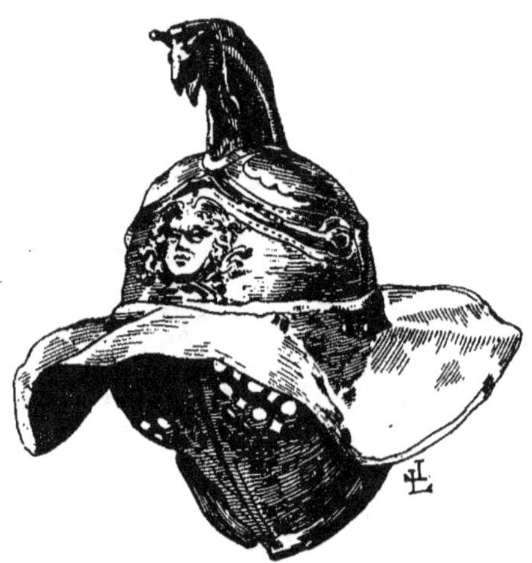

FIG. 138. — CASQUE DE GLADIATEUR.

reproduire l'auteur de la statue d'Auguste du Vatican.

L'équipement du gladiateur n'a rien de commun avec celui du légionnaire. Le principe est tout différent. Il ne s'agit plus ici d'assurer au combattant les conditions les plus avantageuses et de le couvrir sans le gêner ni dans sa marche ni dans ses évolutions. Il importe, au contraire, de l'entraver. Le duel le plus goûté est en effet celui du *mirmillo,* armé de pied en cap, et du *retiarius,* qui n'a rien pour se défendre et n'a pour attaquer qu'une fourche et un filet de pêche. Pour que le plaisir du spectateur ne soit pas épuisé en un clin d'œil et que l'intérêt reste suspendu, il faut que l'inégalité de l'armement soit compensée par quelque autre inégalité. En face du rétiaire presque nu et désarmé, mais souple, mais agile, mais capable de se dérober par de rapides écarts à la pointe de son adversaire, vous avez un mirmillon redoutable si on l'approche, presque invulnérable derrière son bouclier, sa cuirasse et son casque, mais en revanche alourdi par tout cet attirail pesant, embarrassé et hors d'état d'éviter le coup de filet qui finira par le mettre, comme un poisson qu'on a pris, à la merci du rétiaire, s'il n'a pas réussi à le blesser auparavant. La forme du casque est caractéristique. Avec sa grande visière, son masque en grillage, son large cimier, ses ornements en relief, le casque du gladiateur se distingue nettement du casque militaire.

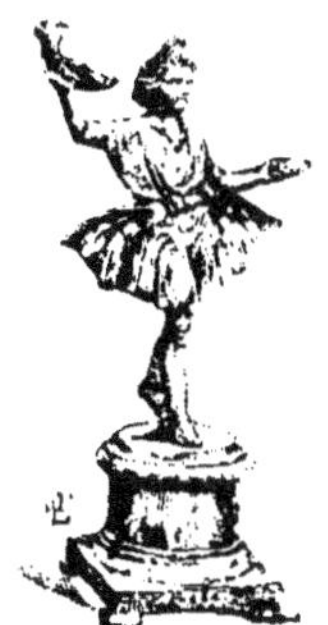

FIG. 137. — BRONZE DE POMPÉI.

CHAPITRE XV

L'ARGENTERIE ET LES BIJOUX.

QUARANTA : *Di quattordici vasi d'argento disotterrati in Pompei.*
Naples, 1835. — ARNETH : *Die antiken Gold-und-Silbermonu-
mente der k. k. Münz-und-Antiken Cabinettes in Wien,* 1850.
MICHAELIS : *Das Corsinische Silbergefäss,* 1859. — WIESELER :
Hildesheimer Silberfund. Göttingue, 1869.

De tout temps à Rome on a aimé à se parer de
bijoux. Bien avant l'époque des grandes conquêtes,
alors que la ville n'était pas encore inondée des richesses
de l'Asie, les métaux précieux étaient assez abondants
chez les particuliers pour que, dans certaines circonstances critiques, notamment lors de l'invasion gauloise,
les bijoux des dames romaines aient pu renouveler les
ressources du trésor public. Pendant la seconde guerre
punique, la loi Oppia défendit aux femmes d'avoir sur
elles plus d'une demi-once, c'est-à-dire treize grammes
d'or. Sous l'empire, Pline nous dit que les Romaines
chargeaient d'or leurs bras, leurs doigts, leur cou, leurs
oreilles, que des chaînes d'or serpentaient autour de
leurs flancs et qu'elles allaient même jusqu'à s'entourer
les chevilles de cercles d'or.

Les bijoux romains n'ont qu'un intérêt secondaire, surtout si on les compare aux œuvres de l'orfèvrerie hellénique. On n'y retrouve ni cette fantaisie d'ornementation, ni ces filigranes ténus, ni cette granulation microscopique, ni ces fines ciselures, rien enfin qui rappelle même de loin la composition à la fois savante et libre, l'élégance légère des bijoux grecs. Ces délicatesses, qui ravissaient le goût d'un Athénien, ne suffisent pas à la vanité romaine : il lui faut quelque chose de moins transparent, de moins délicieusement insaisissable, quelque chose qui pèse dans la main et dont la valeur soit bien manifeste. Lorsqu'à Rome on se pare d'un collier, d'un bracelet ou d'une bague, on tient à faire voir qu'on n'a pas épargné la matière précieuse, et comme si l'or ne suffisait pas, on y enchâsse des rubis, des émeraudes, des perles, les pierres les plus rares et les plus grosses et quelquefois même des monnaies. Tout cela parle aux yeux et ne laisse aucune illusion sur la valeur intrinsèque de l'objet.

Parmi les bijoux romains, il faut faire une place à part aux décorations qu'on attribuait aux officiers et aux soldats en récompense d'une action d'éclat. Elles étaient de diverses sortes. Celles qu'on appelait les *phaleræ* étaient des plaques rondes d'or, d'argent ou de bronze, ou bien encore des camées montés sur une garniture de métal. Une figure en relief représentait soit la tête d'un empereur, soit un emblème quelconque. Plusieurs bas-reliefs nous montrent de quelle manière ces marques d'honneur étaient portées. Elles étaient fixées comme des boucles sur des lanières de cuir qui se croisaient à angle droit sur la poitrine. Le nombre en était parfois si considérable que tout le devant de la cuirasse était couvert. Le *torquis* était un collier formé de fils de métal roulés en spirale. Les soldats qui en étaient décorés le portaient non pas au cou, mais sur la poitrine, avec les *phaleræ*. Quant aux *armillæ*, c'étaient de pesants bracelets, rarement en or, le plus ordinairement en argent ou en bronze.

Nous devons insister davantage sur les grandes pièces d'orfèvrerie, dont la mode, fort répandue en Grèce sous les successeurs d'Alexandre, avait envahi Rome, après les guerres d'Orient, vers la fin de la république, et dont le luxe, sous l'empire, fut poussé jusqu'à l'extravagance. On raconte qu'au triomphe de Claude, parmi les couronnes offertes à l'empereur il y en avait qui pesaient l'une sept cents l'autre neuf cents livres. S'il faut en croire Sénèque, on faisait en or des miroirs d'une telle dimension qu'un homme debout pouvait s'y contempler des pieds à la tête. L'argenterie surtout était devenue une passion. Toutes les maisons un peu riches en possédaient : c'étaient des plats, des aiguières, des coupes pour le service ordinaire de la table, ou bien de grands vases décoratifs qu'on étalait sur des dressoirs dans les salles à manger. Certains de ces vases étaient si pesants qu'un esclave suffisait à peine à les porter : Pline en cite de cent, deux cents et même cinq cents livres. Pour entretenir et enrichir leur trésor domestique, les amateurs avaient quelquefois chez eux un atelier d'orfèvre. Il n'était pas rare de voir les fonctionnaires, envoyés dans les provinces pour exercer un gouvernement, y apporter toute leur vaisselle précieuse. Les généraux même la traînaient dans leurs campagnes les plus lointaines, témoin ce Pompeius Paullinus, commandant de l'armée romaine en Germanie, qui avait avec lui douze mille livres d'argenterie. Nous avons conservé quelques beaux échantillons de l'argenterie romaine. Il y en a de célèbres : la coupe Corsini, par exemple, découverte à Porto-d'Anzio; la patère de Rennes, conservée au Cabinet des médailles à Paris, ainsi que le disque en argent massif recueilli dans le Rhône près d'Avignon au XVIIᵉ siècle et depuis connu sous le nom, d'ailleurs impropre, de bouclier de Scipion. Plusieurs trouvailles magnifiques ont eu un grand retentissement : ce sont celles de Pompéi en 1835, de Berthouville, près Bernay (Eure), en 1830, de Notre-Dame d'Alençon, près Brissac (Maine-et-Loire), en 1836, d'Hildesheim dans le Hanovre, en 1868. Les trésors de Bernay et d'Hildesheim contenaient chacun une soixantaine environ d'objets de la plus haute valeur. Ils provenaient, comme la plupart des trésors analogues, d'une cachette faite au moment d'une invasion, pour échapper au pillage. Celui de Bernay est aujourd'hui au Cabinet des médailles de Paris et celui d'Hildesheim au musée de Berlin.

Ces collections se composent principalement de vases à liquides (œnochoés, canthares, tasses de formes diverses) formant souvent la paire et de coupes plates ou patères. Voici un exemple choisi dans le trésor de Bernay. C'est un gobelet orné de reliefs qui représentent, d'une part, un athlète vainqueur et près de lui les divinités à la faveur desquelles il a vaincu, et, d'autre part, un Pégase s'abreuvant à une fontaine et, assise sur un rocher voisin, la nymphe de la source. La composition est inspirée de quelque original grec; mais le style des figures trahit une main romaine : on l'attribue au 1er siècle avant notre ère. Les reliefs ont été

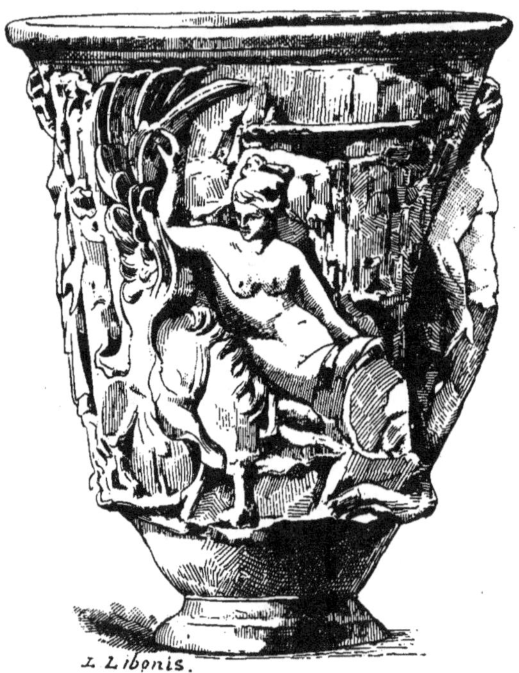

FIG. 140. — VASE D'ARGENT REPOUSSÉ.

(Cabinet des médailles.)

exécutés au repoussé sur une plaque d'argent battu dont le fond est doré. Comme sur la plupart des vases d'argent, cette plaque historiée est très mince et si fra-

gile que pour donner aux parois une consistance suffisante il a fallu la doubler d'une seconde plaque qui
forme la cuvette intérieure. Ici cette cuvette est mobile
et s'enlève à volonté, ce qui permettait de nettoyer le
gobelet sans risquer de bosseler les figures.

Les patères sont aussi fabriquées au marteau et
décorées de figures. Mais la technique est un peu différente. Au lieu que dans les vases les reliefs font corps
avec l'enveloppe extérieure, dans la patère ce sont des
morceaux rapportés. Ils sont façonnés à part, repoussés
et ciselés sur des plaques mobiles et adaptés ensuite sur
le fond de la patère laissé à jour. Ce sont donc des òr-
nements ajustés de toutes pièces, qu'on peut détacher à
volonté et souder au fond d'une autre patère. On les
désigne sous le nom d'*emblèma* (ἔμϐλημα, *action de sertir,
d'enchâsser*).

Le fond de la patère de Rennes est formé d'un
emblèma de ce genre. Le centre représente un défi entre
Hercule et Bacchus et la zone circulaire Bacchus triomphant d'Hercule ivre. La décoration de cette belle
pièce, toute en or massif, est complétée par une bordure de médailles impériales d'or, précieuses par leur
rareté et qui permettent de dater l'objet : il est du commencement du iiie siècle après J.-C. Le style des
figures est un peu lourd mais témoigne encore d'une
assez bonne tradition.

J'emprunte à une patère en argent du trésor d'Hildesheim un autre exemple d'*emblèma*. C'est une figure
d'Hercule enfant qui sourit en étouffant les serpents.
Le buste est tout à fait en ronde bosse et montre cette
exagération de relief qui est si chère à la plastique

romaine. L'emblèma, qui est à l'origine un motif d'ornementation, et qui par conséquent devrait toujours
rester un accessoire, est ici l'objet principal. Par son
énorme saillie il altère les contours de la coupe et la
rend hors d'usage. La patère semble n'être plus qu'un
cadre, une sorte de médaillon destiné à faire valoir la

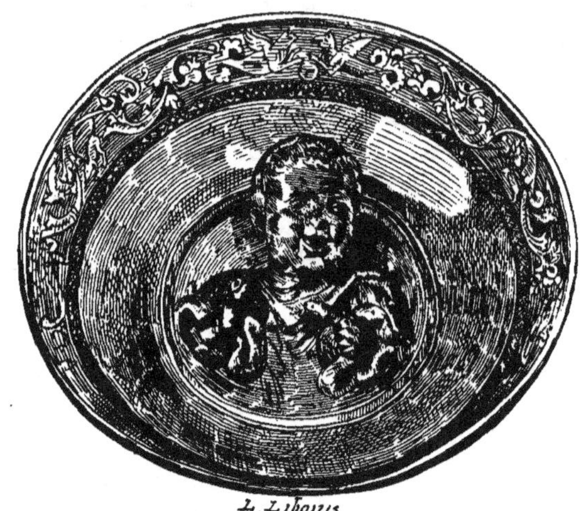

FIG. 141. — PATÈRE AVEC EMBLÈMA.
(Musée de Berlin.)

figure. Et peut-être n'est-elle pas autre chose : le type
de ce visage est si vivant, si individuel, qu'on se de-
mande si ce n'est pas un portrait.

Dans toutes ces pièces d'orfèvrerie se révèle avec
évidence le goût des Romains pour la somptuosité.
Tandis que les Grecs, sensibles avant tout à la beauté

des lignes, recherchent les formes élégantes, et, par l'emploi de reliefs peu saillants, savent décorer les surfaces sans altérer la pureté des contours, les Romains, moins artistes et plus magnifiques, sacrifient le galbe à l'effet. Ils se soucient peu de caresser le regard par le dessin d'une courbe plus ou moins heureuse ou d'une moulure délicate : ils tiennent à l'étonner par la profusion des ornements, à l'éblouir surtout par l'accumulation éclatante de l'or et de l'argent.

CHAPITRE XVI

LES CÉRAMIQUES.

D'Agincourt : *Recueil de fragments de sculpture antique en terre cuite.* Paris, 1814. — Campana : *Antiche Opere in plastica.* Rome, 1842. — Brongniart : *Traité des arts céramiques.* Paris, 1854. — Semper : *Der Stil in den technischen und tektonischen Künsten.* Munich, 1863. — Birch : *History of ancient pottery.* Londres, 1873. — Von Rohden : *Die Terracotten von Pompeii.* Stuttgart, 1880. — Blümner : *Technologie und Terminologie.* Leipzig, 1879.

Nous avons vu quel usage les Étrusques faisaient de l'argile et combien chez eux la céramique était florissante. Elle ne fut pas moins en faveur chez les Romains, disciples des Étrusques, et dont l'esprit pratique s'accommodait d'une industrie aussi simple, aussi rapide, aussi économique.

Parmi les céramiques romaines, il y a lieu de distinguer les produits communs et les céramiques fines. Sur les premiers j'insisterai peu. Ce sont les briques employées dans la construction des édifices privés et publics, les tuiles ordinaires pour couvrir les toits, les tuiles à rebords, plus ou moins ornementées ou *anté-fixes*, les conduites destinées soit au drainage des terrains marécageux, soit à la distribution des eaux dans

les chambres des thermes, les urnes funéraires, les
pots de ménage, les amphores et ces énormes *dolia* qui
servaient à enfermer les provisions et dans lesquels un
homme se blottirait facilement. Ces objets sont pour la
plupart insignifiants et n'auraient aucun intérêt s'ils
n'étaient marqués d'estampilles. Celles-ci contiennent
plusieurs indications curieuses, celle de l'atelier d'où la
brique ou la poterie provient, le nom du propriétaire
de la fabrique et parfois une date consulaire ou le nom
dé l'empereur régnant. L'étude de ces estampilles a
montré que la fabrication des briques et des poteries
était devenue sous l'empire une source très abondante
de revenus. Les plus grandes familles avaient des bri-
queteries dans leurs domaines. Les empereurs eux-
mêmes et les impératrices en possédaient qu'ils faisaient
exploiter directement par des agents du fisc ou bien
qu'ils affermaient.

Le terme de *céramiques fines* désigne non des
œuvres d'art, mais seulement des céramiques d'une facture un peu plus soignée que les précédentes et qui
exigent du potier un travail de modelé. A cette catégorie appartiennent les ornements architectoniques, les
figurines, les lampes et enfin les poteries dites d'Arezzo.

Ornements architectoniques. — On a vu que la plupart des constructions romaines, étant faites d'une sorte
de blocage, comportaient un revêtement de marbre, de
stuc ou d'argile. Le revêtement d'argile était le moins
cher et partant le plus en usage dans les maisons privées. On voit dans les ruines de Pompéi des colonnes
qui ne sont pas autre chose qu'un pilier de briques
entouré d'un manchon d'argile modelée, manchon qui

simule les moulures de la base, les cannelures du fût et les détails du chapiteau. La plupart des corniches saillantes sont en terre cuite. Il en est de même des gueules de lion, des masques comiques ou tragiques et de toutes les têtes à bouche béante (*conchæ*) qui garnissent le bord des gouttières et servent à l'écoulement des eaux du toit. Souvent les murs sont décorés à leur partie supérieure d'une frise formée tout entière d'une rangée de petits bas-reliefs en argile coloriée, qui sont appliqués et fixés contre la paroi au moyen de cious. Des bas-reliefs analogues ont été trouvés à Rome, notamment dans plusieurs tombeaux de la voie Latine et de la voie Appienne. Les sujets qu'ils représentent sont presque toujours mythologiques : ce sont des groupes de Nymphes, des Tritons et des Néréides, des combats de dieux et de géants, de Grecs et d'Amazones, de Centaures et de Lapithes, et surtout des processions bachiques enchevêtrées d'animaux sauvages, de guirlandes et d'arabesques.

Figurines et statues (sigilla). — Les figurines romaines, comme les figurines grecques, sont moulées dans une forme et souvent peintes. Mais elles sont loin de présenter le même intérêt. Les sujets sont beaucoup moins variés et le style est lourd. Il n'y en a guère qui vaillent la peine d'être signalées. Presque toutes d'ailleurs sont des produits populaires, des *ex-voto* à bon marché, ou des images de dieux Lares, destinées aux chapelles domestiques.

Si les céramistes romains étaient moins artistes que ceux de la Grèce, ils paraissent avoir été plus hardis. Les figurines grecques sont presque toujours de petites dimensions. Au contraire, les Romains imitant les Étrusques se servent de l'argile pour faire de véritables statues. On a recueilli à Pompéi un Esculape et une Hygie en terre cuite, tous deux plus grands que nature. Certain texte ancien cite la statue colossale, en terre cuite dorée, d'une impératrice du IIIe siècle.

Lampes[1]. — La lampe romaine est d'un type très élémentaire et n'est à proprement parler qu'une sorte de veilleuse. Elle se compose d'un récipient en forme de cuvette pour l'huile et d'un bec pour la mèche. Le tout est fermé, sauf deux petits trous percés à la partie supérieure, l'un au centre pour l'entrée de l'air, l'autre à l'extrémité du bec pour le passage de la mèche. La lampe est habituellement ronde, haute d'environ trois ou quatre centimètres et d'un diamètre moyen de huit centimètres. Elle est destinée à être posée à plat sur une tablette; elle est presque toujours munie d'une anse qui est soit un appendice en saillie, soit une petite queue en forme de croissant, soit un anneau à mettre le doigt, comme pour nos bougeoirs. Le type est quelquefois un peu plus compliqué. Il arrive qu'au lieu d'un bec, il y en ait deux, trois, six et même dix, disposés en étoile autour du récipient. Le récipient lui-même prend diverses formes et au lieu d'une cuvette circulaire devient une boîte carrée, ou un vase d'un galbe élégant, ou un animal, ou une tête ou une figurine quelconque.

1. Bartoli e Bellori : *Le antiche lucerne sepolcrali figurate*, Rome, 1691. — Passeri : *Lucernæ fictiles,* 1739-1751. — Kenner : *Die ant. Thonlampen des k. k. Münz-u-Antiken-Cabinets.* Vienne. 1858. — Wieseler : *Über die Kestnersche Samlung von antiken Lampen.* Göttingue, 1870.

Mais le principe de l'appareil ne change pas. Depuis Auguste jusqu'à Constantin, pendant les trois siècles où la fabrication des lampes céramiques a été le plus florissante, aucun procédé mécanique n'est venu modifier la veilleuse traditionnelle.

Les lampes étaient fabriquées en deux morceaux : d'une part la cuvette du récipient, d'autre part le couvercle avec l'anse. Les deux morceaux, moulés chacun séparément, étaient rapprochés, soudés et soumis au feu après avoir été enduits d'un vernis rougeâtre qui devait empêcher l'huile de suinter à travers les pores de l'argile.

Ces petits ustensiles étaient d'un usage si commun qu'on les recueille par milliers dans les ruines romaines. La plupart, en argile grossière et sans ornements, n'ont aucune valeur. Les lampes à reliefs sont les seules qui méritent quelque attention. Les motifs de ces reliefs offrent une grande variété. Tantôt ils se bornent à des filets concentriques ou à une couronne de feuillage qui tourne en bordure autour du couvercle. Tantôt cette bordure n'est qu'un cadre et le vrai champ de la décoration est le médaillon central. Le sujet est souvent peu de chose, une fleur, une torche, une corne d'abondance, un caducée, une palme, une grappe de raisin, un scorpion, un poisson, un âne, un coq, un singe, un crocodile. Des dessins plus développés présentent des combats de gladiateurs ou des jeux de cirque. Les figures mythologiques sont assez multipliées. On retrouve la plupart des types connus des grandes divinités. Bacchus avec son cortège grotesque de Satyres, de Silènes, de Nymphes et de panthères fournit une foule de petits

tableaux. Les images des divinités orientales, Isis, Harpocrate, Attys, Mithra, ne sont pas rares. Quelques sujets sont empruntés à l'épopée grecque, quelques autres
aux fabulistes, comme par exemple la fable du corbeau
et du renard. Quant aux caricatures, on ne les compte

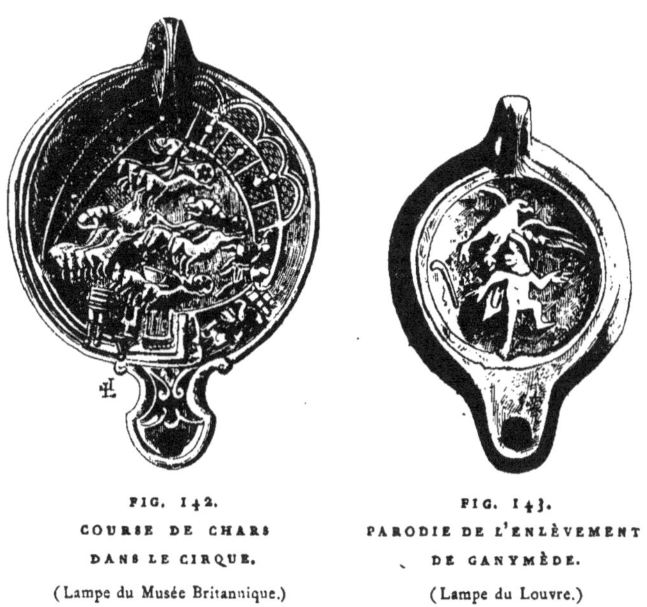

FIG. 142.

COURSE DE CHARS

DANS LE CIRQUE.

(Lampe du Musée Britannique.)

FIG. 143.

PARODIE DE L'ENLÈVEMENT

DE GANYMÈDE.

(Lampe du Louvre.)

pas. J'en donne une ici d'après une lampe du Louvre :
c'est la parodie de l'enlèvement de Ganymède.

Vases d'Arezzo[1]. — Sur l'emplacement de toutes les

1. Fabroni : *Storia degli antichi vasi fittili Aretini*. Arezzo,
1841. — Gamurrini : *Le Iscrizioni degli antichi vasi fittili Aretini*.
Rome, 1851.

villes romaines, aussi bien en Grèce, en Gaule, qu'en
Italie, on trouve des fragments de poteries recouvertes
d'un vernis rouge dont l'apparence est celle du corail
ou plutôt de la cire à cacheter. Beaucoup de ces fragments ont des dessins en relief. Ces poteries que, sur
la foi de certains auteurs, on appelle souvent *Samiennes,*
quoiqu'on n'en ait jamais trouvé de pareilles à Samos,
ne sont que les contrefaçons communes et fabriquées
partout, d'un genre de vases célèbres dans l'antiquité,
des vases d'Arezzo.

Les vases d'Arezzo sont nombreux dans les musées
et les éléments ne manquent pas pour les étudier. De
plus, par une fortune rare, on a découvert à Arezzo
même les ruines des fabriques qui les produisaient, et
dans ces ruines on a recueilli, outre beaucoup de débris plus ou moins informes, une quantité considérable
de moules et de cachets de potiers. Ces vases étaient,
en effet, façonnés dans des moules. L'argile a été poussée dans une forme qui dessine exactement en creux le
galbe extérieur du vase et les dessins à produire en
relief. De là vient que les vases d'Arezzo présentent, en
général, des formes simples, telles que celles du gobelet et du plat. Les reliefs qui entourent le vase ont
presque toujours un caractère décoratif. Ce sont des
bordures de perles et d'oves, des festons, des guirlandes
de feuillage, des fruits, des animaux, des Amours et
quelques petites scènes de danse, de chasse, de vendange ou de combat. La mythologie y tient une certaine place, mais seulement cette mythologie galante
que nous avons déjà signalée dans les peintures de
Pompéi et qui appartient en propre à l'école alexandrine.

Le style est franchement grec, si grec qu'on a peine à se figurer que ces objets aient été fabriqués au cœur de l'Italie, au pied de l'Apennin. En l'étudiant de près, en remarquant combien le modelé des figures est arrondi et répond peu à ce qu'on peut attendre d'un travail en argile, en comparant surtout ces reliefs à ceux des vases d'argent repoussé dont nous avons eu l'occasion de parler plus haut, on s'est convaincu que les poteries d'Arezzo ne sont pas autre chose que des surmoulages de vases d'argent. Ce sont comme des épreuves à bon marché d'une vaisselle précieuse, fort recherchée à l'époque macédonienne, et ces épreuves ont pour nous d'autant plus de prix que les originaux sont perdus.

Les poteries d'Arezzo sont du Ier siècle avant notre ère. La grande prospérité des ateliers locaux correspond aux cinquante dernières années de la république. Sous l'empire, la fabrication des vases à vernis rouge et à reliefs s'étant généralisée et propagée dans le monde romain, les contrefaçons font tort aux vraies céramiques arétines, lesquelles finissent par disparaître.

FIN

TABLE DES MATIÈRES

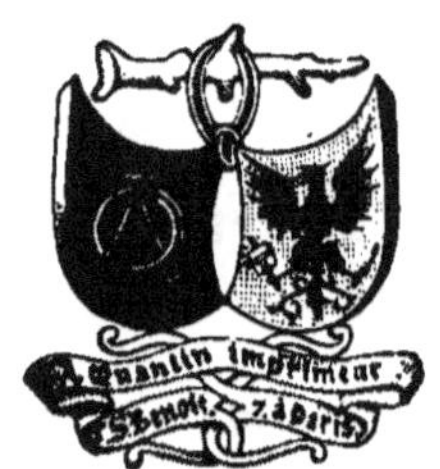
A. Quantin imprimeur
7, rue St-Benoît, 7, à Paris

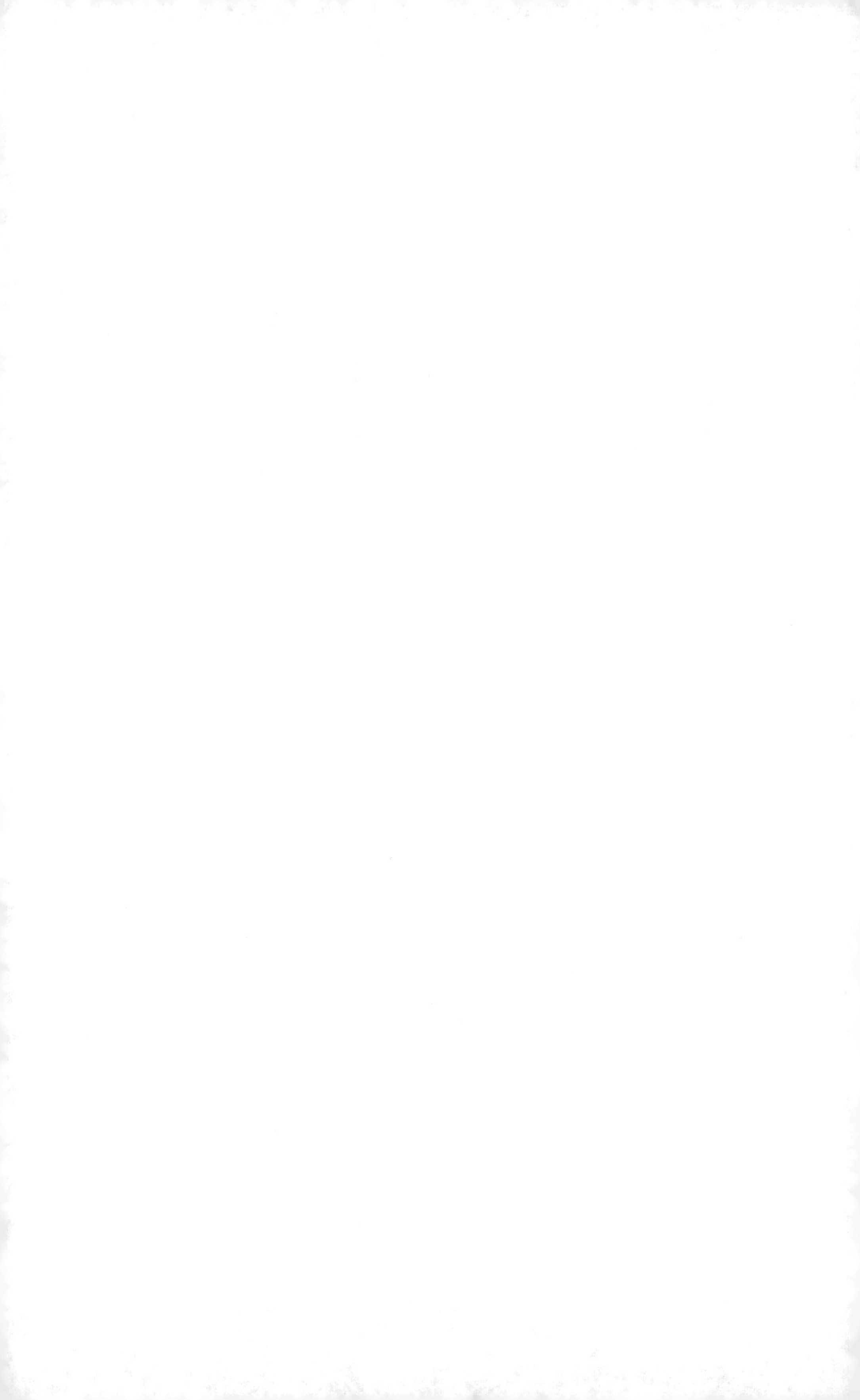